AF565587

Standardwerke der Astrologie

Oscar Hofman

Die Fixsterne im Horoskop

Mythologie, Mondhäuser und Konstellationen

Danksagung

Dieses Buch basiert unter anderem auf den Seminaren, die mein Lehrer John Frawley 2005 in Den Bosch, Niederlande, und 2010 in Regensburg, Deutschland, gegeben hat. Ohne seine inspirierenden Gedanken und großzügige Unterstützung wäre dieses Buch nicht geschrieben worden.

2. Auflage 2022
ISBN 978-3-89997-238-2

Übersetzung: Till Ahrens
Umschlag: Judith Hamann, Tübingen
Foto © shutterstock
Die Abbildungen 3-36 stammen aus:
Johannes Hevelius - Firmamentum Sobiescianum sive Uranographia (1687)

Die Horoskope wurden mit Mercurius erstellt
Druck: Finidr, Český Těšin, CZ

Zu beziehen im Buchhandel oder über:
Chiron Verlag, Postfach 1250, D-72002 Tübingen
www.chironverlag.com

Inhalt

Vorwort

Nachdem die Fixsterne und ihre mythologischen Lebensthemen über einen längeren Zeitraum hinweg aus dem Blick geraten waren, erlangen sie neuerdings in der Astrologie glücklicherweise wieder mehr Aufmerksamkeit. Dies ganz zu Recht, denn ein Astrologe, der ohne Fixsterne arbeitet, wird etwa 50 Prozent des Horoskops nicht erfassen können. So gesehen kann man durch die Beachtung der Fixsterne eine enorme Bereicherung erfahren. Dadurch, dass sich die klassische Astrologie in der jüngsten Vergangenheit wieder mehr der Beliebtheit erfreut, hat sich auch das Interesse an den Fixsternen vergrößert. Nach einem Jahrhundert von vorwiegend theosophisch und psychologisch inspirierter moderner Astrologie, die oft dazu tendierte, die Fixsterne als ein Relikt der Vergangenheit zu betrachten, floriert die alte »himmlische Kunst« wieder auf wunderbare Weise. Auf den Wellen des Eintritts der großen Konjunktionen von Saturn und Jupiter in die Luftzeichen in den Jahren 1980 bis 2020 öffnet sich auch die Astrologie dafür, altes Wissen neu zu entdecken. Dies ist sehr sinnvoll, denn es gibt so viel Wertvolles in den Goldminen der Tradition zu finden.

Dieses Buch ist eine Frucht der Wiederbelebung der alten himmlischen Kunst und es zielt darauf ab, dies wieder in die Astrologie zu integrieren. Die in diesem Buch angewandte Methode, ist diejenige, die am häufigsten in der langen Geschichte der Astrologie verwendet wurde. Es ist nicht die einzige Methode, um mit Fixsternen zu arbeiten, aber es ist nach meiner Erfahrung die klarste, konsequenteste mit der logischen Annäherung, die, wenn sie in der richtigen Weise angewendet wird, zu erstaunlichen Ergebnissen in der Geburts- und Mundanastrologie führt.

Die Ergebnisse sind konkrete Fakten und können geprüft werden. Die Umstände, die im Horoskop angezeigt werden, geschehen in der greifbaren Realität um einen herum und nicht bloß im eigenen Kopf. Wenn man die Präzision der Fixsterne und Sternenhäuser bzw. der Mondhäuser erkennt, laufen einem Schauer den Rücken hinunter. Der Formel-1-Fahrer Niki Lauda hatte zum Beispiel seinen berühmten Unfall, als der Fixstern *Archenar* durch eine wichtige Progression aktiviert wurde. Dieser Stern ist mit der Geschichte von Phaeton verbunden, der seine Kräfte überschätzte und versuchte, den Sonnenwagen durch den Himmel zu lenken. Er verlor die Kontrolle und stürzte in Flammen nieder! Im Horoskop von Nikola Tesla, einem unübertroffenen Genie elektrischer Konstruktionen und Erfindungen, befindet sich die Sonne auf dem Stern Castor am IC. Castor ist der sterbende Bruder der berühmten himmlischen Zwillinge. Eines der entscheidenden Ereignisse in Teslas Jugend war der Tod seines älteren Bruders, der von einem Pferd getötet wurde. Die himmlischen Zwillinge, die im Tierkreis vom Zeichen Zwillinge repräsentiert werden, sind als Pferdedompteure bekannt. »Castor und Pollux« ist unter anderem auch der traditionelle Name für ein Lichtphänomen, das Sankt-Elms-Feuer, welches man an Schiffsmasten sehen kann, es wird durch elektrische Entladung verursacht. Natürlich sind Castor und Pollux die archetypischen Symbole für die Spannung zwischen zwei Polen, von der das elektrische Phänomen nur eine Erscheinung ist.

Solche Tatsachen sind erstaunlich. Aber um sie erkennen zu können, braucht es ein gründliches mythologisches Wissen. Ohne dieses würde man nichts Besonderes in den Progressionen über *Archenar* im Horoskop Niki Laudas oder bezüglich Castor auf Teslas IC erkennen. In zu vielen Artikeln findet man oft denselben typischen Fehler. Häufig schlagen die Autoren einfach Schlüsselwörter in Listen nach und schließen dann daraus, dass das antike System nicht funktioniert, da die Schlüsselwörter die Situation nicht ausreichend beschreiben. Aber Astrologie funktioniert nicht wie ein Kochbuch, das tut sie niemals! Deshalb ist dieser Publikation auch kein Computerprogramm beigefügt, welches Standardbeschreibungen der Sterne beinhaltet. Es würde Einsichten eher verhindern, als die Materie verständlicher zu machen. Dieses Buch möchte Klarheit über die Essenz der mythologischen Geschichten bringen, damit der Astrologe in der Lage sein wird, die Methode basierend auf Verständnis selbst kreativ anzuwenden. Dennoch werden sie in Anhang 1 eine solche Liste finden, die als ein Teil der ganzen Methode effektiv benutzt werden kann. Solange diese Liste nicht als ein Kochbuch betrachtet wird und das Gehirn des Astrologen angeschaltet bleibt, macht eine solche Liste tatsächlich Sinn. Aber es ist wahrscheinlich nicht notwendig darauf hinzuweisen, dass diese Liste lediglich im Anhang erscheint und nicht den Kern des Buches bildet.

Kapitel 1

Geistige Hintergründe

Das grundlegende Thema der Fixsterne und ihrer Konstellationen beschreibt den Versuch des Menschen, sich aus den irdischen Fesseln der Begierde und seiner Leidenschaft für Erfolg, Freuden, Geld, Macht, Sex und Status zu befreien. Es sind diese äußerst intensiven Leidenschaften, die uns unglücklich machen und eine gesunde spirituelle Entwicklung verhindern. Man sollte sich nichts vormachen: Es ist in der Tat notwendig, sich einzugestehen, dass wir in diesem Leben auf der Erde Begierden haben. Wir sind alle »Sünder«, wie das Christentum dies formuliert. Der Punkt ist aber, wir sollten uns nicht vollkommen von dieser blinden animalischen Natur bestimmen lassen. Wenn es uns gelingt, uns immer mehr von diesem niederen Zustand loszulösen, werden wir eine Menge wirklicher Freiheit gewinnen.

Was bei den Sternen und den Konstellationen offenbar wird, sind die vielen Variationen und Möglichkeiten in Bezug auf den Prozess des Loslösens. Manchmal zeigt eine Konstellation, dass die Leidenschaften sehr tief sitzen, zum Beispiel, wenn ein Stern der monströsen *Hydra* aktiv ist. Oftmals sind die Begierden auch leichter zu kontrollieren, sie sind dann aber von gewissen Gefahren begleitet, wie zum Beispiel Stolz oder Ehrgeiz. So sind die Sterne, spirituell gesehen, ein Lehrbuch zum Zähmen von zu starker Bindung an den materiellen Aspekt des Menschen. Diese Anweisungen sind häufig sehr detailliert wie zum Beispiel beim königlichen *Regulus*, dem Stern im Herzen des Löwen, der darauf hindeutet, dass blinder Ehrgeiz und selbstzerstörender Stolz bewusst geopfert werden müssen, wenn er auf einem der Lichter oder einer der Achsen steht. Das Herz des Löwen verursacht einen starken Drang nach einem unsterblichen Namen und dafür wird *Regulus* alles tun, selbst Absurdes oder extrem Gefährliches. Die mythologische Bildersprache ist ebenfalls wichtig, um die Essenz der mythologischen

Geschichten zu verstehen. So macht zum Beispiel das Bild des *Pegasus*, des fliegenden Pferdes, deutlich, worum es in diesem Mythos hauptsächlich geht.

Das Thema der Loslösung ist in allen großen Weltreligionen von zentraler Bedeutung. Im Christentum ist es die Kreuzigung, die das schmerzvolle Opfer der Begierdenatur zeigt, danach folgen Wiederauferstehung und Aufstieg. Im Buddhismus wird dasselbe Thema auf eine mehr psychologische und technische Art und Weise formuliert: Ein Buddhist soll die ursprüngliche leuchtende Klarheit erkennen und dadurch die Befreiung erlangen. Wenn man von seinen Begierden getrieben handelt, könnte einiges schieflaufen, weil dadurch Karma geschaffen wird, welches das Rad des Leidens und der Wiedergeburten (Samsara) aufrechterhält. Verwirklichung eines Zustandes der Nicht-Begierde bedeutet, dass der Glaubende wiedergeboren wird, nicht in der samsarischen Welt des Todes und des Schmerzes, sondern in einem der sechs Buddha-Königreiche. So lehren die griechische Kosmologie, das Christentum und der Buddhismus, zumindest teilweise, das Gleiche. Es sind authentische Traditionen mit Wurzeln in derselben ursprünglichen Quelle, ihre Wahrheiten wurden lediglich an kulturelle, örtliche und zeitliche Begebenheiten angepasst.

In der Beschreibung des Horoskops haben die Fixsterne ihre eigene separate Ebene, die umfassender ist als diejenige der Planeten. Dies wird deutlich, wenn man das traditionelle Modell des Kosmos betrachtet, was wesentlich ist, um Astrologie zu verstehen. In diesem Modell steht die Erde auf der untersten Ebene und ist das Zentrum. Sie wird von den Elementsphären umgeben, es folgen sieben Planetensphären, darüber steht dann die achte Sphäre der Fixsterne und schließlich kommt die neunte Sphäre des Zodiaks, der zwölf Zeichen. Somit steht die achte Sphäre der Fixsterne höher als die der Planeten und ist näher an der göttlichen Dimension des Empyreums, welche man hinter der Sphäre der zodiakalen »Türme«, den Tierkreiszeichen, findet. Dante erklärt die konzentrischen Kreise der Sphären folgendermaßen: »Je weiter weg sie sind, desto größer ihre Tugend«. Die *Göttliche Komödie* zeichnet ein Bild dieser traditionellen Weltsicht. Die Sphären repräsentieren sowohl innere als auch äußere Strukturen, die Kosmologie ist Makrokosmos und Mikrokosmos zur selben Zeit. Diese traditionelle Doppelnatur wird von dem stark materialistisch beeinflussten Geist

Abbildung 1: Das traditionelle kosmologische Modell der Sphären

des modernen Menschen häufig missverstanden, was zu vielen Unklarheiten geführt hat.

Dies reflektiert das oben Gesagte über die spirituelle Natur der Sterne. Die Sterne geben ein Bild für die essenzielle Arbeit, die in diesem Leben verrichtet werden muss. Die Sterne repräsentieren im Horoskop eine Art von individueller Lebenssuche und diese ist eindringlicher als die der Planeten, welche mehr die Ereignisse und deren Lebensumstände anzeigen. *Alphard*, der Hauptstern der Wasserschlange, am Aszendenten stehend, fordert einen permanenten Kampf mit einer sehr starken Begierde, die bezwungen werden muss, ansonsten ist Chaos und Unglück die Folge. Ganz anders ist es, wenn *Altair*, der Hauptstern des Adlers, am Aszendenten vorgefunden wird. Wir können erwarten, dass Zeus herunterkommen wird, um diesen Ganymeden zum Feste der Götter auf den Olymp emporzutragen. Dies ist ein sehr guter Anfangspunkt, damit Gnosis oder Wissen der höheren Dinge erlangt und gelehrt werden kann, um weitere Entwicklung zu fördern. Die verschiedenen Sterne deuten auf individuell unterschiedliche Aufgaben hin, die erledigt werden müssen.

Die Planeten zeigen die Ereignisse des Lebens an, und obgleich die Sterne sehr mit der konkreten Ebene der Interpretation verbunden sind, reichen sie doch viel weiter. Wenn die »Sternenarbeit« getan ist, zeigt sie einen Fluchtweg aus dem materiellen Leben heraus, welches durch zu starke Leidenschaften beherrscht wird. So kann man auf eine gewisse Art und Weise die Planeten als eben diese Leidenschaften betrachten. Es sollte aber zur Kenntnis genommen werden, dass trotz all dieser geistigen Worte die konkrete Manifestation der Sterne genauso wichtig ist wie die mit ihnen assoziierten spirituellen Themen. Das Konkrete ist natürlich nichts anderes als die spirituelle Essenz, die sich im Leben ereignet.

Ein gutes Beispiel ist das Horoskop des deutschen Generals Erwin Rommel, der während des Zweiten Weltkrieges in der nordafrikanischen Wüste eine sehr berühmte Schlacht führte und auf dramatische und »mythologische« Art und Weise verlor. Der »Wüstenfuchs« hatte den mächtigen Stern *Canopus* auf einer Achse stehen. Eines der Elemente in der Geschichte des *Canopus* ist es, in der Wüste als Folge eines Schlangenbisses zu sterben. *Canopus* ist überdies ein sehr südlicher gelegener Stern. Er wäre nicht derjenige, der man im Idealfall in den Süden schickt, um dort in einer Wüste zu kämpfen.

Kapitel 2

Deutung in der Praxis

Die Konstellationen, die am Himmel sichtbar sind, bilden Familien von Sternen, die miteinander verbunden sind und derselben mythologischen Geschichte zugehören. Dies bedeutet, dass die Sternbilder, die sich aus den einzelnen Sternen zusammensetzen, eine zentrale Bedeutung haben. Die Sterne sind nichts anderes als konzentrierte Punkte eines Teils der Mythologie. So berühren sie das Horoskop und das Leben durch die Konjunktion eines Sterns mit einem Planeten, einer Hausspitze oder einem arabischen Punkt. Eine Beschreibung der Sterne sollte immer mit der Mythologie, die mit dem Sternbild verbunden ist, beginnen. Denn dies ist die Geschichte, mit welcher das Individuum unvermeidlich verwoben ist. Ein Astrologe, der dieses Wissen hat, ist in der Lage, entscheidende Aussagen über das Leben seines Klienten zu machen. Wir befinden uns in der neunten Sphäre, im Himmelsgewölbe, so nah können wir dem göttlichen Empyreum kommen.

In den Sternbildern hat jeder einzelne Stern seine eigene Bedeutung. Dies wird nochmals deutlicher durch die Stelle, die der Stern im entsprechenden Sternbild einnimmt (z.B. Fuß, Absatz, Horn, Auge, Herz, Flügel, Hand, Hufe, Schulter, Kopf, Gürtel, Nacken, Schwert, Speer, Bogen, Pfeil). Jedem Stern wird eine Verbindung zu den Planeten zugeschrieben. Somit hat auch die Planetennatur eines jeden Fixsterns eine wichtige Bedeutung. Ein Stern mit einer reinen Venusnatur hat offensichtlich einen ganz anderen Einfluss auf die Welt und das Leben als ein Stern, der eine Saturn-Mars-Natur besitzt. Da wir hier über Planetenenergien sprechen, sollten die Würden derjenigen Planeten, welche die Qualität eines Sterns beschreiben, ebenfalls mit in Betracht gezogen werden. Martialische Sterne haben einen wesentlich destruktiveren Effekt, wenn der Mars im Geburtshoroskop z.B. in Vernichtung steht (das System der klassischen Würden wird in Kapitel 6 erklärt).

Des Weiteren hat jeder Stern seine eigene zodiakale Breite, sprich, eine andere vertikale Entfernung von der Ekliptik, die ihm mehr oder weniger Stärke verleiht. Es ist offensichtlich, dass ein Stern in der Konstellation des Drachens, die sich um den Pol herum befindet, unwichtiger ist als ein Stern direkt auf der Ekliptik, dem Pfad der göttlichen Essenz, für den die Sonne ein sichtbares Symbol ist.

Die Kraft, die ein Stern hat, wird außerdem durch die Magnitude, seine Helligkeit, angezeigt. Dieses wiederum ist ziemlich offensichtlich, je heller ein Stern ist, desto kraftvoller ist seine Auswirkung auf die Erde und das Leben. Die Skala der Magnitude, die für die Astrologie relevant ist, geht von der ersten Magnitude für den hellsten Stern bis zur sechsten Magnitude für den winzigsten Stern, den man gerade noch mit bloßem Auge sehen kann. Sterne der ersten Magnitude, von denen es ungefähr 20 gibt, bilden eine Art von »Elitetruppe«. Wenn man im Horoskop einen solchen Stern auf einem Planeten oder einer Achse stehen hat, sind die Chancen gut, dass dieser Stern im eigenen Leben äußerst bedeutsam sein wird.

Und ja – sie bewegen sich, obwohl sie Fixsterne heißen. Allerdings sehr viel langsamer als die Planeten, dennoch durchlaufen sie die Tierkreiszeichen in derselben Richtung, aber nur mit einer Geschwindigkeit von ungefähr 1 Grad in 72 Jahren. Da sie die Tierkreiszeichen, wenn auch ganz langsam, tatsächlich transitieren, verweilen sie in einem Zeichen für sehr lange Zeit, nämlich für ungefähr 2.200 Jahre. Deshalb muss man die Positionen der Sterne jeweils für das Jahr anpassen, mit dem man gerade arbeitet. Dieses Phänomen basiert auf der sogenannten Präzisionsbewegung, mit der wir uns später eingehender beschäftigen werden und die zu vielen Missverständnissen geführt hat. Die Liste der Sterne in den jeweiligen Tierkreiszeichen, die in Kapitel 4 beschrieben werden, wurde für das Jahr 2010 erstellt und kann mit dem oben erwähnten Schlüssel von 1° = 72 Jahre korrigiert werden.

Der abschließende praktische Punkt ist der Orbis: 1 Grad (bzw. bis zu 1°30‘ auf einer Achse) für Sterne der zweiten Magnitude (eine größere Magnitude zeigt eine schwächere Leuchtkraft an), zwei Grad für die erste Magnitude der hellen Elitesterne und 3 bis 4 Grad für die Königssterne *Aldeberan, Antares, Regulus, südliche Waagschale, Pollux, Spica* und die »Königin der Dunkelheit«, den extrem bösartigen *Algol*. Man sollte aber flexibel bleiben. Ein Stern der zweiten Magnitude auf einer

Achse, die von zwei Planeten besetzt ist, wird sich deutlich im Leben zeigen, sogar wenn er sich technisch gesehen nicht exakt innerhalb des Orbis befindet. Für Spiralnebel und andere Sterngruppierungen kann man auch einen etwas größeren Orbis benutzen, da diese keine exakt definierten Grenzen wie einzelne Sterne besitzen.

Nur Konjunktionen

In der Deutung der Sterne werden nur Konjunktionen mit Planeten, Hausspitzen oder Lospunkten berücksichtigt. Hier wende ich ebenfalls den bereits erwähnten Orbis an. Um einen schnellen Überblick über die wichtigsten mythologischen Geschichten im Leben zu erhalten, sollte man sich die Sterne anschauen, die eine Konjunktion mit Sonne oder Mond (den »Lichtern«), Medium Coeli, Aszendent und dem Herrscher des ersten Hauses bilden. Ebenfalls sollte man sich das Mondhaus – das Sternenhaus – in dem der Mond steht, anschauen. Dies ist äußerst wichtig, da es den Kern der mythologischen Geschichte im Leben darstellt. Darauf kommen wir in Kapitel 5 zu sprechen. Dort werden Sie erfahren, wie man die Mondhäuser in das Deutungssystem der Fixsterne integriert. Manchmal reichen zwei königliche Sterne auf den Lichtern oder Achsen aus, um eine allgemeine Geschichte des Lebens zu erkennen, wie dies zum Beispiel bei Prinzessin Diana der Fall ist.

Ein Stern auf einem Planeten wird die Art und Weise, wie ein Planet sich auswirkt, stark beeinflussen, sowohl als allgemeiner Signifikator als auch als Hausherrscher. Dasselbe gilt für die Häuser selbst, ein Stern auf einer Hausspitze kann nicht ignoriert werden, genauso wenig ein arabischer Punkt, der in einer Konjunktion mit einem Stern steht. Die Sterne spielen eine äußerst wichtige Rolle in der Vorhersage. Ein Fixstern wird aktiviert durch eine wichtige Progression oder Direktion, wie zum Beispiel von der Sonne, dem Mond, dem Aszendenten, dem Medium Coeli oder dem Glückspunkt. Wenn einer dieser Faktoren eine Konjunktion mit einem Stern bildet, wird dieser sich im Leben deutlich auswirken. Damit dies geschieht, muss der Stern keine markante Position im Geburtshoroskop haben. Er wird sich ausschließlich durch die Progression oder Direktion auswirken. Ein Stern, der in einem Solar dominiert, zum Beispiel indem er am Medium Coeli steht, wird eine starke Auswirkung auf das betreffende Lebensjahr haben, für welches das Solar Gültigkeit besitzt. Dasselbe gilt für Lunare, die monatliche Gültigkeit besitzen.

Spirituelles und Konkretes

Die praktischere zentrale Frage in der Beschreibung der Sternbilder und der Fixsterne ist: Was kann ich tun, um die mythologische Geschichte, mit der ich verwoben bin, zu einem möglichst positiven Ausdruck zu bringen und wie kann ich den eventuellen Schaden möglichst eingrenzen?

Die Sterne geben, viel mehr als die Planeten, die Möglichkeit, bewusst in der Geschichte zu agieren und in dieser Hinsicht ein so positives Ergebnis wie nur möglich zu erhalten. Wenn *Regulus* in Ihrem Horoskop in Konjunktion mit Ihrem Mond steht, passen Sie auf, dass Sie sich nicht lächerlich machen, indem Sie versuchen, um jeden Preis eine große Autorität zu sein. Blinder Ehrgeiz wird Sie zu Fall bringen oder zumindest eine Menge Schwierigkeiten verursachen. Deshalb behandeln wir in Kapitel 3, nach der Beschreibung und Interpretation der Mythen, dieses zentrale Thema zusammen mit einigen Empfehlungen, wie man die hauptsächlichen Tücken der Geschichte vermeiden kann. Es ist unabwendbar, dass wir mit diesen mythischen Hauptthemen, die einen engen Bezug zu den Sternbildern haben, im Leben konfrontiert werden. Sie werden sich allerdings auf sehr unterschiedliche Art und Weise im Leben manifestieren. So gibt es verschiedene Phasen der Entwicklung und subtile Variationen in derselben Geschichte. Und wie immer in der Astrologie: Schalten Sie Ihr Gehirn ein! Reflektieren Sie! Man kann keine Astrologie betreiben, indem man Schlüsselwörter oder Aphorismen kopiert, noch nicht einmal, wenn es sich um ein gut bekanntes Buch über Fixsterne wie von Vivian Robson oder ein Computerprogramm handelt.

Wird die Essenz des jeweiligen Mythos verstanden, dann sieht der Astrologe, was die Sterne bedeuten, und er ist dann in der Lage, die traditionellen Texte effektiv einzusetzen. Es kann nicht stark genug betont werden, dass die Sterne und die Sternbilder ihre sehr konkrete

Bedeutung haben. Gehen Sie die Sache nicht *zu* spirituell an, obgleich die spirituelle Bedeutung natürlich immer im Hintergrund präsent ist. Zum Beispiel wäre jemand mit dem Herrscher von Haus zehn auf dem Stern *Wega* (dem fallenden Geier) vielleicht darüber erfreut, auf einem Flughafen zu arbeiten, während jemand mit *Altair*, dem Hauptstern des Sternbilds Adler, vielleicht ein guter Pilot wäre. Vergessen Sie deshalb nicht, dass die Sterne sehr eng mit den entsprechenden Mythen und ihrer Szenerie verbunden sind. Es ist natürlich nicht immer wörtlich zu nehmen, aber das Bild ist sehr aufschlussreich. Die zentrale Botschaft der Sterne ist es, den Mythos so bewusst wie möglich auf der konkreten und spirituellen Ebene auszuleben, sodass die typischen Schwierigkeiten der mythologischen Geschichte vermieden werden. Wenn wir den Mythos nicht leben, erlangt der Mythos eventuell Macht über uns, was dann wesentlich unangenehmer sein kann.

Eine Zeichengrenze wird immer eine Grenze bleiben, eine Grenze ist wie eine Mauer. Deshalb kann ein Planet nicht in Konjunktion zu einem Stern auf der anderen Seite der Mauer stehen. Sterne sind wie Planeten in diesem Sinne, da sie ja ebenfalls durch den Tierkreis transitieren. In unserer Zeit hat der sehr mächtige königliche Stern *Regulus* eine solche Grenze überschritten und in das Tierkreiszeichen Jungfrau gewechselt. Der exakte Zeitpunkt ist deshalb wichtig (Januar 2012). Sobald *Regulus* sich in den ersten Graden der Jungfrau aufhält, wird er in Konjunktion zu den Planeten auf dieser Seite der Mauer stehen und nicht mehr mit den Planeten am Ende des Zeichen Löwe. Dies ist von großer Bedeutung. Auch *Alcyone*, der Hauptstern der Plejaden, hat vom Stier in die Zwillinge gewechselt. Da *Alcyone* aber das Zentrum oder der Anführer des gesamten Sternnebels der Plejaden ist, haben wir die Plejaden natürlich auf beiden Seiten der Mauer vom Stier und von den Zwillingen.

Es kommt häufiger vor, dass sich Sterne sehr nah beieinander im Tierkreis befinden. In diesem Fall nimmt man den Stern für die Deutung, der sich am nächsten zum Planeten oder der Hausspitze befindet, den Stern mit der niedrigsten Magnitude und der niedrigsten Breite oder denjenigen, dessen Natur am meisten mit dem Planeten korrespondiert. In vielen Fällen dominiert auch ein kraftvoller Stern die anderen wie zum Beispiel *Capulus*, die Schwerthand des Perseus, die dem *Algol*, dem Dämonenkopf, sehr nahe ist, und dieser wird selten separat gedeutet, da *Algol* extrem kraftvoll ist. Dasselbe gilt für den Fall der Sterne *Adhafera* und *Al Jabbah* im Löwen, beide sind dem *Regulus*, dem Königsstern unter den Königen, sehr nahe.

Wenn wir technisch zu genau vorgehen, wird uns das nur in die Irre führen. Die Präzision muss angemessen sein. In den meisten Fällen kann eine Lösung dieses Problems gefunden werden, indem man die oben erwähnten Techniken kreativ anwendet. Der Stern *Almach* im Sternbild der Andromeda und *Menkar* im Sternbild des Wals sind zum Beispiel sehr nah aneinander, aber sie gehören derselben mythologischen Geschichte an. Deshalb weiß man, was vor sich geht, wenn ein Planet exakt zwischen diesen beiden Sternen steht. Daher stellt das Näheproblem keine unüberbrückbare Schwierigkeit dar. Es zeigt lediglich an, dass das Stern-»System«, wie es sich zu einem gewissen Grad materialisiert hat, nicht perfekt ist und nicht mit dem Ideal einhergeht. Das Einzige in der Astrologie, das wirklich perfekt ist, ist der Energiegürtel der zwölf unsichtbaren Zeichen oder der Tierkreistürme.

Die 48 Konstellationen

In der antiken Astrologie gab es 48 Konstellationen. Seit dem 16. Jahrhundert sind allerdings viele Konstellationen hinzugefügt worden. Die Internationale Astronomische Union IAU, welche über die offiziellen Namen aller Himmelsobjekte entscheidet, erkennt sogar 88 Konstellationen an. Diese sind sicherlich für die Astrologie nicht alle relevant. In der Tat sind viele der Konstellationen, die später hinzugefügt wurden, albern, wenn nicht sogar lächerlich. Dieser ganze Prozess des Hinzufügens ist so künstlich und willkürlich, dass wir guten Gewissens alle neuen Konstellationen ignorieren können und uns auf die wirklichen beschränken können, nämlich die 48 traditionellen, von denen Sie eine Liste in Anhang 2 finden. Oder glauben Sie wirklich, dass wir etwas an Wert verlieren, wenn wir das Druckerbüro, den Chemischen Schmelzofen oder die Pendeluhr auslassen?

Die 48 traditionellen Konstellationen waren sehr logisch durchdacht und entsprechend ihrer Positionen in Bezug auf den Tierkreis unterteilt. Es gibt zwölf Konstellationen, die sich sehr nah dem Tierkreis befinden. Diese zwölf zodiakalen Konstellationen haben einen

Bezug zu den zwölf Tierkreiszeichen, die denselben Namen tragen. Des Weiteren gibt es 21 Konstellationen im Norden und 15 südliche Konstellationen. Es ist entscheidend zu verstehen, dass die zwölf zodiakalen Konstellationen einen Bezug zu den zwölf Zeichen haben, aber definitiv nicht identisch sind! Die zodiakalen Konstellationen sind sichtbare Sterngruppierungen, die sich nah am Tierkreis befinden. Man könnte in gewisser Hinsicht sogar sagen, mehr oder weniger »zufällig«, wobei die zwölf Zeichen, die denselben Namen tragen, unsichtbare Abschnitte von Energie sind. Unsere Vorfahren hätten viele Schwierigkeiten verhindert, wenn sie zum Beispiel die Konstellation Aries »Wilhelm« genannt hätten, um den Unterschied zum Zeichen Aries deutlich zu machen. *Da Konstellationen und Zeichen zu vollkommen unterschiedlichen getrennten Sphären im astrologischen Modell des Kosmos gehören, sollte man sie nicht verwechseln, trotz der Tatsache, dass sie denselben Namen tragen.* Für jeden, der mit dem traditionellen Modell arbeitet, ist dies offensichtlich: Das sichtbare und nicht perfekte ist nicht dasselbe wie das unsichtbare Ideal. Dennoch tragen die zodiakalen Fixstern-Konstellationen denselben Namen wie die Tierkreiszeichen, da sie sich sehr nah am Zodiak befinden. Das kennzeichnet sie als spezielle Konstellationen, aber es verwandelt sie nicht in Zeichen. Mein Cousin ist nicht ich.

Parans und Projektionen

Eine kürzlich auch etwas mehr bekannt gewordene Methode mit den Fixsternen zu arbeiten, anders als es in diesem Buch vorgestellt wird, basiert auf den sogenannten Parans. Diese Technik wird in einem alten wiederentdeckten Text des 4. Jahrhunderts beschrieben und orientiert sich stark an der zentralen Bedeutung der Simultanität. Ein Paran zwischen einem Stern und einem Planeten wird gebildet, wenn sie beide zur selben Zeit auf den Achsen positioniert sind (MC, IC, AC, DC). Dieser Paran wird mehr oder weniger genauso interpretiert, wie wenn ein Planet sich auf einem Stern befindet. Es ist klar, dass ein astronomischer Faktor, wenn er sich auf einer Achse befindet, einen beträchtlichen Einfluss auf das Leben hat. Deshalb kann man natürlich Parans benutzen. Dennoch tauchen bei näherer Untersuchung etliche Probleme auf.

Erstens wurde diese Methode in der langen Geschichte der Astrologie kaum benutzt. Die Methode, die in diesem Buch vorgestellt wird, arbeitet mit den Sternpositionen und projiziert diese in den Tierkreis – und diese Technik wurde immer bevorzugt. Nun ist die Tatsache, dass kaum jemand die Paran-Methode benutzt hat, natürlich kein schlagendes Argument gegen sie. Dennoch gibt es mehrere Probleme. So werden in dieser Methode alle Parans, die **während** des gesamten Tages vom Sonnenaufgang bis zum Sonnenaufgang des nächsten Tages gebildet werden, für jemanden, der an diesem Tag geboren wurde, als Stern-Planeten-Kombinationen in Betracht gezogen. Es ist notwendig, so vorzugehen, ansonsten wird es des Öfteren überhaupt weder Parans noch eine Methode geben. Aber dies scheint jeglicher Astro-Logik zu widersprechen. Die Astrologie arbeitet mit Horoskopen, die Momentaufnahmen für einen gewissen Zeitpunkt sind, also den Augenblick, in dem etwas beginnt. Ein Geburtshoroskop wird zum Beispiel nicht auf der Basis aller Aspekte und Positionen, die während eines gesamten Tages gebildet werden, gedeutet. Warum hat diese Methode der Parans dann überhaupt einige Beliebtheit erlangt?

Dies hängt mit der Verwirrung zusammen, wie Fixsterne in den Tierkreis projiziert werden, und das wird als Argument gegen die Projektion verwendet. Die fehlerhafte Schlussfolgerung dabei ist, dass man projizierte Positionen angeblich nicht benutzen kann, weil die Sterne sich nicht wirklich im Tierkreis befinden. Diese würde eine Projektion künstlich und problematisch machen. Dies ist sehr befremdlich, da sich Planeten auch nicht exakt auf dem Tierkreis befinden. Wenn es eine Konjunktion zwischen zwei Planeten gibt, dann sind diese beiden nicht wirklich direkt übereinander am Himmel zu sehen. Jeder, der den Computerbildschirm schon einmal verlassen hat und zum Himmel hinaufgeschaut hat, wird dies bemerkt haben. Planetenpositionen werden ebenfalls in den Zodiak projiziert, dies ist und war schon immer die übliche Praxis. Der Mond kann durchaus mehr als 5° Breite vom Zodiak entfernt sein. Deshalb gibt es kein gültiges bedeutendes Argument gegen Projektionen als eine astrologische Methode.

In der Astrologie ist es immer von entscheidender Bedeutung, die symbolische Bedeutung der Dinge nicht den tatsächlichen Beobachtungen von dem, was geschieht, unterzuordnen. Dies wäre ein zu materialistischer Ausgangspunkt und für eine traditionelle Wissenschaft wie die Astrologie unangemessen. Es stimmt, dass astrologische Faktoren nicht exakt auf dem Zodiak positioniert sind, dennoch steht alles in Bezug zu diesem und wird deshalb in diesen hineinprojiziert. Der Zodiak ist die Basis für diesen Bezug, es ist der Pfad der Sonne, die das Zentrum des gesamten astrologischen Systems bildet. Die Sonne ist der einzige Planet, der sich immer direkt auf dem Zodiak befindet, denn der Zodiak ist sein eigener königlicher Pfad entlang des Himmels. Ohne die Sonne, die traditionell das Symbol Gottes im Kosmos darstellt, gibt es kein Leben und keinen Zeitrhythmus. Deshalb gibt es überhaupt kein tragendes Argument gegen die Projektion.

Die grundlegende Korrektheit der »projizierten« Positionen wird sehr deutlich, wenn man diese im Rahmen des traditionellen Modells der Sphären betrachtet. In diesem Modell sieht man einen Stern im Hintergrund des Zodiak aufleuchten, es ist wie eine Lampe in der Bühnenkulisse. Ihre Position wird durch Markierungen im Bühnenbild bestimmt, diese sind die zodiakalen Breitengrade. Das bedeutet in der Tat, dass es überhaupt keine Projektionen gibt. Es ist nur ein kleiner bedeutungsloser geometrischer Trick. Darum geht es bei den Projektionen, aber man sollte die Tricks nicht mit der Essenz durcheinanderbringen.

Äußere Planeten – sternartige Faktoren

In der klassischen Astrologie spielen die äußeren Planeten keine besonders wichtige Rolle. Sie können nicht als Planeten betrachtet werden, sie funktionieren nicht als Zeichenherrscher und sie besitzen keine Signatur. Im Körper gibt es keine Pluto-Organe und es gibt auch keine Pluto-Pflanzen oder Steine in der Natur. Die äußeren Planeten gehören nicht zu den sieben grundlegenden Energien, die unsere Welt strukturieren. Dennoch kann man sie in die klassische Methode der Horoskopdeutung als eine separate Kategorie von Fixsternen integrieren. In diesem Fall nehmen wir nicht nur die Konjunktion eines klassischen Planeten mit einem äußeren Planeten, sondern auch die Opposition.

Neptun als ein sternartiger Faktor ist Poseidon, der mächtige Gott des Ozeans, und wird wörtlich oder bildlich eine Situation fluten (eine Stadt durch einen Tsunami oder dein Leben durch Begierden) und ein unkontrollierbares Chaos ist sein Hauptthema. Poseidon bringt die Erde mit seinem berühmten Dreizack zum Beben. Das Ziel des immer schlecht gelaunten Seegottes ist es, trockenes Land zu erobern (Wille und Bewusstsein), indem er es mit seinem Element überflutet, dem wilden Wasser der Begierde.

Uranus als ein sternartiger Faktor ist der kastrierte ursprüngliche Himmelsgott und er deutet auf schmerzvolle erzwungene Begrenzungen hin, die vehement abgelehnt werden. Pluto als sternartiger Faktor ist Hades, der bösartige Herrscher der Unterwelt, und er ist mit unterirdischen Aktivitäten, allgemeine Gemeinheiten und Konfrontationen verbunden.

Die Deutung der äußeren Planeten wird technisch genauso vollzogen wie im Fall der realen Fixsterne, außer, dass wir zusätzlich auch die Opposition mit einem Planeten verwenden. Diese drei sternartigen Faktoren haben einen Status, der vergleichbar ist mit Fixsternen der zweiten Magnitude und auch nicht viel mehr als das. Sie sind also nicht so wichtig wie in der modernen Astrologie. In der Tat spielen sie eher eine sehr bescheidene Rolle. Es ist eine gute Idee, ihre Symbole nicht in den Horoskopgrafiken anzeigen zu lassen, da sie automatisch alle Aufmerksamkeit auf sich ziehen.

Kometen und Novae

Andere sternartige Faktoren sind Kometen, die berühmten »haarigen Sterne«, die schon immer als sehr bösartig betrachtet worden sind. Ein Komet durchbricht die normale Ordnung und Entwicklung auf dramatische und gnadenlose Art und Weise. Seine Bedeutung wird auf der Basis des Zeichens, in dem er zuerst erschienen ist, interpretiert. Auch die Zeichen, durch die ein Komet sich bewegen wird, werden mit in Betracht gezogen. Diese Zeichen zeigen die Teile der Schöpfung an, die durch den bösartigen Effekt des Kometen geschädigt werden. Seine Natur, im Sinne der Planeten, ist ebenfalls sehr wichtig, um die Auswirkungen zu verdeutlichen. Eine rote Farbe verweist auf eine Mars-Natur, blaue und starke Helligkeit wird mit Venus assoziiert, ein grauer und blasser Farbton verweist auf Saturn, goldgelber Farbton auf die Sonne und silberne Helligkeit auf Jupiter. Wenn der Komet nur zum

Sonnenaufgang und Sonnenuntergang sichtbar ist, verweist dies auf eine Merkur- oder Venus-Natur, da diese Planeten der Sonne immer sehr nahe sind. Die Planetennatur zeigt den Bereich an, in dem die bösartige Auswirkung des Kometen in Erscheinung tritt. Dies kann mit dem Zeichen kombiniert werden, in dem der Komet als Erstes erschienen ist und mit denen denjenigen, durch die er sich bewegt. Ein roter Komet, der im Wassermann, einem menschlichen Zeichen, erscheint, könnte auf einen dramatischen Krieg hinweisen. Ein roter Komet im animalischen Stier könnte darauf hinweisen, dass das Vieh durch eine gefährliche Krankheit oder eine Fieberepidemie geschädigt wird.

Kometen wurden als heiß und trocken betrachtet, als starkes unausgeglichenes Ausdünsten der Sonne, und wurden je nach Form in unterschiedliche Typen eingeteilt: schwertartig, lampenartig oder sogar bartartig. Erdbeben, Fluten, Kriege und Epidemien werden bei den großen Katastrophen erwähnt, die ein Komet mit sich bringen kann. Dies ist nicht auf natürliche Katastrophen beschränkt. In unserer Zeit können sie genauso auf sehr schadenbringende technologische Entwicklung hinweisen. Es ist klar, dass nur die hellsten unter den Kometen sehr relevant sein werden, sicher verweist nicht jeder kleine Komet gleich auf eine Katastrophe.

Es scheint, dass man Novae fast auf dieselbe Art und Weise deuten kann. Novae und die meisten spektakulären und extrem hellen neuen Sterne, die Supernovae, weisen aufgrund ihrer Natur auf eine dramatische vollkommen neue Richtung hin. Die beiden bekanntesten Supernovae sind der Stern des Brahe, der im Jahr 1572 erschien, und der Stern des Kepler im Jahre 1604. Beide Supernovae waren so extrem hell, dass sie sogar während des helllichten Tages sichtbar waren. Zu dieser Zeit gab es einen größeren Wendepunkt in der europäischen Geschichte, nämlich die Renaissance und die Geburt der Moderne. Eine Supernova ist ein explodierender Stern, der in Flammen untergeht. Als Signatur ist dies natürlich ein sehr angemessenes Bild für das Ende des Mittelalters mit einem im Geiste und in der Kultur sehr dramatischen und tiefgründigen Wandel.

Es war auch sehr symbolisch, dass diese Supernovae direkt nachdem die große Konjunktion von Saturn und Jupiter in die Feuerzeichen eingetreten war, erschienen sind, da dies nur alle 800 Jahre geschieht und darauf verweist, dass eine neue Religion oder Philosophie entsteht. Der traditionelle Katholizismus des Mittelalters verlor immer mehr von seinem dominanten Einfluss, die Reformation eroberte Europa und später sollten Rationalität und Wissenschaft die allgemein akzeptierte Sicht des Lebens werden, ähnlich einer neuen materialistischen Religion.

Milchstraße, Antiszien und Mondknotenachse

Eines der größten Phänomene am Himmel ist die Milchstraße, dieser fantastische Sternenstreifen, den man ganz besonders außerhalb moderner Städte bewundern kann. Man kann sehen, dass sie aus einer großen Vielzahl von Sternen besteht, und dies ist auch mit einer symbolischen Bedeutung verbunden. Entsprechend der Tradition kommen die Seelen, die auf der Erde geboren werden, dort her. Die Milchstraße ist so gesehen ein Tor, durch das die Seelen in das materielle Leben auf der Erde ein- bzw. austreten. Sie spiegelt das vollständige Potenzial der Seelen wieder, die zu einem gewissen Moment, wenn ihre Zeit gekommen ist, eine materielle Form wie einen Körper annehmen, um das irdische Leben für einige Zeit zu leben.

Das mythologische Bild der Milchstraße ist das der himmlischen Kuh, die auf ihren vier Beinen auf den vier Ecken der Erde steht, die natürlich die vier Elemente der materiellen Wirklichkeit repräsentieren. Aus ihrem Euter fließt reichhaltig Milch herab. Die Milchstraße durchkreuzt den Zodiak in zwei Bereichen, nämlich von 22° Zwillinge bis 2° Krebs sowie von 14-21° Schütze bis 0-7° Steinbock. Wenn sich eines der beiden Lichter Sonne oder Mond dort befindet, wird traditionell behauptet, dass es zu Blindheit führt. Dies ist so, da die Milchstraße ein Tor ist, durch das hindurch man nicht sehen kann, was sich auf der anderen Seite befindet.

In den Überbleibseln der aztekischen Mythologie erscheint die Milchstraße auch als die Schlangenwolke. Dies weist auf ein sehr wichtiges Parallelbildnis zur Milchstraße hin, nämlich die Mondknotenachse, die Achse zwischen den beiden Punkten, an denen der solare und lunare Orbis sich überschneiden. Diese Achse kann besser anhand ihrer beiden anderen Namen »Kopf des Drachens« und »Schwanz des Drachens« verstanden werden, und da dies im Wesentlichen nichts anderes repräsentiert als die reine Energie des Drachens, haben wir die Verbindung zu den Azteken (Drache = Schlange). Die Schlangensymbolik kann sehr klar als »Dualität«, das Teilen der ursprünglichen Einheit in zwei gegensätzliche Teile, was wiederum die grundlegende Spannung im irdischen Leben ausdrückt, verstanden werden. Die Schlange ist daher eines der Hauptsymbole für Begierde, da wir nur Begierden haben können, wenn wir nicht eins sind. Nur wenn es einen Punkt gibt, der unterschiedlich von unserem eigenen Punkt ist, können wir etwas wollen: sich bewegen zum anderen Punkt, um die Spannung loszuwerden, die die Trennung der beiden Punkte erzeugt.

Dies erklärt, warum die Auswirkungen des expansiven jupiterartigen nördlichen Knotens und des begrenzenden saturnartigen südlichen Knotens so extrem sind. Es ist die reine Energie der Schlange, die sich am nördlichen Knoten nach dem Leben sehnt, das so schwer befriedigt werden kann und häufig von einem beträchtlichen Maß an Erfolg begleitet wird. Am südlichen Knoten kommt es dagegen zu einer sehr harten Begrenzung der Möglichkeiten im Leben, damit wird die Aufmerksamkeit wieder auf die höheren Welten des spirituellen Ursprungs geleitet. Dies wird das »enge Tor« genannt. Planeten oder Hausspitzen in enger Konjunktion mit den Knotenachsen werden sehr stark von der extremen Drachenenergie beeinflusst. Auf dem schwierigen südlichen Knoten wird die wesentliche Aufgabe beschrieben mit dem traditionellen Bild des Sankt Georgs, der den Drachen tötet und so die Oberhand über seine Begierden gewinnt. Es stimmt nicht, dass der nördliche Knoten »entwickelt« werden muss, es ist im Gegenteil der südliche Knoten, der spezielle Aufmerksamkeit benötigt. An diesem Punkt können wir große Fortschritte in Bezug auf Glück, Distanzierung und Ruhe machen, indem wir die damit verbundenen Bereiche aufgeben.

Die Schlangensymbolik der Dualität ist natürlich auch im Garten von Eden zu finden. In diesem Garten wächst der berühmt-berüchtigte dualistische Baum der Erkenntnis von Gut und Böse. Nachdem Adam und Eva dem Vorschlag der Schlange gefolgt waren und ein bisschen vom Apfel dieses Baumes genommen hatten, verloren sie ihre ursprüngliche Einheit und fielen in die spannungsgeladene Schwere der Materie. Sie mussten ihre Sexualorgane verdecken, da diese Organe der direkte Ausdruck des Verlustes der Einheit sind. Nur nach einem vollständigen Zyklus der Zeit wird es dem Menschen möglich sein, zur Einheit wieder zurückzukehren. Wenn die Schlange in der letztendlichen Schlacht getötet wird, kommen das Jüngste Gericht und das himmlische Jerusalem auf die Erde herab. Bis dahin werden die Tore zum Paradies von den Engeln mit den Flammenschwertern, den Tetramorphen, was die Bedeutung hat »mit einer vierfachen Form«, was natürlich ein Symbol der materiellen Realität ist, bewacht. Vier ist die Spannung der doppelten Dualität. Deshalb ist es das materielle Leben der Dualität, das den Weg zurück ins Paradies blockiert.

Auch in der vedischen Mythologie wird das Thema der Dualität sehr stark betont. Der Drachenkopf und der Drachenschwanz repräsentieren die Überbleibsel der enthaupteten Schlange Vasuki, der Sohn eines Weisen und einer Löwenfrau. Dieser Dämon half den Göttern dabei, das Elixier des Lebens vorzubereiten, welches die Götter unsterblich machen würde. Vasuki jedoch gelang es, von dem Elixier ebenfalls zu trinken, und er wurde vom Gott Vishnu hierfür bestraft, indem er seinen Körper in zwei Teile spaltete. Da er aber bereits unsterblich geworden war, blieben sein Kopf und sein Schwanz am Leben und sind nun in der vedischen Astrologie als Rahu und Ketu bekannt. Sie werden sogar als zwei zusätzliche Planeten angesehen, was verdeutlicht, wie wichtig ihre Auswirkungen sind. Wenn zum Beispiel der Südknoten in Konjunktion mit dem Medium Coeli steht, wird es sehr schmerzvolle Einschränkungen in der Karriere geben, es schneidet eine vom Erfolg ab. Die Schlange spielt auch in verschiedenen Konstellationen eine Rolle, die man durch die Dualitätssymbolik verstehen kann, genauso wie bei ihrem positiven Gegenstück, den Fischen, welche auf die göttliche Nichtdualität hinweisen.

Die Knotenachse und die Milchstraße sind symbolisch sehr eng miteinander verbunden, beide repräsentieren auf ihrer eigenen Ebene das Tor, durch das wir in das Leben eintreten und es wieder verlassen. Eine Aktivierung der Knotenachse in den Progressionen oder im Solar deutet darauf hin, dass radikale Veränderungen erwartet werden können. Die reine Schlangenenergie hat die Bedeutung des Eingangs und Ausgangs. Die Spiegelpunkte der Planeten haben im Horoskop eine ähnliche Bedeutung, was der Grund dafür ist, dass Antiszien immer sehr aktiv sind zur Zeit des Todes. Sie repräsentieren die Knotenachse auf eine andere Art und Weise.

Man findet die Antiszien, indem man die Planetenpositionen an der Äquinoktialachse von 0° Krebs und 0° Steinbock spiegelt. Diese Achse ist ebenfalls ein symbolisches Abbild der Knoten und der Milchstraße auf einer zodiakalen Ebene. Das Zeichen Krebs, das ursprünglich einmal Oktopus genannt wurde, weist eine Parallele zum Nordknoten auf, dem Zeichen der unbegrenzten Begierde fürs Leben, während mit dem Südknoten das Saturn-Winterzeichen Steinbock korrespondiert, einst als Delfine bezeichnet, ein Symbol für die Befreiung, nämlich das materielle Leben zurückzulassen. So gesehen sind die Antiszien »Knotenpunkte« und das ist der Grund dafür, dass sie sich im Leben auf eine versteckte und indirektere Art und Weise auswirken. Dies hat mit der »extremen« Natur der Knotenachse zu tun. Die Dinge werden nicht in der normalen offensichtlichen Weise getan. Die Milchstraße, die Knotenachse, die Äquinoktialachse und die Antiszien sind alle Abbilder der Schlange der Dualität, des Hineintretens und Hinaustretens. Sie können durch die Mythologie der Schlange auf tiefgründiger Ebene verstanden werden.

Via Combusta – kein Weg von Sternen!

Immer wieder werden Artikel und Bücher veröffentlicht, die versuchen, die verbrannte Straße, die traditionelle Via Combusta, anhand der Fixsterne zu erklären. Die Via Combusta ist eine Zone von 30 Graden, nämlich von 15° Waage bis 15° Skorpion. In diesem Bereich ist der Mond – und wirklich nur der Mond – sehr schwach und labil. Jeder praktisch arbeitende Stundenastrologe wird in der Lage sein, diese traditionelle Idee zu bestätigen. Wenn Fragen während emotional schwierigen Zeiten gestellt werden, steht der Mond im Stundenhoroskop häufig genau in dieser Zone. Die Auswirkungen der Via Combusta kann also in der Praxis geprüft werden. Auch der sekundäre progressive Mond kann als Anzeiger für eine Zeit von Schwierigkeiten gelten, wenn er sich durch diese Zone bewegt, besonders in dem Moment, wenn er in seinen Fall in den Skorpion eintritt.

Unglücklicherweise verstehen viele Astrologen nicht mehr, warum dies so ist, und es wird häufig gesagt, dass der schlechte Ruf der Via Combusta durch die bösartigen Fixsterne erklärt werden könne, die einst in diesem Bereich des Tierkreises gefunden werden konnten. Dies ist jedoch ein astrologisch nicht stichhaltiger Gedanke, da die bösartigen Sterne bereits aus dieser Zone vorangeschritten sind und die Via Combusta weiterhin immer noch funktioniert. Dies kann also keine gute Erklärung dafür sein. Darüber hinaus verweist der Begriff Via Combusta in eine andere Richtung, nämlich in die der Sonne, dem einzigen Planeten, der einen anderen verbrennen kann. Es ist die Beziehung zwischen Sonne und Mond, die erklären kann, warum der Zodiak einen Abschnitt hat, in dem der Mond verbrannt und ausgeschaltet ist.

Diese Verbrennung findet statt, wenn die Sonne aus dem ersten Zeichen Widder, in dem die Sonne ihre Erhöhung hat, eine Opposition eingeht. Die Erhöhung erlangt ihren Höhepunkt im 19. Grad. Genau an dieser Stelle erreicht das kardinale Feuerzeichen Widder seine volle Kraft. Das bedeutet, dass der Bereich gegenüber sehr geschädigt ist, er befindet sich unter extrem heißem Feuer, verbrannt durch die Sonne. Da es sich um die Sonne-Mond-Beziehung handelt, gilt dies nur für den Mond. Es handelt sich also um einen zodiakalen symbolischen Vollmond, der immer ein schwacher Moment für den Mond ist, da er vollkommen von der Sonne abhängig ist. So wird die Via Combusta durch die Struktur des Zodiaks erklärt und hat nichts mit den Fixsternen zu tun.

Dies unterstreicht wiederum die Länge der Via Combusta, die exakt 30 Grade beträgt, also die Größe eines Tierkreiszeichens. Wenn die Fixsterne wirklich die Erklärung dieser Zone wären, hätte man sie nicht mit 30° beschrieben, ihre Länge wäre durch die exakten Positionen der Sterne bestimmt worden. So ist es jetzt offensichtlich, dass es sich hier um etwas handelt, das mit dem Zodiak selbst zusammenhängt und nicht mit den Fixstern-Konstellationen. Die Via Combusta zeigt, dass alle lunaren Prozesse Phasen der extremen Instabilität haben, genauso wie es bei Springtiden oder dem Menstruationszyklus der Fall ist. Es spiegelt den Rang des Mondes als das zweite und schwächere Licht wider, das letztendlich von der Sonne, dem Symbol der göttlichen Präsenz im Kosmos, abhängt. Der Mond repräsentiert ebenfalls die irdische Instabilität und die Wechsel im Allgemeinen. Das erste Licht, die Sonne, ist im Gegenteil dazu unabhängig, verändert niemals seine Form bzw. bleibt immer so, wie es ist.

Auf einer anderen symbolischen Ebene der Zwölfteilung gibt es immer einen zwölften Teil des Ganzen, der Schwierigkeiten verursacht.

Dies könnte man auch als das Judasprinzip bezeichnen. Judas repräsentierte ebenfalls die irdische Schwäche im Gegensatz zum Sonnenlicht des Messias. Das ist der Grund dafür, warum er mit Silberstücken bezahlt wurde, Silber ist das Metall des Mondes. In der Struktur des Zodiaks ist dies der Fall des Mondes im Skorpion, dem fixen Wasserzeichen, in dem die Begierdenatur die größte Intensität erreicht. Deshalb ist der Mond dort in sehr schlechter Kondition. In diesem Teil des Zodiak kann der Mond seine essenzielle Funktion, das Sonnenlicht vollkommen widerzuspiegeln, nicht erfüllen, denn er wird von den intensiven Begierden des Skorpions kontrolliert. Zur Verdeutlichung: die Schriften machen es sehr deutlich, dass Judas ein notwendiger Teil des göttlichen Plans ist, so gibt es in dieser Hinsicht intrinsisch nichts Schlechtes. Wenn es eine Schöpfung gibt, gibt es irdische Schwäche. Dies ist dem Erschaffen, welches im Grunde genommen Trennung von Gott ist, inhärent.

Die Präzession und die Illusion des Wassermannzeitalters

Wie bereits erwähnt, bewegen sich die Fixsterne sehr langsam voran und diese Bewegung wird Präzession genannt. Wollen wir die Präzession verstehen – im Wesentlichen die Bewegung der Fixsterne durch die Zeichen – ist das Frühlingsäquinoktium von entscheidender Bedeutung. Dieser Punkt ist die exakte Position der Sonne, wenn sie den himmlischen Äquator zu Frühlingsbeginn in der nördlichen Hemisphäre überschreitet. Es wird als Äquinoktium bezeichnet, da Tag und Nacht zu diesem Zeitpunkt dieselbe Länge besitzen. *Equi* ist das lateinische Wort für »gleich« und *nox* bedeutet »Nacht«. Natürlich gibt es ein weiteres Äquinoktium im Jahr, nämlich dann, wenn der Herbst beginnt. Zu diesem Moment überschreitet die Sonne ein weiteres Mal den himmlischen Äquator, aber diesmal auf dem Weg nach »unten«. Der Punkt des Frühlingsäquinoktiums kann mit astronomischer Genauigkeit bestimmt werden. Er ist ebenfalls der Beginn des tropischen Zodiaks – 0° Widder – der in der westlichen Astrologie benutzt wird.

Das bedeutet für immer – und tatsächlich immer bis zum Ende der Zeit –, dass der Zodiak mit den zwölf Zeichen an dieser Stelle beginnen wird. Dies wird sich niemals ändern. Es ist eine metaphysische

Notwendigkeit, die auch auf der Symbolik der Numerologie aufbaut. Der Zodiak beinhaltet zwölf Zeichen, da auf diese Art und Weise alle Möglichkeiten des Kosmos beschrieben werden können, nämlich 4 mit 3 multipliziert. Die Zahl 4 bezieht sich auf die materialistische Ebene der vier Elemente, sie ist ein Ausdruck der Spannung, denn sie ist 2 × 2 und zwei steht für Trennung, Opposition und Gegensätzlichkeit. Des Weiteren gibt es drei Kreuze oder Modalitäten, die beschreiben, wie die Elemente sich auswirken. Die Zahl 3 ist die Zahl des Geistes, sie verbindet die beiden Pole wieder miteinander, die aus der ersten Trennung hervorgingen. So sehen wir alle Möglichkeiten der gegensätzlichen Durchdringung von Materie und Geist, 3 mit 4 multipliziert, im Zodiak. Es sollte jetzt deutlich sein, dass ein 13. Zeichen, das des Schlangenträgers *Ophiuchus*, über das man Astrologen und vor allem Skeptiker manchmal reden hört, gänzlich unmöglich ist.

Die drei Modalitäten oder Kreuze zeigen an, wie sich die Elemente auswirken. Der kardinale Modus ist der erste Impuls, der fixe Modus ist eine Erforschung all der Möglichkeiten in einer Situation und der veränderliche Modus weist auf das Schließen und die Bewegung zur nächsten Phase hin. Deshalb haben wir eine Doppeldeutigkeit der veränderlichen Zeichen. Wir sehen hier eine ähnliche Symbolik der Zahl 3 wie auf einer anderen Ebene, in der Dreieinigkeit von Vater, Sohn und Heiligem Geist. Anhand dieser umfangreichen Beschreibung ist klar, dass der Zodiak ein metaphysisches Konzept darstellt, einen kosmischen Entwurf für den gesamten materiell-spirituellen Kosmos. Darum ist der Zodiak unsichtbar, es ist ein zwölffacher Energiegürtel, den man nicht am Himmel sehen kann und dessen ideelles Wesen von größter Bedeutung ist für das korrekte Verständnis der Präzession.

Das bedeutet generell, dass die Fixsterne, die wir sehen können nicht die Tierkreiszeichen sind. Was sichtbar ist, gehört einer niederen materialistischen Ebene im astrologischen Modell des Kosmos an. Die Zeichen des Zodiaks befinden sich über der kosmischen Sphäre, welche die sichtbaren Konstellationen der Sterne beinhaltet. Unterhalb der Ebene der sichtbaren Konstellationen befinden sich zwischen Erde und Himmel die Sphären der Planeten. Dies zeigt deutlich, was die Funktion der Planeten ist, sie sind nämlich Botschafter, die das Potenzial der Zeichen auf der Erde verwirklichen. Sie sind die dynamisch strukturierenden Kräfte der Welt und je mehr essenzielle Würde ein Planet besitzt, desto besser kann er seine Funktion als Botschafter erfüllen.

In der traditionellen Kosmologie bewegt sich jede Sphäre innerhalb einer weiteren Sphäre. Innerhalb der höchsten Sphäre der zodiakalen Zeichen bewegen sich nicht nur die Planeten, sondern auch die Sterne. Der Zodiak und das Frühlingsäquinoktium, das auf den 0°-Widderpunkt hinweist, bewegen sich nicht im Geringsten, sie bleiben bis in alle Ewigkeit fixiert. Aber die Sterne und die Konstellationen bewegen sich genauso wie die Planeten durch die Zeichen des Zodiaks, nur sehr viel langsamer, mit einer Geschwindigkeit von 1 Grad in 71,6 Jahren. Sie bewegen sich durch den gesamten Kreis in 25.920 Jahren. Dies ist das berühmte platonische Jahr. Diese Transitbewegung ist die aus kosmologischer Perspektive gesehene Präzession, es ist die Bewegung der unteren Sphäre der Fixsterne und Konstellationen durch die höhere Sphäre der zwölf Zeichen.

Aus einer materialistischeren Perspektive und deshalb weniger real und weniger »wahr«, ist die Präzession das Ergebnis des Schwankens der Erde um ihre schiefe Achse. Dies nennt man Nutation. Das sichtbare Ergebnis der Nutation ist in der Tat die Bewegung des Frühlingsäquinoktialpunktes rückwärts durch den Hintergrund der Fixsterne. Diese Bewegung ist nur deswegen sichtbar, weil man eine Bewegung nur relativ zu einem Hintergrund messen kann. Wenn man also Jahr für Jahr misst, auf welchem Stern sich der Äquinoktialpunkt befindet, wird man feststellen, dass er sich von Stern zu Stern bewegt. Aber dies ist nur eine Bewegung über die Sterne, sie kann sich nicht durch die Zeichen bewegen, da der Äquinoktialpunkt für immer als Startpunkt des Zodiaks festgelegt ist. Dies scheint logisch zu sein, dennoch herrscht eine Menge Verwirrung hierüber, die zu der irrtümlichen Idee eines Wassermannzeitalters geführt hat. Dieser nicht korrekte Gedanke ist dadurch entstanden, dass die Zeichen und die Konstellationen, die klar unterschieden werden sollten, da sie wirklich sehr verschieden voneinander sind, durcheinandergebracht worden sind.

Da der Frühlingsäquinoktialpunkt sich rückwärts durch die Konstellationen bewegt, wurde die Idee eines neuen Zeitalters des Wassermanns von Theosophen ins Leben gerufen und später dann von modernen Astrologen, die Carl Gustav Jung folgten, der ein Buch darüber schrieb, übernommen. Das Problem ist einfach, dass niemand weiß, wo die »Fische« enden und wo »Wassermann« beginnt (siehe Bild oben).

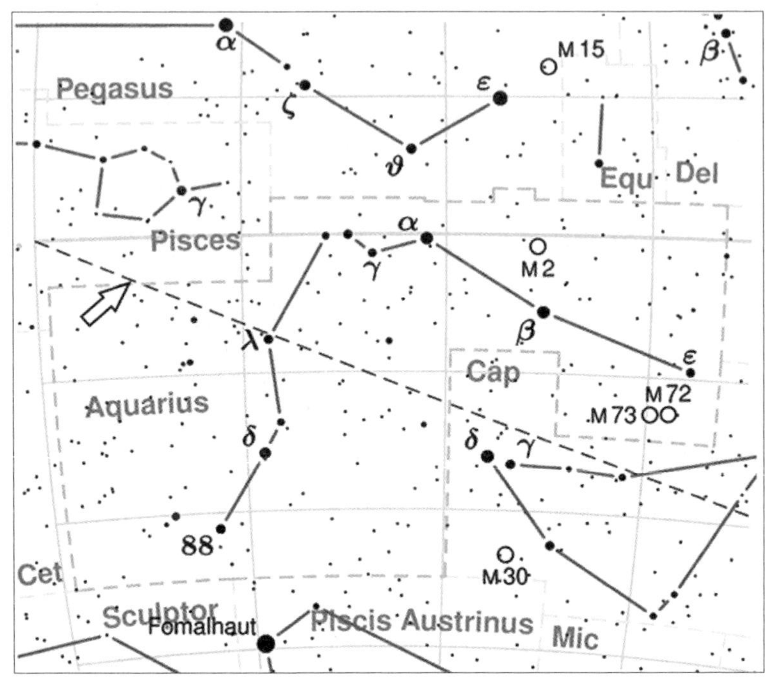

Abbildung 2: Die Vagheit des Wassermannzeitalters. Der Frühlingsäquinoktialpunkt befindet sich auf der gestrichelten diagonalen Linie, die für den Zodiak steht und bis zu der vermuteten Grenze zwischen den Konstellationen Fische und Wassermann vorangeschritten ist (siehe Pfeil). Sicherlich **nicht** *zwischen den Zeichen Fische und Wassermann! Bitte beachten Sie, dass die Bewegung der Präzession rückwärts vonstatten geht, das Frühlingsäquinoktium bewegt sich nicht von Wassermann zu den Fischen wie die Planeten und Sterne, sondern in die andere Richtung. Das unüberwindbare Problem ist jedoch, dass die Grenze – die »Spitze« der Konstellation – vollkommen künstlich ist und nicht auf irgendeinem Prinzip beruht. Sie hat überhaupt keine tiefere astrologische Bedeutung. Sie ist genauso wie die Markierung der Grenzen zwischen Libyen und Algerien. Sie wurde einfach irgendwo auf der Karte von Autoritäten eingetragen, weil es irgendwo eine Gren-*

ze geben musste. So gesehen kann niemand präzise sagen, wann das Zeichen Fische zurückgelassen wird und das Zeitalter des Wassermanns beginnen wird. Hat es bereits begonnen oder müssen wir vielleicht dafür noch weitere 700 Jahre warten? Dies macht die gesamte Idee der Zeitalter sehr, sehr vage.

Die ganze Idee ist unlogisch und astrologisch unhaltbar, sie basiert auf dem Vermischen der beiden Ebenen der zwölf Zeichen und der zwölf zodiakalen Konstellationen. *Die Konstellation Wassermann ist etwas vollkommen anderes als das Zeichen Wassermann*, obgleich das Zeichen als eine Art Archetyp funktioniert, aus dem die Konstellationen entstanden sind. Der zentrale Punkt ist, dass ein »Zeichen« eine Energiezone von exakt 30° mit präzise definierten Grenzen ist. Eine sichtbare Konstellation hat solche Grenzen nicht, dies führt zu vielen Unstimmigkeiten. Die gesamte Idee der zwölf Zeitalter verbunden mit den Zeichen ist bis zu einem gewissen Grad logisch und sogar offensichtlich, sie wird auch in authentischen traditionellen Texten gefunden, aber auf eine sehr unterschiedliche Art und Weise.

Ein anderes unüberwindbares Problem ist die Dauer der Zeitalter, wenn man die Präzession des Frühlingsäquinoktialpunkts durch die Konstellationen als den Startpunkt nimmt. Die Konstellation Widder ist viel kleiner als die Konstellation der Fische zum Beispiel, das Fische-Zeitalter müsste deshalb vier- bis fünfmal länger dauern als das Widderzeitalter, wenn man der Logik des Systems folgen würde. Nun dies ist zumindest sehr befremdlich, wenn nicht sogar ein gewichtiges Argument gegen die Idee der Weltzeitalter, so wie sie bekannt gemacht worden ist. Wenn es zwölf Zeitalter von sehr unterschiedlicher Dauer gibt, in welchem Sinne können wir dann von Zeitaltern als Perioden, die mit den Zeichen verbunden sind, sprechen? Es ist sicherlich nicht völlig absurd, aber es gibt viel zu viele Unstimmigkeiten in diesem Gedankengang, wie er gewöhnlich dargestellt wird.

Die deutlichen und grundsätzlichen Änderungen der heutigen Zeit benötigen auch nicht das Kommen des Wassermannzeitalters als Erklärung. Der Eintritt der großen Konjunktionen von Saturn und Jupiter in die Lufttriplizität ist der astrologische Indikator für die große Veränderung von Macht in der Welt und der massiven Luftprozesse wie Digitalisierung, Globalisierung und Massenmigration. Die großen Konjunktionen bleiben in einem Element für mehr als 220 Jahre und der Eintritt in ein neues Element bringt immer tiefgründige politische, ökonomische und kulturelle Veränderungen mit sich. Wir brauchen also das Wassermannzeitalter nicht als Erklärung, und sogar wenn wir diese Idee akzeptieren würden, könnte eine Zeit, in der alles flexibel und instabil wird, wirklich auf den Eintritt in ein fixes Zeichen hinweisen?

Eine sehr wichtige Präzessionsbewegung, die mit den Entwicklungen in unserer Zeit verbunden ist und die durchaus Sinn macht, ist der Eintritt des letzten der vier Wächter in ein bewegliches Zeichen. Die vier Wächter sind *Aldebaran* (Frühling – Beginn), *Antares* (Herbst – Ende), *Regulus* (Sommer – Höhepunkt), sowie *Fomalhaut* (Winter – Ruhe), und ihr Eintritt in ein neues Zeichen aufgrund der Präzession zeigt fundamentale Veränderungen an. Diese vier Sterne bilden eine Art kosmisches Kreuz, da sie deutlich mit den Startpunkten der Jahreszeiten verbunden sind. Als die Aldebaran/Antares-Achse in die Zeichen Zwillinge und Schütze wechselte, konnte man die ersten Anzeichen der Renaissance erkennen und der Wechsel Fomalhauts ins Zeichen Fische brachte Erleuchtung. Zur Zeit ist auch *Regulus*, der letzte der vier Wächter, von Löwe in die Jungfrau gewechselt. So gesehen hat sich die Beständigkeit vollkommen aufgelöst und wir sind jetzt in die dritte Phase der vollkommenen Wandlung eingetreten.

Es ist zu erwarten, dass der gesamte Prozess der Renaissance-Erleuchtung vollendet wird und auf eine gewisse Art und Weise wiederholt wird. Der arabische Frühling ist eine positive Auswirkung dieser Entwicklung, obgleich dieser gleich der Französischen Revolution schließlich in schlimmer Tyrannei enden könnte. Zur Verdeutlichung der vier Wächter ein Satz. Nur *Fomalhaut*, der Mund des Südlichen Fisches, ist kein königlicher Stern, der großen weltlichen Erfolg verleiht. *Fomalhaut* ist der Winterstern der Geburt Christi oder Ichtos, der Fisch, und es wird deutlich gesagt, dass sein Königreich nicht von dieser Welt ist.

Kapitel 3

Mythologie der Konstellationen und Ihrer Sterne

Zum Gebrauch der Liste der mythischen Geschichten für jede Konstellation.

Schlagen Sie in der Liste der Fixsterne für jedes Zeichen in Kapitel 4 nach, welche Sterne im Spiel sind, nämlich durch eine Konjunktion mit einem Planeten (oder etwas unbedeutender mit einer Spitze oder sogar einem arabischen Punkt, wenn Sie daran interessiert sind). Beginnen Sie mit den beiden Lichtern (Sonne und Mond), den Achsen (Aszendent und Medium Coeli) und dem Herrscher des 1. Hauses. Notieren Sie sich die Planetennatur der Sterne, ihre Magnitude und natürlich die Konstellation, zu der sie gehören.

Schlagen Sie die Konstellation, von der der Stern ein Teil ist, in der Liste der Mythen und Konstellationen weiter unten nach.

Deuten Sie das mythische Thema in Kombination mit einem Planeten (oder einer Hausspitze oder einem arabischen Punkt).

Schauen Sie sich die Planetenenergie des Sterns an und betrachten Sie die Würden dieser Planeten im Horoskop, je mehr Würde, desto positiver wirkt sich der Stern aus.

Schauen Sie sich auch den genauen Ort des Sterns in der Konstellation an, ein Fuß ist nicht ganz dasselbe wie ein Auge oder ein Horn.

Erst dann sollten Sie den Stern in der Liste der Schlüsselwörter in Anhang 1 nachschauen und kontrollieren was diese Schlüsselwörter Ihrer Interpretation hinzufügen können.

Als letzter Punkt können Sie in Kapitel 5 nachschauen, in welchem Mondhaus oder »Sternenhaus« der Mond steht. Dies kann man als den individuellen Kernmythos betrachten.

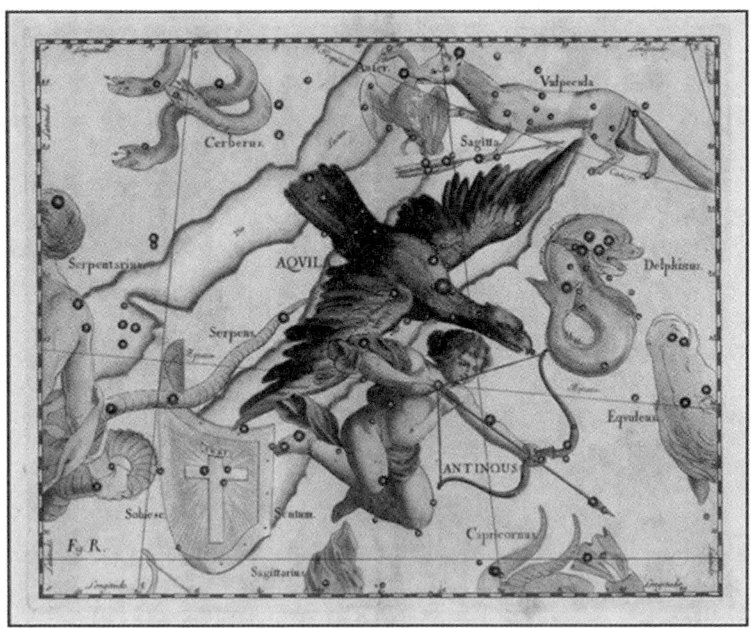

Abbildung 3: Aquila

Adler – Aquila

Dies ist Jupiter, der in der Form eines Adlers herabkommt, um Ganymedes, die Schönste unter den Sterblichen, in die göttliche Welt des Olymps aufzunehmen. Ganymedes ist der Mensch, der mit all seiner Kraft an seiner Läuterung arbeitete und Gnade empfing. Diese Konstellation wurde auch der hochsteigende Geier genannt. Geier galten immer als heilige Vögel, sie steckten ihre Köpfe zwar in verrottendes Fleisch, aber sie blieben rein, die schmutzige Weltlichkeit blieb nicht an ihnen haften. Ein Adler kann auch direkt in die Sonne schauen, das Symbol für Wahrheit und Einheit. Dies ist der wirkliche Intellekt, eine direkte Verbindung mit der Quelle der Wahrheit.

Ein anderer Vogel ist die Eule, doch sie stellt das Gegenteil des Adlers dar. Die Eule ist das Symbol für bloßes rationales diskursives

Wissen, wie es von moderner Wissenschaft geschaffen wurde und das auf die materielle Ebene beschränkt bleibt. Deshalb gehört die Eule zum Mond, dem Planeten, der das Gehirn symbolisiert. Dieser Vogel ist einer von Athenes Attributen, jener Göttin, die aus dem Haupt des Zeus geboren wurde, was auf ihr rationales Wesen hinweist. Der solare Adler steht für wahres höheres Wissen, die lunare Eule für rationales materielles Wissen. In der traditionellen Anatomie strömen die Impulse des wahren Wissens aus dem solaren Herzen zum lunaren Kopf empor, um konkrete Form und Ausdruck zu erhalten. Dies illustriert dieselbe Beziehung.

Der Hauptstern in diesem Sternbild ist *Altair* im Nacken des Adlers (der tatsächliche Punkt der Reinheit des Geiers). Er verleiht eine sehr kraftvolle Aspiration, meistens eine spirituelle. Es besteht die Gefahr spiritueller Arroganz, indem man auf die allgemeine Menschheit, die keine Idee von höherem Wissen hat, mit Verachtung herabschaut. Der Adler ist ebenfalls der transformierte böse Skorpion und das Symbol des »mystischen« heiligen Johannes, des Evangelisten. Siehe auch unter Skorpion. Ein zweiter Stern von astrologischer Bedeutung in dieser Konstellation ist *Deneb Okab*, der Schwanz des Adlers.

Thema: fruchtbare spirituelle Aspiration, starke feurige Hingabe, höheres Wissen, Reinheit, wörtlich aufstrebende Bewegungen, die Gefahr ist spirituelle Arroganz und Verachtung.

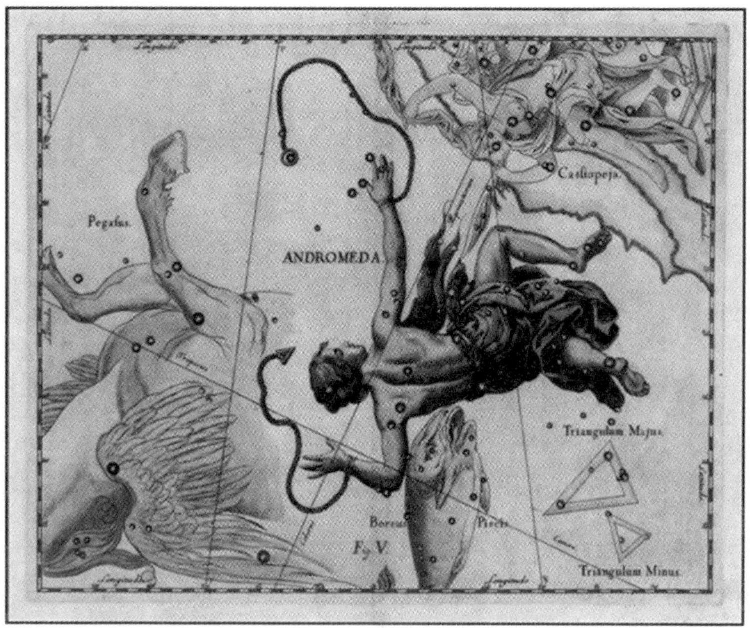

Abbildung 4: Andromeda

Andromeda

Als Perseus auf dem Weg nach Hause war, nachdem er die Medusa enthauptet hatte, sah er an der Küste Libyens (Afrika ist ein Symbol der Bindung an die Materie) ein junges Mädchen (ein Symbol der Seele), das an einen Felsen im Ozean gekettet war. Es handelte sich um die Prinzessin Andromeda, die vom Meeresgott Poseidon (der Ozean ist das Symbol der ungezähmten, wilden Begierde) bestraft worden war, weil ihre Mutter Kassiopeia geprahlt hatte, ihre Tochter sei hübscher als die Wassernymphen, die Dienerinnen Poseidons. Andromeda sollte die Braut des Ozeans werden, und ein schreckliches Monster, das bereits das Königreich ihres Vaters verwüstet hatte, war auf dem Weg sie zu verschlingen. Perseus benutzte das Haupt der Medusa (besiegte Begierde), welches er in einer Tasche mit sich trug und versteinerte das Monster damit, befreite Andromeda und heiratete sie. So wird das Streben, die Seele von den materiellen Bindungen zu befreien, furchtlos weitergeführt.

Alpheratz ist der bedeutendste Stern in der Konstellation der Andromeda. Er ist der Kopf und hat eine äußerst positive Venus-Jupiter-Natur. Ebenso ist *Almach* ein sehr angenehmer Venusstern im linken Fuß. Er steht für den Kontaktpunkt mit der Konkretheit der Erde. *Almach* verleiht künstlerisches Talent, er ist die Seele, die befreit worden ist und deshalb singt und Schönheit erschafft. Der Stern *Mirach* hat eine ähnliche Bedeutung. *Vertex* jedoch ist der berühmte Nebel der Andromeda. Er hat eine dunklere Bedeutung, denn er macht blind und die Seele wird zum Opfer des Seemonsters. Andromeda ist sehr stark mit den Künsten verbunden. Man findet die Sterne der Konstellation Andromeda/Seemonster häufig auch im Horoskop von Schiffskatastrophen.

Thema: Man wird mit Schwierigkeiten konfrontiert, die man nicht selbst verursacht hat (aber vielleicht wurden sie durch die eigene Mutter oder Familie verursacht). Es ist möglich, sich durch Reinheit mit den »höheren Welten« zu verbinden und die Schönheit dieser Dimensionen in künstlerischen Kreationen darzustellen. Der grundlegende Kampf ist es, die Seele von den materiellen Anhaftungen zu befreien. Ästhetik und Künste sind in der Andromeda die zentrale Themen, der Schutz und die Erhaltung von Schönheit und Wahrheit in einer schwierigen und feindlichen Umgebung. Die ultimative »Jungfrau in Nöten«.

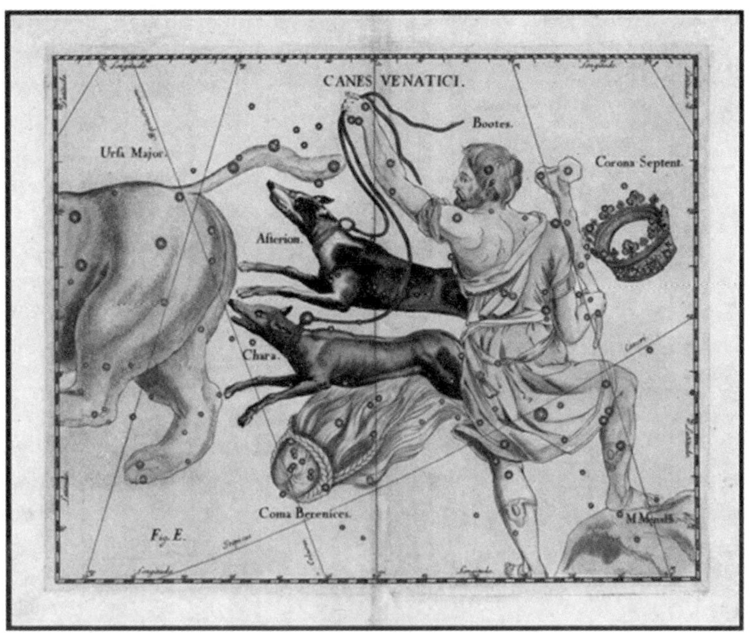

Abbildung 5: Boötes

Bärenhüter – Boötes

Er ist der Jäger und der Beschützer des Bären. Laut Mythos verfolgte er seine Mutter in der Gestalt eines Bären in den Tempel von Jupiter, wo die Priester ihn zu töten drohten, weil er keine Befugnis hatte, sich dort aufzuhalten. Der Bär ist ein altes Symbol der Kriegerkaste und Boötes spiegelt das Thema des Kriegers wieder, der nicht mehr mit seiner höheren spirituellen Führung und Zielen verbunden ist. Er deutet auf die Rebellion der Krieger gegen die Autorität der Priester hin. In der keltischen Tradition werden der Bär und der Eber häufig nebeneinandergestellt, der Eber repräsentierte die Kaste des Druidenpriesters. Das Bild von King Arthur, der Merlins Führung akzeptierte, zeigt die korrekte Beziehung zwischen spirituellen und weltlichen Autoritäten. Auf einer anderen Ebene symbolisiert es die Überschätzung konkreter

Handlungen, die von den vielen Waffen symbolisiert wird, die Boötes mit sich trägt. Einer der Sterne in der Konstellation Boötes wird passenderweise *Princeps* genannt, lateinisch für »Prinz«: Die Domäne der korrigierenden Handlungen und Gewalt war immer ein Privileg der königlichen und weltlichen Macht. Im Grunde genommen spiegelt dies den gut bekannten Gegensatz zwischen Handlung und Kontemplation wider, in der Bibel Maria und Martha.

Arcturus ist der sehr helle Schützer des Bären, er hat eine kriegsartige Mars-Jupiter-Natur und verleiht Erfolg und effektive energische Handlungen. Er ist jedoch dem königlichen Spica sehr nahe. Welcher der beiden Sterne durch einen Planeten aktiviert wird, sollte durch die Methode, die in Kapitel zwei gegeben wird, entschieden werden.

Der Stern *Princeps*, der sich auf dem Schaft von Boötes Speer befindet, und speziell der Stern *Seginus*, der sich auf der linken Schulter befindet, sind viel weniger positiv als der Hauptstern *Arcturus*. Erfolg wird von vielen Problemen begleitet sein. *Seginus* ist ein Stern der Verluste und schlechten Schlüsse. Das Problem sind die rebellischen und führungslosen Handlungen.

Thema: Konkrete Handlungen sollten gelenkt und abgemildert werden, impulsive Handlungen führen zu Problemen, mit Landwirtschaft und Jagd verbunden, Überschätzung konkreter Handlungen, missionierend und der irrtümliche Gedanke, dass »Behandlung« der Symptome eine wahre Lösung mit sich bringt.

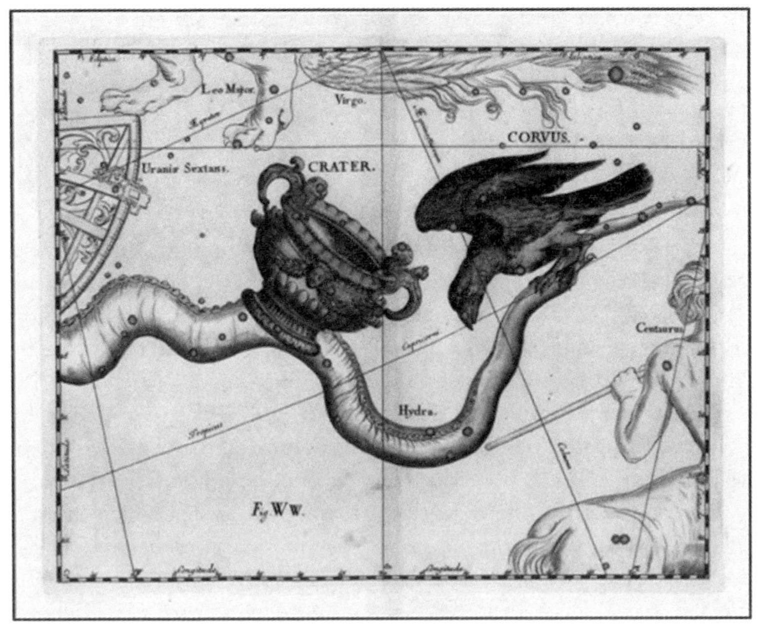

Abbildung 6: Crater und Corvus

Becher und Krähe – Crater und Corvus

Dies ist die Krähe, die die göttliche Aufgabe, die ihr von Apollo, dem Sonnengott, gegeben wurde, vergaß. Sie sollte einen Becher mit Wasser an einer Quelle auffüllen. Auf dem Weg zur Quelle sah sie schöne Feigen an einem Baum. Sie entschied sich anzuhalten, um die Früchte zu essen, die viel zu anziehend waren. Das Ergebnis war, dass sie viel zu spät zum Sonnengott zurückkehrte und Apollo anlog, dass die Schlange Hydra ihr den Weg zu der Quelle blockiert habe. Der Becher aus dieser Geschichte ist ebenfalls der Becher des Bacchus und dies deutet auf die Vergesslichkeit bezüglich unseres strahlenden göttlichen Ursprungs hin. Der Becher mag vielleicht mit Gift gefüllt sein, aber es ist genauso der Gral. Die Frage ist, werden wir es wirklich vollständig vergessen, wie es einst war, bevor wir in diesem Körper mit Fleisch und Blut geboren wurden oder werden wir die Leitung offen halten? Dies wird durch die Suche der Krähe, die nicht erfolgreich war, da sie die Feigen sah, angezeigt.

Entsprechend dem Mythos wurde der Gralsbecher von Engeln aus Smaragden hergestellt, die einst auf die Augenbrauen Luzifers gesetzt wurden. Luzifer ist der Engel der Morgenröte, der gefallen ist, um der verzweifelte Satan zu werden, da er so dumm war, dem allmächtigen Gott nicht zu gehorchen. Die genaue Position der Steine ist mit dem dritten Auge verbunden, dem nicht materiellen Auge, das die ursprüngliche Einheit und damit die Wahrheit sehen kann, ohne von der Materie beeinträchtigt zu werden. Das Füllen des Bechers durch die Krähe hat eine deutliche Parallele mit dem Gralsbecher, in dem Joseph von Arimathea das heilige Blut Christi sammelte, das die Wiederkehr zur ursprünglichen Einheit der Nichtdualität symbolisiert.

Der Gral wird häufig mit der Lanze zusammen abgebildet. Es handelt sich um die berühmte Lanze des Longinus, mit der die Seite Christi durchstochen wurde. Die Lanze ist ein Symbol des Pols, dieser ist Gott als das höchste Zentrum. Aus den Wunden Christi fließen durch die Intervention der Lanze Wasser und Blut, Geist und Seele, gereinigt durch das Opfer, die alchimistischen Anspielungen sind deutlich. Der Becher repräsentiert ebenfalls die weibliche Empfänglichkeit und dieser kann wiederum mit der schwarzen Erde der Alchemie assoziiert werden. Schwärze deutet hier auf die Reinheit hin, eine vollständige Bereitschaft, zu empfangen.

Der Hauptstern in der Krähe *Algorab* ist stark damit verbunden, unseren Weg durch irdischen Schmutz zu finden, irgendwo auf der Suche nach dem Gold des Himmels; aber eine Krähe, die anhält, um Feigen zu essen, wird von Apollo bestraft werden. *Labrum,* der Hauptstern im Becher, wird ebenfalls mit dem Becher assoziiert, den man austrinken muss, er ist zusammen mit *Terebellum* und *Al Pherg* einer der drei Schicksalsterne. Die bekannten Worte Christi in der Bibel über den Becher, der nicht an ihm vorbeigeht, beziehen sich direkt auf den Gral. Wenn Labrum aktiviert wird, holt einen das Schicksal ein, etwas das seit langer Zeit in der Luft lag, wird jetzt zuschlagen.

Die Krähe muss die Feigen ignorieren und ihrer Aufgabe, den Becher zu füllen, folgen. Becher und Krähe sind in diesem Mythos untrennbar miteinander verbunden. Die Rolle der Begierdeschlange in der gesamten Geschichte wird unterstrichen durch die Positionierung von Becher und Krähe auf der Hydra am Himmel. Das zentrale Thema ist, seine Mission (nicht) zu vergessen, wenn etwas Attraktiveres erscheint. Es ist auch klar, warum die Krähe mit Unzuverlässigkeit und der Becher mit Intelligenz, Erfolg und Religion gleichgesetzt wird. Aber wie immer spielt das ganze Thema in beiden Konstellationen mit ihren Sternen *Labrum* und *Algorab* eine Rolle, nur die Betonung ist unterschiedlich.

Thema: Das Wissen der göttlichen Herkunft des Menschen fördern, die eigene Mission nicht aufgeben, wenn man etwas Attraktiveres sieht, schicksalhafte Ereignisse, Lügen, im Dreck der Erde nach Schönheit suchen.

Die Esel – Aselli

Ein sehr wichtiger Teil des Krebses sind die Esel, der nördliche und südliche Esel, und in ihrer Mitte die Krippe, der extrem bösartige Stern *Praesepe*. Die Esel wurden von den Göttern Vulkan und Bacchus im Kampf der Götter gegen die Titanen geritten. Die Geräusche, die die Esel machten, so wird gesagt, haben die Titanen in die Flucht geschlagen. So gesehen bringt die Unterwerfung der animalischen Natur den Sieg über die Titanenkräfte, die dem Leben feindlich gesonnen sind. Der Esel ist ein altes Symbol der satanischen Kräfte und dies ist der Grund, warum Jesus auf einem Esel reitet, als er nach Jerusalem kommt. Es zeigt, dass er das Böse unterworfen hat. Deshalb legen die Menschen Palmblätter auf die Straße, diese repräsentieren den Baum des Lebens, die ewige Einheit als Gegenstück des Baums des Wissens. Auf dem Baum des Lebens gibt es keine Schlangen, keine Dualität.

Die Esel haben deshalb auch die Bedeutung »dem Meister zu dienen«, in der christlichen Symbolik finden wir sie auch als den Esel und den Ochsen bei der Krippe in Bethlehem. Das göttliche Licht wird auf der Erde als Sohn Gottes geboren, der das Böse (Esel) und die Materie

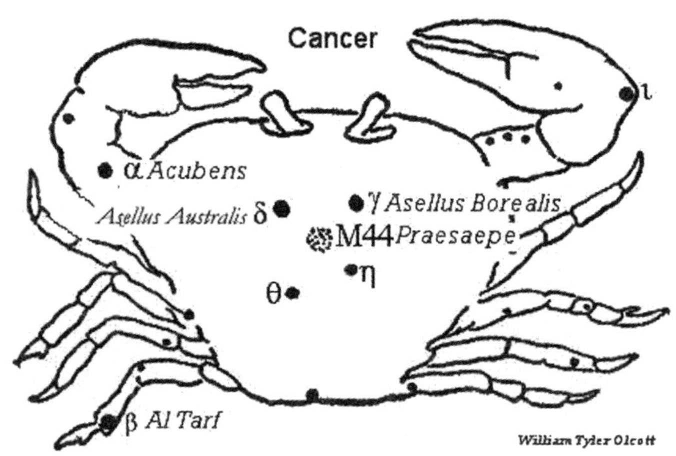

Abbildung 7: Aselli

(Ochse) meistern wird. Natürlich kann dieser Dienst auch negative Ergebnisse in der Praxis haben, da alles von dem Meister, dem man folgt, abhängt. Wie üblich hat der südliche Esel eine schlimmere Auswirkung als der nördliche Esel.

Der bösartigste Teil des Krebses ist die Krippe selbst, auch bekannt als Bienenstock oder der Futtertrog. Er wird von den Chinesen »die Ausatmung der angehäuften Leichen« genannt. Es ist nichts außer einem leeren Futtertrog, um Tiere zu füttern und so gesehen ist es ein sehr materielles Symbol. Der Sohn Gottes, der geboren werden soll, befindet sich nicht darin und das kann kein gutes Zeichen sein. In der Praxis kann man *Praesepe* auch als den zweiten Algol bezeichnen und man könnte sie als das Herz der Krebs bezeichnen, aber weder hat der Krebs ein Herz, noch wird sie den wilden Wellen der Begierde widerstehen können, sie wird einfach mit dem Fluss gehen. Da Herkules den Krebs tötete, indem er ihn zerquetschte, weist dies auch auf Schlachten und Vernichtung hin. Menschen, die ihre Sonne auf diesem Stern haben, sollte nicht erlaubt werden, Führer zu werden, da sie leicht dazu tendieren, jeden zu benutzen, um ihre grenzenlose Lust für solare Macht zu befriedigen. Wie das mythische Bild zeigt, wird dies zu Katastrophen führen. Zusammen mit Algol spielt *Praesepe* eine äußerst wichtige Rolle in der Mundanastrologie.

Die Krippe und die Esel zwischen sieben und neun Grad Löwe stellen in der Praxis eine integrale Thematik der Abstufung von Katastrophen dar, es hat daher seinen Grund, dass diese beiden so nah beieinanderstehen. *Praesepe* ist das sich vollkommen frei bewegende Böse, die Esel repräsentieren das Böse, das bis zu einem gewissen Ausmaß kontrolliert werden kann, da die Götter auf ihnen reiten. Der nördliche Esel ist meistens fest unter Kontrolle, beim südlichen Esel sind die dunklen Kräfte stärker und er droht seinem Reiter zu entfliehen. Dies wird symbolisch betont durch die Tatsache, dass der südliche Esel der weibliche Esel ist und die weiblichen lunaren Kräfte wurden immer so betrachtet, dass sie leichter zum Bösen verführt werden können. Dies ist auch die symbolische Rolle von Eva. Es sollte verstanden werden, dass es sich hier nur um eine Symbolik handelt, der weibliche Mond wird einfach als die irdischere Seite des Menschen angesehen, das ist alles!

Das zodiakale Zeichen des Krebses ist das Wasserelement in seinem kardinalen Modus, der erste grenzenlose, sich schnell bewegende

Impuls. Dies korrespondiert natürlich mit der Symbolik der oben genannten Konstellation. Die zwölf Zeichen sind der inspirierende Hintergrund zu den zodiakalen Konstellationen, die denselben Namen tragen, was nicht bedeutet, dass sie identisch sind! Traditionell wird der Krebs auch als Schale betrachtet, die alle Samen und Möglichkeiten für künftige Entwicklung beinhaltet. Daher wird er auch mit dem nördlichen Knoten, dem Tor, durch das der Mensch ins Leben eintritt, so durstig nach Erfahrung, assoziiert. Dass Jupiter, das Prinzip der Expansion und Fruchtbarkeit, seine Erhöhung im Krebs hat, ist aus dieser Perspektive sehr verständlich.

Die zentrale Botschaft des Krebses ist es, auf ein Ziel fokussiert zu bleiben, die Schlacht mit der Hydra zu kämpfen und nicht von den Bissen der Krabbe in die Ferse, den verletzlichen Punkt, abgelenkt zu werden. Zerquetsche sie, indem du die richtige Handlung ausführst. Die Esel sind ein integraler Teil hiervon, da sie die mehr oder weniger unterworfenen materiellen Kräfte und das »Dem-Meister-Dienen«, der optimal das göttliche Prinzip darstellt, zeigen. Die leere Krippe ist hierin der dunkelste Punkt, sie entfesselt die grenzenlose Begierde-Natur, die zu Blutvergießen, Chaos und Fragmentierung führt.

Thema: Konzentration auf die wesentliche Arbeit des Opfers, erlaube dir selbst nicht, dich durch den Krebs, der in deine Ferse beißt, von deinen Zielen ablenken zu lassen. Handle auf richtige Art und Weise; Chaos, grenzenlose Befriedigung der Begierden mit katastrophalen Konsequenzen.

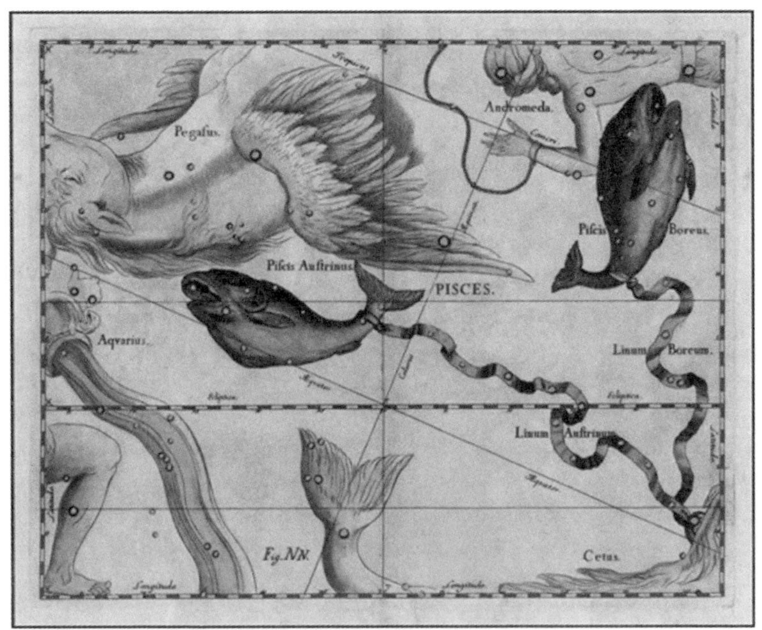

Abbildung 8: Pisces

Fische – Pisces

Diese Konstellation wird mit dem Aufgeben dessen, was man liebt, assoziiert. Andernfalls kann kein Fortschritt gemacht werden. Das Bild der zwei Fische, die in zwei entgegengesetzte Richtungen schwimmen, hoch und runter, zeigt an, dass, wenn Opfer erbracht werden, göttliche Gnade herunterkommen wird, wovon der Fisch ein Symbol ist. Es kann ebenfalls mit dem biblischen Bild der zwei Fische und den fünf Brotlaiben, die allen zu essen gaben, verbunden werden. Sie symbolisieren die zwei Lichter und die fünf Planeten, die alles bestimmen, was auf der Erde geschieht. Die Verbindung zwischen Sonne und Mond, zwischen lunar-irdischen und solar-göttlichen Kräften, ist der zentrale Punkt hier, der deutlich von der geheimnisvollen Schnur, die die zwei Fische miteinander verbindet, ausgedrückt wird. Auf der Ebene der

Konstellationen zeigt dies wiederum ein anderes Bild für die Knotenachse, die Punkte, an denen solare und lunare Orben sich vereinen, und die als Tore fungieren, in und aus dem Leben heraus. Dies ist der Grund, warum *Al Pherg*, der einzige astrologisch relevante Stern traditionell einen schlechten Ruf gehabt hat, da er als ein Stern des Schicksals wirkt. Seine Verbindung mit dem Kopf Typhons (Tod) ist in dieser Hinsicht verständlich. Die Knoten verweisen immer auf grundlegende wichtige Veränderung im Leben hin, wenn sie in einer Progression aktiviert werden, sie symbolisieren den Anfang und das Ende.

Fische ist das letzte Zeichen des Zodiaks und dies deutet ebenfalls auf einen entscheidenden schicksalhaften Moment hin, es ist wie die letzte Chance. Wenn das Opfer an dieser Stelle gebracht wird, wird es weitergehen, wenn nicht, wird man stecken bleiben und die Dinge gehen einem Ende zu, wie die schicksalhafte Natur von *Al Pherg* zeigt. Venus ist im Zeichen Fische erhöht, was auf das Verschwinden von Oppositionen am Ende des Zyklus hinweist.

Thema: etwas opfern, das man wirklich liebt, schicksalhafte Ereignisse, die letzte Phase eines Zyklus, eine letzte Chance.

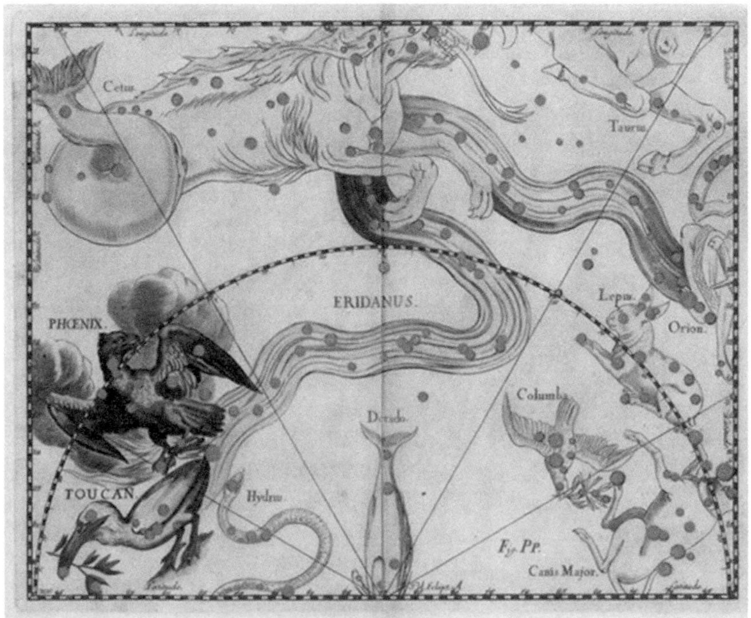

Abbildung 9: Eridanus

Fluss – Eridanus

Dies ist der Fluss, in den Phaeton fiel, als er versuchte, den Sonnenwagen über den Himmel zu steuern, ihn aber nicht kontrollieren konnte. Er musste für seine eklatante Überschätzung der eigenen Kräfte mit dem Fall in den Eridanus bezahlen und als er hinunterfiel, versengte er die Erde. Dies zeigt die Bedeutung dieser Konstellation an, Stolz und Überschätzung loszuwerden und wahre Demut zu lernen. Deshalb haben alle Sterne im Eridanus eine Saturnnatur, außer *Achernar*, der sich in der Flussmündung befindet und als großer Wohltäter beschrieben wird. An diesem Punkt werden die Lektionen der Bitterkeit und des Falles als Weisheit und Erfahrung ausgegossen. Trotz der positiven Beschreibungen in den Texten hat *Achernar* eine dunkle Seite der Machtergreifung, ein Königreich zu stehlen, aufgrund einer spirituellen Überschätzung der eigenen Kräfte, durch die der Entwicklung des Königreichs geschadet wird. Der Fluss ist traditionell ein Symbol der Grenzen, die überschritten werden müssen, um die nächste bessere Ebene zu erreichen oder das Gelobte Land wie zum Beispiel in dem Fall des Flusses Jordan.

Thema: Bezwinge deinen (spirituellen) Stolz, lerne Demut, vermeide Machtergreifung und Überschätzung deiner begrenzten Kräfte; Weitergabe von Weisheit, die durch die bittere Erfahrung gewonnen wurde.

Abbildung 10: Auriga

Fuhrmann/Wagenlenker – Auriga

Hier handelt es sich um Erichtonius, dem Sohn des lahmen Gottes Vulcanus, der stehend mit Schlangen an seinen Füßen in einem Streitwagen abgebildet wird. In seinen Armen trägt er eine kleine Ziege, von der es heißt, dass sie Amalthea sei, die Amme von Jupiter. Dieses Bild verweist auf die richtige Handlung und Geschwindigkeit, mit der Möglichkeit, dass diese schnelle korrekte Handlung aufgrund der Schwäche der Schlangenfüße zunichte gemacht wird. So kann man von der Begierde auf Abwege geführt werden. Dies kann ebenfalls mit dem gut bekannten Bild der »Füße aus Ton« assoziiert werden. Wir sehen einen smarten Wagenlenker, der ein Instrument herstellt, durch welches er die Schlangenfüße mit schnellen Handlungen überwinden kann. Die Ziege Amalthea verweist auf die Zärtlichkeit, mit der alle stürmischen

Handlungen begleitet sein sollten. Ohne sie verwandelt sich der Wagenlenker in einen Pechpiloten oder einen gnadenlosen Aktivisten.

Capella, ein Stern der kraftvollen ersten Magnitude, ist die kleine Ziege, es gibt eine gewisse Zärtlichkeit. *Capella* ist dem Herzen des Fuhrmanns sehr nahe, dies ist der Stern auf dem Aszendenten des Formel-1-Fahrers Niki Lauda! Der andere astrologisch bedeutsame Stern des Fuhrmanns *Menkalinan* befindet sich auf der Schulter und ist wesentlich bösartiger, er ist schnelle Handlung ohne Zärtlichkeit.

Thema: Geschwindigkeit und innovative Handlungen sollten mit Liebe und Zärtlichkeit verbunden sein, Fanatismus vermeiden, oft mit Transportsystemen verbunden.

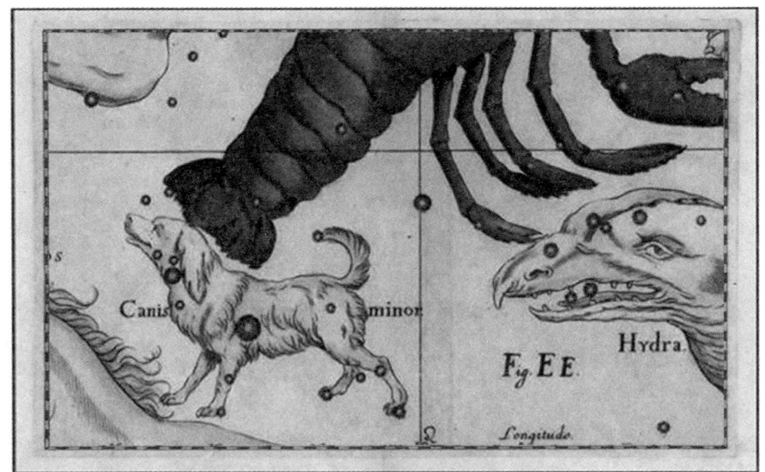

Abbildung 11: Canis Minor

Großer Hund und kleiner Hund – Canis Major und Canis Minor

Dies sind ungestüme und wilde Brocken, die deutliche äußere Führung und Orientierung benötigen. Sterne dieser Konstellation dominieren in dem Horoskop des Ex-US-Präsidenten Georg W. Bush, der sein Land in mehr als einen katastrophalen Krieg involvierte. Der größere Hund ist kopflos, aber ein sehr gefährliches Tier, das sehr viel Lärm macht und offen einschüchtert, angreift und jeden beißt. Der Kleine Hund ist ein schlimmer ungestümer kleiner Kläffer, er verursacht eine Menge Probleme, aber er ist cleverer und flinker als sein großer Bruder. *Sirius* im Mund des großen Hundes kann aufgrund seiner Bereitschaft für den Kampf sehr viel Erfolg verleihen, aber die wilde Energie muss in die richtige Richtung gelenkt werden. Sirius ist der Schützer Europas, der Seele. Er ist ebenfalls zu dumm und aggressiv, um selbstständig Verantwortung zu tragen, aber er kann ein sehr guter General oder Schützer sein. Dasselbe trifft auf *Procyon* zu, der Hauptstern im kleine-

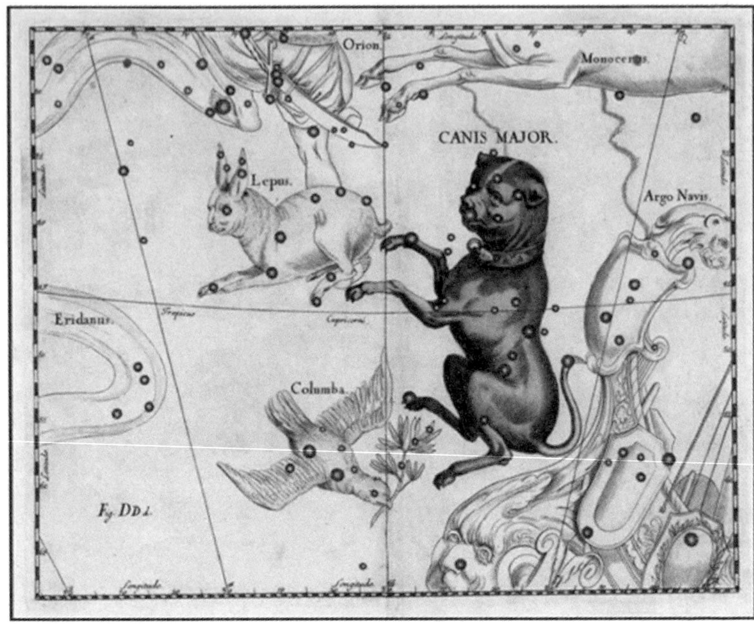

Abbildung 12: Canis Major

ren Hund. Beide Sterne sind extrem hell und haben eine enorm kraftvolle Auswirkung im Leben.

Thema: kopflose Aggressionen vermeiden, Aggressionen und Kampfgeist disziplinieren, Führung akzeptieren, der Stellvertreter des Kommandeurs.

Hyaden

Die Hyaden sind eine nebelhafte Gruppe von Sternen in der Konstellation des Stiers, sie sind die sieben Halbschwestern der Plejaden. Ihr zentrales Thema ist ähnlich, nämlich Enttäuschungen und gute Absichten, die schiefgehen. Sie sind mit der Fürsorge des kindlichen Weingottes Bacchus beauftragt, der aufwuchs, um ein unverbesserlicher Trinker zu werden. Deshalb müssen die Intentionen kritisch analysiert werden, wie realistisch sind sie wirklich? Ihr Vater ist Atlas, der berühmte Titan, der das enorme Gewicht der gesamten Welt auf seinen Schultern trägt. Dies zeigt dasselbe Thema an. Der Stern *Prima Hyadum* – die erste Hyade – ist der Hauptstern in dieser Gruppe. Als ein Teil des Stiers symbolisieren sie ebenfalls die Notwendigkeit der Enttäuschungen im materiellen Leben.

Thema: gute Absichten gehen unerwartet schief, Enttäuschungen, Intentionen kritisch untersuchen.

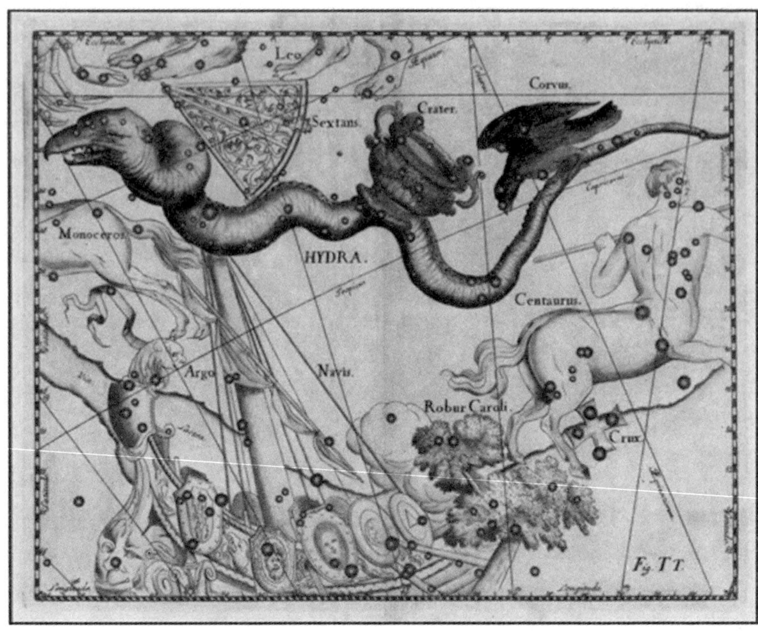

Abbildung 13: Hydra

Hydra – Wasserschlange

Diese Konstellation befindet sich am Himmel neben dem Löwen und ihr zentrales Thema ist ähnlich. Der Löwe giert nach Macht, Hydra ist das entscheidende Bild der Begierde selbst, ein vielköpfiges Monster, das Wolken tödlichen Gifts ausatmet. Dies zeigt die wahre Natur unserer Anhaftungen an die Materie, es enthüllt die Begierde in ihrer schockierenden Nacktheit. Es ist schwer, die Bestie zu besiegen, da sie viele Köpfe hat, wenn man es schafft, einen abzuschlagen, wird er durch einen anderen ersetzt. Wenn eine Begierde erobert wurde, wird eine andere schnell an die Stelle treten. Die Hydra ist ebenfalls ein Spross der unglücklichen Einheit des Typhon (Tod) und der Echidna (Erde: halb Frau, halb Schlange).

Es ist Herkules, der Mensch in seiner essenziellen heroischen Rolle als Eroberer der Begierde, der das Monster besiegt. Die Köpfe einem nach den anderen abzuschlagen funktioniert nicht, nur wenn die Wunden verbrannt werden durch reinigendes Feuer (innerer spiritueller Kampf), werden die Köpfe nicht erneut nachwachsen. Der letzte unsterbliche Kopf muss mit den bloßen Händen abgerissen werden und unter Steinen begraben werden, wie Herkules es macht. Es können nicht alle Kerne der Begierde im Menschen im irdischen Zustand gelöscht werden, aber sie können von dem schweren unbeweglichen Gewicht eines Steines (ethische Normen wie die Zehn Gebote) kontrolliert werden.

Der Stern *Alphard* ist das Herz der Hydra, ihre Essenz und der einzige in der Hydra, der eine Rolle in der Astrologie spielt. Verständlicherweise zeigt er einen Mangel von Selbstdisziplin und pervertierte Moral an, aber er kann auch zu Weisheit durch Erfahrung führen, wenn die Hydra besiegt wird. Oft gibt es eine sehr direkte Einsicht in die Psychologie der Begierde, ein gutes Urteilsvermögen des Charakters, und zur selben Zeit, die Fähigkeit andere zu manipulieren.

Thema: bewusstes radikales Opfer der starken Begierde, innerlicher Kampf gegen die Begierden, Kontrolle durch moralische Regeln und Entscheidungen, direkte Einsichten in die Psychologie der Begierde.

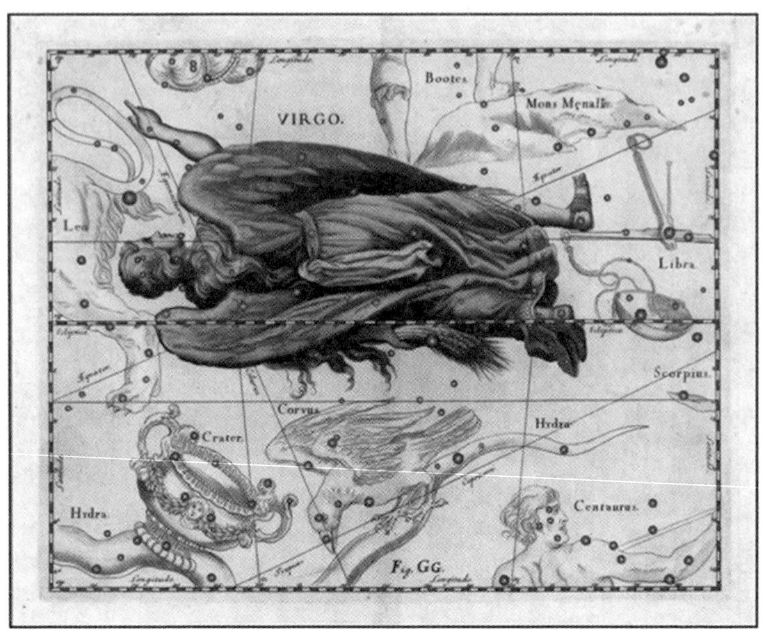

Abbildung 14: Virgo

Jungfrau – Virgo

Dies ist ein Bild der Reinheit und offensichtlich wird es ebenfalls mit der christlichen Symbolik der Maria verknüpft, der heiligen Mutter Gottes. Jungfräulichkeit zeigt Befreiung von allen materiellen Bindungen an, Christus wurde ohne jegliche Verstrickung in Materie oder Sünde geboren. Es gibt das römisch-katholische Dogma der Unbefleckten Empfängnis, welches für Maria gilt, denn dies unterstreicht ihre Reinheit, obgleich nicht alle katholischen Traditionen dieses als Dogma akzeptieren. In den berühmten schwarzen Madonnen, zum Beispiel in Chartres und in Częstochowa besticht die Reinheit, Schwärze wird mit Saturn, mit Weisheit, die durch Leiden entsteht, assoziiert. Dies zeigt das reine passive Potenzial an, die Bereitschaft den göttlichen Pol zu empfangen. Es ist die schwarze Erde der Alchemie, die fruchtbare ägyptische Erde, nachdem sie vom Nil überschwemmt und gereinigt wurde. Es gibt da also überhaupt nichts »Chthonisches«, wie es einige New-Age-Gruppierungen vorgeschlagen haben, dies ist eine falsche Deutung der Symbole.

Alles in allem macht dies die Jungfrau zu einem der wichtigsten Mythen des Westens. Maria wird traditionell sehr stark mit dem Heiligen Geist verbunden, dem weiblichen Teil der Dreieinigkeit, welchen sie aufgrund ihrer Reinheit empfängt. Der Hauptstern in der Jungfrau ist der königliche *Spica*, der einen extrem mächtigen schützenden Einfluss hat, er verleiht ebenfalls Erfolg, aber nicht so viel, wie es zum Beispiel bei Regulus der Fall ist. Er ist ebenfalls Stella Maris, der Stern des Meeres, der über die Wellen wie ein beschützendes Leuchtfeuer scheint, für diejenigen, die mit den wilden Wellen der Begierde kämpfen. *Spica* repräsentiert die Kornähre, also den Konzentrationspunkt des Ernteprozesses, die Reinigung und Selektion, das Korn wird von der Spreu getrennt.

Spica ist viel glücklicher als das königliche Herz des Löwen *Regulus*, welches permanent in unbefriedigtem Ehrgeiz brennt. Erfolg ist nicht das Wichtigste im Leben. In der antiken Mythologie ist es die Jungfrau Astraea, eine Tochter der Titanen, die die Seite der olympischen Götter (Geist) gegen ihre eigenen Vorfahren wählt. Dies ist selbstverständlich genau dasselbe Thema wie in Marias Mythos. Die meisten Sterne in der Jungfrau haben eine positive Bedeutung, jedoch verlangt der Stern *Khambalia*, der sich im Fuß der Jungfrau befindet, entschlossene Handlung. Die Schlange muss ohne Zögern zerquetscht werden, ansonsten wird sie die Reinheit vergiften.

Ein Spezialfall in der Jungfrau ist der sehr bösartige Stern *Vindemiatrix*. Dieser repräsentiert Amphelos, der einen Weinstock hochkletterte, hinunterfiel und sein Genick brach. Dies verweist auf das Thema des Zauberlehrlings, Überschätzung der eigenen Kräfte und auf das Entfesseln von unkontrollierbaren Mächten, die jedem Schaden zufügen können. Er ist ebenfalls der Witwenmacher, ein Stern der Trennung und Scheidung. Er deutet auf die arrogante Annahme hin, dass man Wissen besitzt, bevor es wirklich so weit ist, auf Arroganz und Diebstahl von etwas, das einem nicht wirklich gehört. Amphelos versucht die Trauben zur falschen Zeit zu sammeln, es ist ein verfrühter Ernteprozess, eine Reinigung, die fehlschlägt. Dies ist der Stern, der Silvio

Berlusconis Horoskop dominiert. Dies zeigt wieder einmal, dass eine astrologische Selektion von Politikern durchaus nützlich sein könnte. *Vindemiatrix* ist einer der wenigen Fixsterne, die in der Stundenastrologie benutzt wurden (siehe hierzu die Liste in Kapitel 4).

Thema: Reinheit, kritische Selektion der nützlichen Elemente, die Spreu vom Weizen trennen, empfänglich werden durch die Unterscheidung von Reinem und Unreinem.

Jagdhunde – Canes Venatici

Eine nebelartige Wolke in der Nähe von Boötes, dessen Hunde sie zu sein scheinen, da er sie an einer Leine hält. Dies ist keine traditionelle Konstellation. Der Grund, warum sie hier erwähnt wird, ist der Stern *Copula* in diesem Nebel, der ein Stern der Hochzeit und guten Beziehungen (»Kopulation«) ist. Scheinbar gibt er eine gesunde Blindheit für die weniger attraktiven Seiten des Partners. Dieses Thema scheint nicht mit dem Mythos des Boötes oder dem Bild des Jagdhundes verbunden zu sein. Aber *Copula* hat die erwähnte Auswirkung. Ein Stern wie dieser, der nicht mit einer traditionellen Konstellation verbunden ist, wird »amorph« genannt.

Krähe – siehe unter Becher

Die Mythologie der Krähe ist stark verbunden mit dem Becher. Die Krähe wurde vom Sonnengott Apollo beauftragt, den Becher in einer Quelle zu füllen. Die Krähe begab sich auf den Weg zur Quelle, aber dann sah sie einen Baum voll reifer Feigen und entschied, diese zu essen. Sie vergaß dabei den Auftrag von Apollo, fand die Quelle nie und kehrte mit leerem Becher zum Sonnengott zurück.

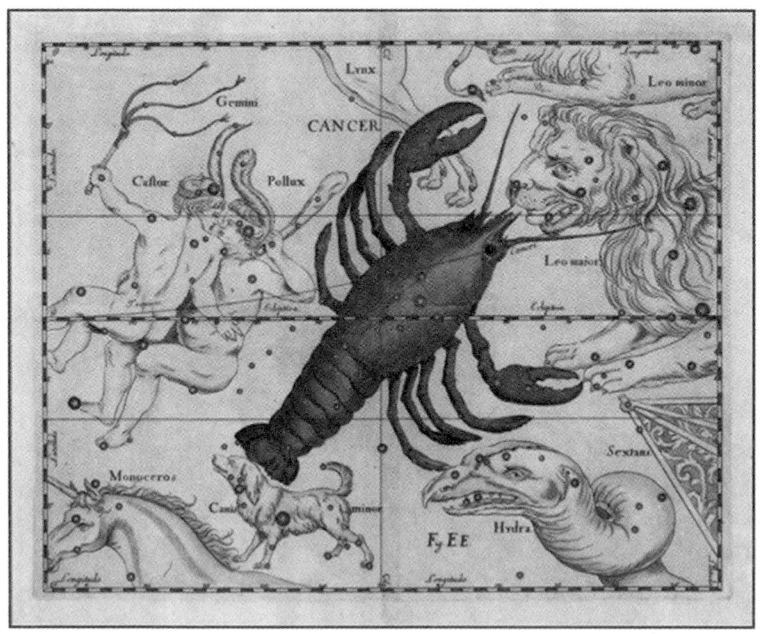

Abbildung 15: Cancer

Krebs – Cancer

Als Herkules gegen die Hydra kämpfte, wurde er von einem Krebs in seine Ferse, die einen verwundbaren blinden Punkt symbolisiert, gebissen. Krebs repräsentiert die notwendige Begierde im Menschen, den grundlegenden Impuls, ohne den keine Handlung oder Leben möglich sein würde. In der Tat zeigte Herkules, als er das Tier tötete, indem er es zerquetschte, dass richtige Handlung die Lösung ist. Begierde wird in korrekte Taten kanalisiert. Die Überbleibsel des Krebses, nach dem er von Herkules zerquetscht worden ist, werden von vielen Sternen im Sternenhaufen der Praesepe, die ein Teil des gesamten Krebsmythos ist, repräsentiert.

Acubens ist der Hauptstern im Krebs, er ist die südliche Schere des Krebses, mit der Herkules in seine verletzliche Ferse gebissen wurde.

Daher ist seine Bedeutung negativ, er versucht Herkules vom essenziellen Kampf mit der Hydra abzulenken. Dies sind die kleinen Begierden, die die wichtige Arbeit stören können. In der antike war Krebs auch als der Oktopus bekannt, das bösartige Monster, das einen in den wilden Ozean der Begierde zieht und deshalb wurde er auch mit dem nördlichen Knoten assoziiert. Die Symbolik des Oktopus und des Krebses ist ähnlich, sie sind beide Tiere, die im salzigen Meereswasser leben, ohne ihren Kurs wirklich zu bestimmen, gehen sie einfach mit der Strömung.

Abbildung 16: Lyra

Leier – Lyra

Die Leier ist das Gegenstück des Adlers und ihr Hauptstern wird ebenfalls der fallende Geier genannt. Sogar ein Adler muss nach einem hohen Flug zur Erde zurückkehren, und so bringt diese Konstellation das zur Erde hinunter, was oben gesehen wurde. Deshalb ist diese Konstellation mit Kunst und Erziehung verbunden. Die Leier ist das erste Musikinstrument, das von Merkur hergestellt wurde. Sie hat drei Saiten, die auf einem quadratischen Schildkrötenpanzer befestigt sind. Dies ist ein Bild des Kosmos, drei und vier als Entsprechung für Materie und Geist ist ebenfalls die Grundlage der Astrologie. So wird auf der Leier die vollständige Musik des Kosmos gespielt, aber da dies der Adler ist, der zur Erde her*unter*kommt, ist es notwendigerweise nicht perfekt.

Die positiven Schlüsselwörter, die für den Hauptstern *Wega* gegeben werden, müssen ins rechte Licht gerückt werden, in einigen Zusammenhängen kann der herunterkommende Geier ziemlich finster sein, aber im Allgemeinen deutet Wega auf künstlerische Fähigkeiten hin.

Thema: Ein Bild der höheren »göttlichen« Welten auf der Erde durch Kunst und Ausbildung geben.

Abbildung 17: Leo

Löwe – Leo

Dies ist der Neméische Löwe, wiederum eine der vielen »Früchte« der Ehe von Typhon und Echidna, der todbringenden Gegenspieler der Götter, die versuchen, das olympische Licht des Geistes zu löschen. Der Löwe ist die wilde Bestie, die gnadenlosen Ehrgeiz und eine fanatische Gier nach Macht symbolisiert. Er will König sein, die Nummer eins, um jeden Preis, egal, was es kostet. Es ist wiederum Herkules, der Held, der das Monster tötet, seine Haut abzieht und sie auf seinen Schultern trägt. Dies weist darauf hin, dass er Gebrauch von der ehrgeizigen Kraft und Entschiedenheit macht, und nicht mehr andersherum die Energie ihn benutzt. Es sollte so sein, andernfalls wird es zu vielen, vielen Schwierigkeiten führen, da der raue Ehrgeiz des Löwen blind macht und keine Führung und Mäßigung erlaubt.

Alle Sterne im Löwen, *Algenubi* im Maul, *Adhafera* in der Mähne, *Al Jabha* auf dem Kopf, *Regulus* als das Herz, *Zosma* auf dem Rücken und *Denebola* im Schwanz, haben sehr unangenehme Auswirkungen. Obwohl Angelegenheiten viel besser werden, wenn der raue grenzenlose Ehrgeiz bewusst geopfert und gemäßigt wird, indem man Herkules folgt und den Löwen tötet, um seine Machtgier zu kontrollieren. *Regulus*, das Herz des Löwen ist damit seine konzentrierte Essenz, er ist der bekannteste und machtvollste königliche Stern, der »auf den Thron führt«. Er verleiht enormen Erfolg, aber es gibt die Gefahr des Falls aus dieser hohen Position aufgrund eines blinden und fanatischen Ehrgeizes. *Regulus* bedeutet »kleiner König« und dies ist ebenfalls der Name eines römischen Generals, der seinen Kampf mit Karthago engstirnig und zu lange verfolgte. Er wurde auf brutale Art und Weise von seinen Gegnern hingerichtet. Sein Leben endete gefesselt unter der brennend heißen Wüstensonne mit den Augen weit geöffnet im gnadenlosen Licht, so wird er zum Opfer dessen, was er ursprünglich anderen zugedacht hatte. Dies ist eine Warnung: Planeten auf Regulus verleihen einem vielleicht eine machtvolle Position, aber wenn man es nicht schafft, den Ehrgeiz zu opfern, dann ist die Wahrscheinlichkeit groß, dass man auf die eine oder andere Art und Weise stürzt.

Ein sehr dramatisches Beispiel ist der einflussreiche holländische Journalist und Filmregisseur Theo van Gogh, der darauf bestand, seine gefährlichen Gegner, fundamentalistische Muslime, direkt und frei heraus zu provozieren. Er wurde von einem von ihnen ermordet. Er hatte den Herrscher seines ersten Hauses auf *Regulus,* und in der Tat ist sein berühmter Familienname, der ihm beträchtlich bei seiner Karriere geholfen hat, sehr mit dieser Stellung verbunden. Er war der Ururenkel vom Bruder des Malers. Löwe ist das Kind des Todes und der Zeit und er versucht diesem Wandel zu entfliehen, indem er heroisch einen unsterblichen Namen erlangt (»Ich bin der Größte, sie müssen es am Ende sehen!«). Deshalb handelt er manchmal sogar auf unmenschliche Art und Weise, je nachdem, was er für seinen Ruhm für notwendig erachtet. Dies kann ebenfalls die Form einer Verbindung mit der ruhmreichen Vergangenheit, mit der Autorität der Tradition, ein wenig wie die englische Art von Wertschätzung der Vergangenheit (welche im Wesentlichen auf Stolz beruht und nicht auf wirklicher Liebe zur Vergangenheit) annehmen.

Denebola ist der Schwanz des Löwen und wie alle Sterne im Löwen teilt er sich dasselbe Thema, aber hier gilt die spezifische Warnung, nicht zu provozieren oder impulsiv zu handeln. *Zosma* ist der Rücken des Löwen, auf dem niemand reiten wird, *Algenubi* das Maul, das gehört wird, *Adhafera* und *Aljabha* die Mähne, welche Regulus sehr nahe ist und häufig nicht separat gedeutet wird.

Thema: Opfere blinde destruktive Begierde nach Macht und Ruhm, die Verwirklichung der Unsterblichkeit, die weder möglich noch wünschenswert ist, es ist nicht notwendig, die Nummer eins um jeden Preis zu werden.

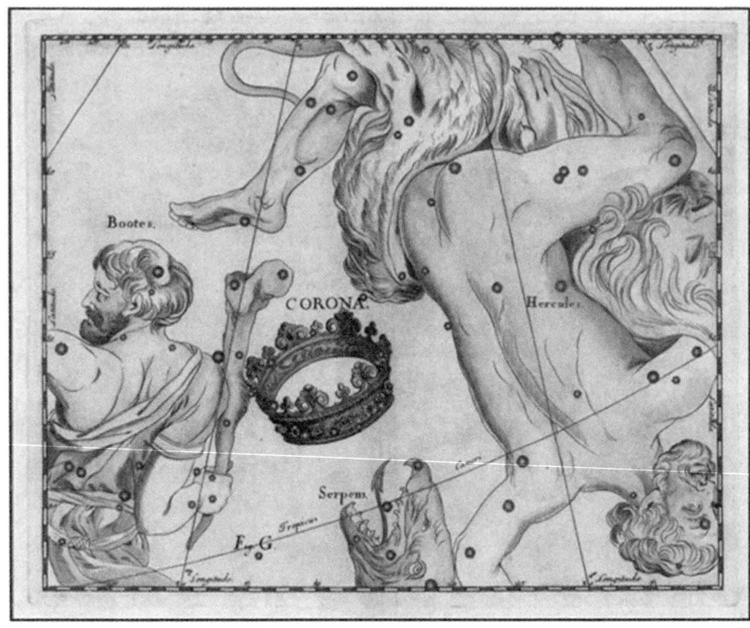

Abbildung 18: Corona Borealis

Nördliche Krone – Corona Borealis

Dies ist das Hochzeitsgeschenk, eine Blumengirlande der Venus an Ariadne, die – von Theseus verlassen – Dionysos heiratet. Deshalb wird diese Konstellation mit künstlerischen Fähigkeiten und der Schönheit mit ein wenig Enttäuschung und Energiemangel assoziiert.

Die Krone deutet auf Erfolg hin, und genau dies ist die Bedeutung für den einzigen astrologisch relevanten Stern in dieser Konstellation: *Alphecca*.

Thema: Ausdruck von Schönheit.

Abbildung 19: Orion

Orion

Diese Konstellation ist wirklich leicht am Himmel zu finden, sie ist viel größer als die meisten Konstellationen. Dies zeigt die wichtige Bedeutung für den Menschen an, manchmal wird sogar gesagt, dass die Seele auf ihrem Weg der Manifestation in den materiellen Bereich Orion passiert. Orion ist der mythische Koloss, er ist ein arroganter, trotziger Jäger, der am Ende seine eigenen Kräfte überschätzt. Er ist sehr erfolgreich im Jagen, und deshalb denkt er, dass er alles machen kann, jeden besiegen kann und jedes Tier erlegen kann. Dies erregt letztendlich den Zorn der Götter. Orion wurde aus einer Ochsenhaut erschaffen, dies zeigt, dass er nur eine materielle Natur besitzt, er ist dumm, weil er denkt, dass er der Stärkste ist. Orion ist der Antiheld, wir können nicht von ihm erwarten, dass er seine Begierden aufgibt, er wird lediglich sein Bestes tun, um diese zu befriedigen, und deshalb hat er am Ende keine Chance, er wird untergehen.

Beteigeuze und *Rigel*, die mächtigsten Sterne in der Konstellation des Orion, verleihen aufgrund dieser materiellen Stärke großen Erfolg, aber aus demselben Grund ist er nicht nachhaltig, er ist bloß materiell. Er führt nicht zu weiterer Entwicklung, alles bleibt auf der bloßen materiellen Ebene stecken. So gesehen sind diese Sterne äußerst hilfreich, Erfolg zu realisieren, aber wirklich wichtige Dinge werden anderswo gefunden. Es gibt auch die Gefahr, dass Orion, der sich seines Erfolges so gewiss war, den Skorpion treffen wird (siehe unter Skorpion), der ihn töten wird. Die zentrale Botschaft ist, dass Zeit und Tod den Erfolg Orions überwältigen werden, wie zum Beispiel, wenn Beteigeuze in einer Progression aktiviert wird: Sei schnell – Schlag zu und flüchte.

Thema: sehr großer materieller Erfolg, aber nicht mehr als das, Jagd, Erfolge sind von kurzer Dauer, sich der Überschätzung der eigenen Kräfte bewusst sein, der Skorpion ist auf seinem Weg, einen zu töten.

Abbildung 20: Pegasus

Pegasus

Aus dem Blut der Medusa, der geopferten Begierdenatur, entsteht das geflügelte Pferd Pegasus. Pferde sind Symbole der starken instinktiven Kräfte. Doch dieses Pferd hat Flügel, so kann es zum Olymp emporsteigen, zur spirituellen Welt der Götter. Die mächtige Energie der Begierde wird durch die Flügel der Weisheit in Richtung Himmel geleitet. Es ist der Held Bellerophon, der Pegasus zähmt und auf seinem Rücken über seine Feinde fliegt. Aus dieser luftigen Position besiegt er seine Gegner. Unter diesen ist auch die Chimäre, eine scheußliche Mischung aus einem Löwen, einer Ziege und einer Schlange, es handelt sich wiederum um eines der Kinder von Typhon und Echidna, von Tod und Erde. Die von Bellerophon auf Chimäre abgeschossenen Pfeile töten ihn noch nicht gleich, deshalb wirft er ein Brocken aus Blei in das

Feuer atmende Maul des Monsters, der darauf hinschmilzt und es tötet. Es ist nicht umsonst Blei, Blei ist das Metall des Saturns, des Planeten des Opfers, der Weisheit und der Disziplin.

Die Warnung ist im zweiten Teil der Geschichte enthalten. Bellerophon entscheidet aufgrund seiner ersten Erfolge, seinen Weg zur Welt der Götter aus eigener Initiative zu gehen. Zeus ist nicht gerade erfreut von solcher Arroganz und er schickt eine Hornisse, die Pegasus sticht. Bellerophon wird heruntergeworfen und fällt auf die Erde hinunter. Blind und alleine durchwandert Bellerophon die Erdoberfläche für den Rest seines Lebens ohne irgendeine Orientierung oder ein Ziel. Dies passiert, wenn man die ersten Schritte der spirituellen Entwicklung macht, wenn man die menschlichen Verletzlichkeiten und Beschränkungen missachtet und einen Versuch unternimmt, die höheren Welten auf eine nicht korrekte Art und Weise zu erreichen (z.B. durch Magie oder ähnliche Methoden). Vielfach sind die Warnungen vor solch gefährlichem und frevelhaftem Übermut in der Tradition. Unterschätze die involvierten Energien nicht. Trotz allem Anschein gehen diese Mächte weit über das hinaus, was ein menschliches Wesen sich erhoffen kann zu kontrollieren. Ich habe einige Fälle gesehen, die beinahe wörtlich so endeten wie Bellerophon. Die Opfer warfen sich nicht von Pferden, aber von Balkonen, Ursachen und Resultate waren dieselben, genau wie in dem Mythos.

Von den Hufen des Pegasus strömt ein Fluss herab, den die Musen trinken. Dieser ist die Quelle aller Künste und Wissenschaften, die auf Voraussicht und Vertrauen in die menschlichen Kräfte allein basieren. Bellerophon ist ganz angemessen ein Sohn des Sisyphus, der sich selbst für smart und ideenreich hielt, aber er wird im Hades bestraft, wo er bis in die Ewigkeit einen Felsen einen Berg hochrollen muss, der sofort wieder nach unten rollt, sobald er beinahe an der Bergspitze angekommen ist. Bellerophon hat diesen Fluch von seinem Vater geerbt. Eine andere Assoziation mit demselben Kern ist der Mythos des Prometheus (griechisch für »der Vorausschauende«), des Titanen – ein irdischer Gigant – der das Feuer von den Göttern stahl und im Kaukasus von Zeus für sein Verbrechen in Ketten gelegt wurde. Zeus schickte jeden Tag einen Adler, der seine Leber aß, dies symbolisiert den Schmerz, welcher Voraussicht mit sich bringt. Die Leber ist das Jupiter-Organ und repräsentiert Weit- und Überblick. Diese erschaffen zwingend die Dringlichkeit zu handeln und Vertrauen in den menschlichen Einfallsreichtum zu haben.

Es ist der Kentaur Cheiron, der Prometheus befreit, indem er seine Unsterblichkeit aufgibt und seinen Platz einnimmt. Dies zeigt die Ähnlichkeit des korrespondierenden Mythos. Schütze (das ist Cheiron) hat ebenfalls damit zu tun, Pfeile (Pläne) in die Zukunft mit Weitblick zu schießen. Cheirons Schmerz ist die Spannung zwischen Wissen und Begierde, er ist unfähig, diese Spannung durch seine eigene Schlauheit zu lösen. Auf jeder Ebene, sowohl der esoterischen als auch der konkreten, ist das zentrale Thema dasselbe bzw. ähnlich und die miteinander verbundenen Geschichten von Bellerophon, Prometheus, Sisyphus und Cheiron zeigen, dass die Künste und Wissenschaften nicht bedeutungslos sind, aber sie weisen auf ihre wesentlichen Begrenzungen und Gefahren hin. Es genügt, sich einfach anzusehen, was moderne Wissenschaft erschaffen hat und wohin sie uns spirituell und materiell geführt hat, um die wichtige Wahrheit in diesen Mythen zu sehen.

Scheat, Markab und *Algenib* sind Sterne in der Konstellation des Pegasus, sie repräsentieren die Geschichte und sie haben, wie zu erwarten ist, ziemlich bösartige Auswirkungen. *Markab* auf dem Flügel ist am positivsten. *Scheat* dagegen, der sich auf dem linken Bein befindet und damit dem irdischen Schmutz wesentlich näher ist, ist deutlich bösartiger. Alle drei Sterne ermöglichen es, sich über die bloße materielle Wirklichkeit und über die Begierde zu erheben, aber es wird misslingen, wenn die menschlichen Grenzen nicht demütig beachtet und akzeptiert werden.

Thema: Die Überschätzung von spirituellen oder wissenschaftlichen Kräften vermeiden, menschliche Grenzen beachten, Führung akzeptieren, nicht auf Einfallsreichtum und Techniken allein vertrauen.

Abbildung 21: Perseus

Perseus

Die Geschichte von Perseus ist sehr eng mit dem Stern Algol, der »Königin der Dunkelheit«, Medusa, der Gorgonin, deren Kopf Schlangen als Haare hat, verbunden. Wenn man auf Medusa ohne Schutz blickt, wird man versteinert. Dies ist eine Metapher der sterbenden Seele, die sich selbst für die Begierde aufgibt. Es ist wichtig aufzuzeigen, dass Medusa nicht nur als ein schreckliches, grässliches Monster dargestellt wird, sondern auch als sehr hübsche Frau. Dies zeigt, dass die Begierdenatur äußerst attraktiv ist, wir sehen nur häufig nicht die andere schadenbringende Seite.

Perseus ist der große Held, der es schafft, dieses scheußliche Monster zu enthaupten, weil er einen Helm trägt, der unsichtbar macht (die zu materialistische menschliche Natur wird zurückgelassen), Schuhe mit

Flügeln (Abstraktion, klares Denken) und ein Spiegelschild (schützende Weisheit). Er näherte sich Medusa, als diese schlief und indem er sein Spiegelschild nutzte, um zu ihr zu schauen (man kann sich ihr nicht direkt nähern, man braucht die Hilfe spiritueller Reflexion) und schlug ihren Kopf ab, den er später benutzte, um seine Feinde zu versteinern. Dies zeigt, welchen Gewinn Algol einem bringen kann, eine radikale Bindungslosigkeit, durch die man sich selbst von allen Manipulationen befreien kann, andere können nur Macht über einen haben, wenn man in den eigenen Begierden gefesselt ist. Wenn man bereit ist sie zu opfern, ist man frei.

Algol ist der zentrale Stern in dieser Konstellation, er ist das versteinernde Haupt der Medusa. Er ist der bösartigste Stern am Himmel, obgleich seine negativen Auswirkungen dadurch gemäßigt werden können, dass man freiwillig etwas aufgibt, das man sehr begehrt. Die Wahl ist: Wirst du ihren Kopf abschneiden oder wird sie deinen Kopf abschneiden? *Algol* ist extrem gefährlich, wenn er aktiv ist, werden alle schönen Erscheinungen schließlich von einem genommen und man wird mit den rauen ungeschminkten Wahrheiten des Lebens konfrontiert. Aber wenn man den Mut hat, das Schwert des Perseus in die Hand zu nehmen, gibt es eine Menge zu gewinnen. *Algol* ist astronomisch gesehen ein Stern mit einer fluktuierenden Magnitude. Er ist wie eine Sonne, die kontinuierlich verfinstert wird, dies ist eine Signatur für seine äußerst bösartige Auswirkung auf das Leben. Ein aktivierter Algol fordert auf, deutliche Unterscheidung zu treffen, abzuschneiden, was man nicht braucht, sogar, wenn es sehr attraktiv aussieht, behalte nur die Essenz.

Capulus ist der Stern, der Perseus' Schwerthand repräsentiert, aber er ist auch Algol so nahe, der stark von Medusas Haupt überschattet wird. Sie sind natürlich Teil derselben Geschichte. *Capulus* ist ebenfalls ein wolkenartiger Sternhaufen, sodass er das Augenlicht beeinträchtigt, wörtlich oder bildlich.

Ein sehr markantes Beispiel dafür, wie *Algol* Dinge attraktiv macht, ist dieser bösartige Stern auf der Spitze des dritten Hauses im Horoskop von Steve Jobs. Immer wenn ein neues iPhone herauskommt, gibt es Menschen, die die Nacht im Schlafsack vor einem Geschäft verbringen, um die Ersten zu sein, die es bekommen. Algol kann aufgrund seiner verführerischen Macht ebenfalls ein sehr guter Trumpf für Erfolg sein. Im Horoskop von Mick Jagger steht der Mond auf diesem Punkt. Also machen Sie nicht den Fehler, nur das wirkliche Blutvergießen und Katastrophen in Algol zu sehen, er hat diese Auswirkungen speziell in der Mundanastrologie. Dennoch gibt es auch subtilere Möglichkeiten, wie er sich im Leben zeigt.

Thema: Radikales Opfer materieller Bindungen und starker Begierden trotz attraktiver, glamouröser und verführerischer Erscheinungen; wirf alles weg, was Du nicht wirklich brauchst; deutliche Unterscheidungen des Wesentlichen, Befreiung von Manipulation.

Plejaden

Die Plejaden sind eine sehr bekannte Gruppe von sieben Sternen im Stier, Töchter des Titanen (irdischer Riese) Atlas, der auf die ausgesprochen materielle Natur hindeutet. Es hat seinen Grund, dass es sieben von ihnen gibt, dies bezieht sich natürlich auf die Planeten, die Verbindungselemente zwischen Himmel und Erde. Dies bedeutet, dass die Plejaden Faktoren sind, die uns in die materielle Welt hineinziehen. Sie werden auch vom kosmischen Brocken Orion gejagt, dem Antiheld ohne irgendeine spirituelle Dimension, dies zeigt, dass die Plejaden für Angelegenheiten stehen, die schiefgehen, Enttäuschungen, ihre Auswirkung ist sehr bösartig. *Alcyone* ist der Hauptstern dieser Gruppe, er schneidet von dem ab, was wir wirklich wollen, die göttliche Dimension hinter den Planeten, daher steht er auch für Blindheit.

Dies wird unter anderem auch durch die Tatsache angezeigt, dass die gesamte Gruppe in einem großen Nebel, dem Nebel der Tränen, eingeschlossen ist. Da es sich um Schwestern handelt, mag dies auch wörtlich auf Familienprobleme hinweisen. *Alcyone* selbst steht in der heutigen Zeit in den Zwillingen, andere Plejaden befinden sich noch immer im Stier. In der vedischen Mythologie sind die Plejaden die Frauen der sieben Weisen, die man im Großen Bären sehen kann, der den Pol umrundet, was immer ein Symbol des göttlichen Zentrums ist. Die Frauen der Weisen wurden verführt und als Folge hiervon fielen sie vom göttlichen Pol, hin zum entfernten Zodiak, was ihre Auswirkungen der Enttäuschung und des Abschneidens noch mal auf eine andere Art und Weise erklärt. Mit *Algol* und den Hyaden bilden die Plejaden eine Art von verlängerter Krisenzone zwischen 25° Stier und 5° Zwillinge. Dies kann man sehr deutlich in den Progressionen nachvollziehen.

Abbildung 22: Argo Navis

Schiff Argo – Argo Navis

Das Schiff von Jason und den Argonauten war das erste Schiff, das auf den Ozeanen segelte und Poseidon herausforderte. Poseidon war nicht gerade erfreut darüber, als er plötzlich den Schatten des Schiffs über sich sah und die Argonauten sich seinem dunklen Bereich der Begierde entgegensetzten. Die Argonauten waren dabei, das Goldene Vlies zu erobern, so beschreibt diese Konstellation die erste Phase der Suche, in der man sich selbst von der Begierde distanziert. Das Ziel von Jasons Suche war es, das Goldene Vlies zu finden, die Haut des Widders, die von Phrixos geopfert wurde, dem solaren Tier, welches die auf Erden realisierte göttliche Energie repräsentiert. Um das Goldene Vlies zu erobern, muss Jason den Pflug kontrollieren, der von den Feuer atmenden Bullen (Symbol der Materie) gezogen wird, und einen Drachen (Symbol der Dualität) überlisten. Der Widder als ein Symbol des Geistes kann eindeutig mit dem Lamm assoziiert werden, dass ebenfalls auf einem Baum geopfert wurde.

Der sehr helle Elitestern der ersten Magnitude *Canopus* steht für weltliche Weisheit, die nur für einen Teil der Suche genügt. Canopus ist der Name von Menelaos' fähigem Steuermann, der die griechische Flotte auf ihrem Heimweg nach dem Trojanischen Krieg anführte und von einer Schlange in Ägypten getötet wurde. Wenn es hart auf hart kommt, braucht man ein bisschen mehr als bloße Schlauheit, denn die weltliche Weisheit dieses fähigen Steuermanns konnte ihn nicht vor der Schlange in der Wüste retten. So gesehen treibt uns dieser Stern an, wirkliches Wissen zu erlangen, das uns mit dem Geist verbinden kann. Ein sehr konkretes und deutliches Beispiel dieser Auswirkung von *Canopus* findet sich bei dem deutschen General Erwin Rommel, der Canopus auf dem Deszendenten hatte. Er ist bekannt als der schlaue »Wüstenfuchs«. Aber am Ende wurde er mit seinem afrikanischen Korps in der nordafrikanischen Wüste im Zweiten Weltkrieg geschlagen. Später wurde er von den Nazis gezwungen, Selbstmord zu begehen. Er tat dies mit aller ihm möglichen Würde. Dies scheint das gesamte mythische Thema auf eine andere Art und Weise zu wiederholen.

Der Stern *Markeb* (29° Jungfrau) segelt erfolgreich über die Wasser der Begierden und gibt daher Wissen, Reisen und Ausbildungsarbeit. *Foramen* (22° Waage) ist ein Nebel und hat deshalb eine bösartige Auswirkung. Er ist mit Behinderung, Blindheit und damit, den Weg während der Suche zu verlieren, verbunden. Die modernen Unterteilungen dieser Konstellation sollten selbstverständlich ignoriert werden.

Thema: Entwicklung eines höheren Wissens, dadurch, dass man sich selbst von Begierden fernhält. Weltliches Wissen ist ungenügend, verbunden mit Navigation, Ausbildung, Wissen und Reisen.

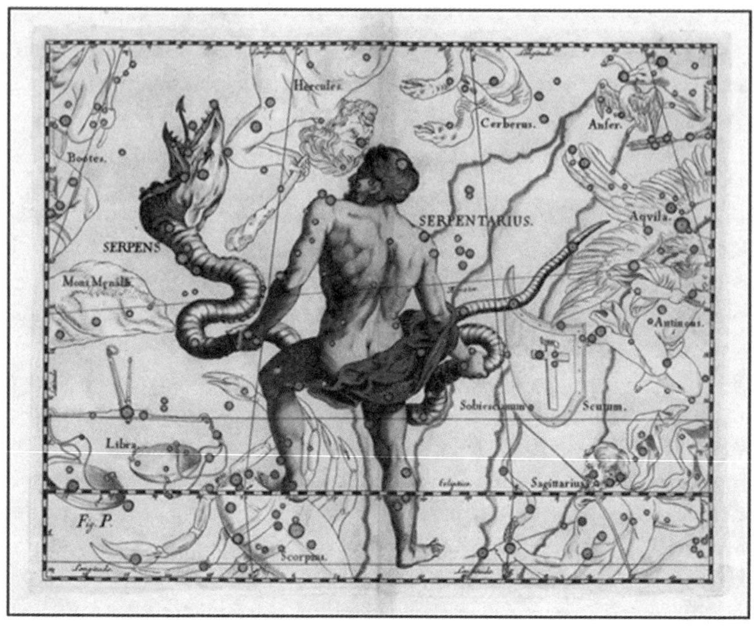

Abbildung 23: Serpens

Schlange – Serpens

Der einzige Stern von astrologischer Relevanz in der Schlange – der vom Schlangenträger Ophiuchus gehalten wird – ist *Unukalhai*, das Herz oder der Nacken der Schlange. Das Schlangenherz ist die Essenz der Dualität, verführerische irdische Begierde. Das Bild der Schlange wird auch mit dem kontinuierlichen Häuten verbunden, dies verweist darauf, nicht in einer Gestalt stehen zu bleiben. Eine Schlange als reine Lebensenergie der Dualität selbst muss sich häuten, um nicht ihre Flexibilität zu verlieren. Würde sie dies nicht tun, würde sie chancenlos in der Materie stecken bleiben. So gesehen ist der Einfluss des Schlangensterns nicht sehr positiv. Unmoral, Gift, Gewalt und Unfälle werden genannt.

Thema: Das Vermeiden der verführerischen Schlangenbegierden, die zu unmoralischen Verhalten führen können; das Häuten ist ein Hinweis auf kontinuierlichen Wandel, immer wieder eine frische, neue Form annehmen.

Schlangenträger – Ophiuchus

Es gibt mehrere Deutungen des Mythos. Gemäß einer Version handelt es sich hierbei um Herkules als Baby, der die Schlangen strangulierte, die von Juno gesandt wurden, um ihn zu töten. Das Töten der Schlange ist das Thema dieser Konstellation. Alle Sterne in Ophiuchus (*Yed Prior, Han, Rasalhaque, Sabik* und *Sinistra*) sind moralisch zweifelhaft und schwach. Wenn man die Schlange tragen möchte, muss man sehr achtsam sein, andernfalls wird sie einen beißen. Konkreter ist die Rolle dieser Konstellation als Aesculapius, der antike Gott der Medizin, der als Heiler die dualistische Lebensenergie, von der die Schlange ein Symbol ist, versucht zu harmonisieren und auszugleichen (den bekannten Caduceusstab – oder auch Hermesstab genannt – umwinden zwei Schlangen). Dies kann man deutlich in den unterschiedlichen Formen der traditionellen Medizin sehen, in denen der zentrale Punkt immer ist, die gegensätzlichen Energien auszugleichen; Yin-Yang, Sulfur-Merkur oder Feuer-Wasser. Die Symbolik des Häutens der Schlange deutet darauf hin, durch Krankheitsprozesse zu gehen, die am Ende dafür gedacht sind, einen heilenden Effekt zu haben. Es ist der Schlangenträger, der die Lebensenergie durch diese Prozesse leiten kann, und deshalb ist diese Konstellation mit Medizin verbunden. Ein anderes Bild, welches im Wesentlichen dasselbe Leiten der Lebensenergie ausdrückt, ist Schlangenbeschwörung.

Thema: Medizin; zerstöre das Böse, sobald es sich zeigt; unmoralische Tendenzen und Unehrlichkeit.

Da die Sonne in unserer Zeit ebenfalls durch einen kleinen Teil der Konstellation Ophiuchus wandert, wird man Astronomen manchmal sagen hören, der Schlangenträger sei das 13. Zeichen. Es ist klar, dass dies nicht stimmen kann, wie es in Kapitel zwei erklärt wurde.

Abbildung 24: Sagitttarius

Schütze – Sagittarius

Die Schütze ist Cheiron, er ist der Weiseste unter den Kentauren und war für viele Helden wie Herkules und Jason ein Lehrer und Ratgeber. Aber es gibt dennoch Gefahr, da Cheiron zufälligerweise durch das Gift von einem der Pfeile Herkules verletzt wurde, die von der Hydra kamen, der essenziellen vielköpfigen Begierdeschlange. Ein Kentaur und sogar der zivilisierte Cheiron wird immer nur ein Halbmensch bleiben, so gesehen muss er sehr wachsam sein, um Meister über seine instinktive Natur zu bleiben, sogar wenn er mit Freunden wie Herkules zusammen ist. Das Gift der Hydra repräsentiert natürlich die Gefahr, vollkommen von den chaotischen instinktiven Mächten des menschlichen Unterbewusstseins überwältigt zu werden. Am Himmel finden wir noch einen weiteren Kentauren, Pholus, der eine ähnliche, aber leicht unterschiedliche Bedeutung besitzt.

Es wird klar sein, dass die Tatsache, dass der Halbmensch Cheiron eine sehr feurige leidenschaftliche Natur hat, auf die sehr schmerzvolle Spannung in der Seele hinweist. Das Gift der Hydra ist eine Art von Virus der Begierde, der ihn infiziert, und erleidet daher enorme Qualen, da sein Wissen nicht genügt, um sich selbst zu heilen. Der Teil des Pferdes wird meistens mit sehr ausgebildeten Sexualorganen abgebildet, dies deutet auf die sehr starke instinktive Seite hin. Da Cheiron extrem durch die Vergiftung leidet, aber gleichzeitig unsterblich ist, tauscht er seinen Platz mit dem Titanen Prometheus, der von Zeus in den Bergen des Kaukasus (siehe unter »Pegasus«) gefesselt wurde, und gibt seine Unsterblichkeit für ihn auf. Prometheus (»Vorausschau«) ist ein mythischer Charakter, der sehr eng mit Wissen und menschlichem Einfallsreichtum verbunden ist. Es gibt eine deutliche mythische Verwandtschaft zwischen Cheiron und Prometheus.

Der Pfeil des Schützen ist ein Symbol der Weltachse oder des Pols, traditionell das göttliche Zentrum, um das herum sich alles dreht. Eine Verbindung mit diesem Zentrum ist Wissen der Essenz. Das Zeichen Schütze, das in gewisser Hinsicht das Modell für die Konstellation mit demselben Namen liefert, ist das veränderliche Feuerzeichen, was auf das Erreichen der nächsten Phase (veränderlich) der Flamme (Feuer), ein angemessenes Bild von Wissen und Lehren, hindeutet.

Polis, ein Stern auf dem Pfeil, verleiht Optimismus, Erfolg, Ehrgeiz und tiefe Einsichten. Pelagus, der sich ebenfalls auf dem Pfeil befindet, verleiht Optimismus, Aufrichtigkeit und Spiritualität. *Ascella* befindet sich in der Achselhöhle, was auf Anfälligkeit zur Manipulation hindeutet. In dem Moment, in dem der Pfeil abgeschossen wird, ist dies die Stelle des Körpers, die ungeschützt ist. Facies ist ein Nebel im Gesicht und er verleiht Blindheit, Unfälle und einen gewaltsamen Tod, man sieht nicht, auf was man schießt, und dasselbe trifft auf die Nebel *Manubrium* und *Spiculum* zu.

Diese Sterne zeigen unterschiedliche Seiten des Schützen (Tier-Mensch). Durch die exakte Positionierung in der Konstellation zeigen sie an, welche Art von Auswirkung sie haben. Ein sehr bemerkenswerter Stern im Schwanz des Schützen ist der winzige *Terebellum* der sechsten Magnitude. Trotz der hohen Magnitude ist es ein sehr einflussreicher Schicksalsstern, der mit wahr werdenden Prophezeiungen verknüpft ist.

Thema: Weisheit, hingebungsvolles Unterrichten, schmerzhafte Spannung zwischen Wissen und Begierde, Scheitern von Wissen; schmerzhaft verletzt werden, trotz aller Weisheit.

Abbildung 25: Cygnus

Schwan – Cygnus

Hierbei handelt es sich um Jupiter, der sich mit Leda in der Form eines Schwans paarte. Dies zeigt den großen kreativen Impuls, eine wunderschöne graziöse Form anzunehmen. Der Schwan wird deshalb sehr stark mit Kunst und Schönheit assoziiert, obwohl es da auch einen Mangel von Energie gibt, es verlangt nach bewusstem Ausdruck. *Deneb* (Adige) ist ein sehr kraftvoller Stern der ersten Magnitude in der Konstellation des Schwans, ein anderer schwächerer Stern ist *Albireo*.

Thema: Kunst und Schönheit ausdrücken.

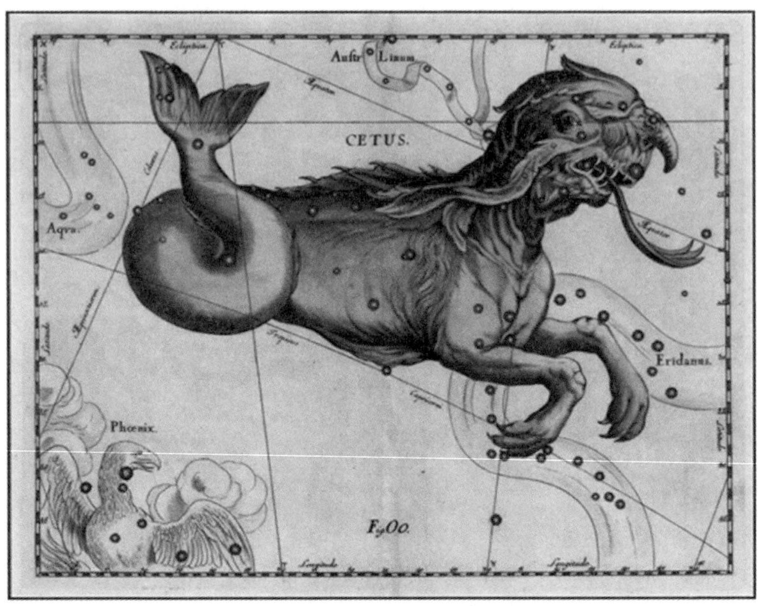

Abbildung 26: Cetus

Seemonster oder Wal – Cetus

Dies ist das Monster, das von Poseidon geschickt wurde, um Prinzessin Andromeda, die Tochter von Cepheus, zu verschlingen und Chaos im Königreich zu schaffen. Die Sterne *Menkar* im Kiefer, *Baten Kaitos* im Bauch und *Difda* auf dem Schwanz haben alle eine rein saturnartige Natur und sind alle sehr bösartig. Dies verweist symbolisch auf die Seele, der es droht, von hungrigen wilden Begierden verschlungen zu werden, auf konkretere Art und Weise zeigt es, dass man etwas Schönes und Reines unter schwierigen Umständen liebt, Gefangenschaft oder Vertreibung. Siehe auch »Andromeda«.

Thema: sehr schwierige, ungünstige Umstände, Exil, vertrieben oder verschleppt werden, überwältigende Begierden, die zu Schwierigkeiten führen, erzwungener Wandel, Chaos, Seekatastrophen.

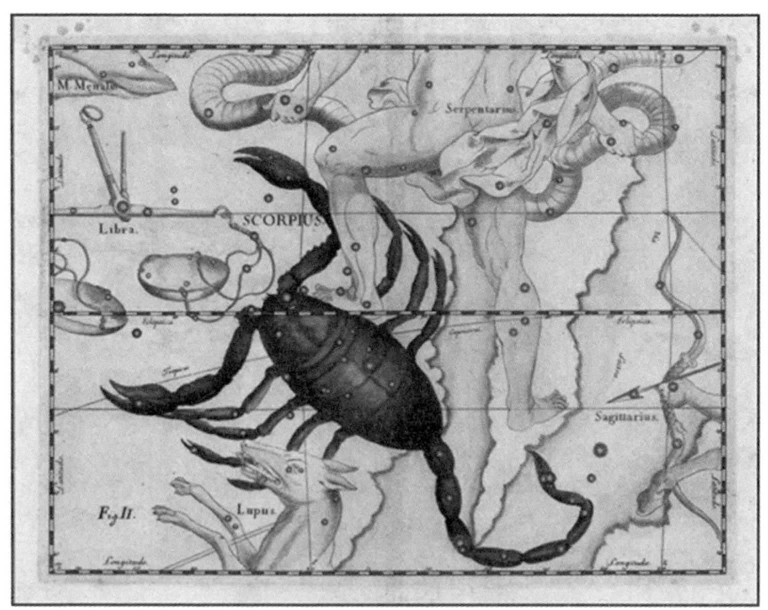

Abbildung 27: Scorpius

Skorpion – Scorpius

Der kosmische Brocken Orion wird vom Skorpion getötet mit einer starken Portion tödlichen Gifts, die von den Göttern geschickt wurde, um es dem dummen und arroganten, aber sehr erfolgreichen Jäger heimzuzahlen. Es zeigt, wie die Überschätzung der materiellen Kräfte endet: der Skorpion erledigt ihn auf eine sehr unangenehme und böse Art und Weise, die giftige Bestie ist das Kind der Zeit (Endlichkeit) und Begierde (verbunden mit einem fixen Wasserzeichen). Antares ist ein sehr kraftvoller königlicher Stern und ist das Gegenstück von Aldebaran in der Konstellation des Stiers. Er repräsentiert das Herz des Skorpions und dessen böse Essenz, er ist der kosmische Killer, der Stern des Herbstes, der Zyklen beendet. Die beste Art und Weise, ihn zu gebrauchen, ist, die äußeren und inneren Orions zu Tode zu stechen, sein Name wird von »Anti-Ares« abgeleitet, dem

Rivalen von Ares, denn er ist genau so wild und kriegerisch wie der Gott des Krieges.

Alle Sterne im Skorpion *(Graffias, Isidis, Lesath, Aculeus, Acumen)* sind sehr unangenehm und werden mit Gift, plötzlichen Angriffen und Boshaftigkeit in Verbindung gebracht. Wenn sich in der Progression ein wichtiger Faktor über das Herz des Skorpions bewegt, kann es sein, dass eine schlimme Portion Gift den eigenen Weg kreuzt, um deinen Erfolg zu beenden, etwas wird auf dramatische Art und Weise enden, Orion ergibt sich oder wird getötet. Eine solche Progression kann in einigen Fällen sogar den tatsächlichen eigenen Tod oder den von jemandem in der näheren Umgebung bringen. Der Skorpion wird von der Mondgöttin Diana geschickt, der Mond ist natürlich das große Symbol der irdischen Vergänglichkeit, Orion ist diesbezüglich äußerst sensitiv, da er ausschließlich aus Materie erschaffen wurde. Mit einem aktiven Antares sollte die skorpionartige Begierde auf ein höheres Ziel ausgerichtet werden, die niedere, dunkle Bestie muss in einen königlichen Adler transformiert werden.

Siehe auch weiter unten unter »Waagschalen«, die Klauen des Skorpions sind die Waagschalen, der königliche *Lucida Lancis* als die südliche Klaue ist die südliche Waagschale.

Thema: Aufgeben der Überschätzung der eigenen Kräfte, etwas wird auf sehr schlimme und böse Art und Weise zu Ende gebracht, heftige, plötzliche Angriffe, Gift, Tod.

Abbildung 28: Capricornus

Steinbock – Capricornus

Dies ist der geheimnisvolle Ziegenbock mit einer Fischflosse oder auch der Ziegenfisch, ein Bild, das auf eine Art von Übergangsstatus oder Prozess hinweist. Es wird behauptet, dass er der Erdgott Pan ist, der plötzlich auf Typhon (der Tod) gestoßen ist und flüchtete indem er in den Nil sprang und sich in einen Ziegenfisch verwandelte. Als Zodiakalzeichen ist der Steinbock mit der Wintersonnenwende verbunden, dem Beginn eines neuen Zyklus auf einer anderen Ebene. Dies ist es, was der Mythos ebenfalls zeigt. Pan als ein Symbol des natürlichen, irdischen Lebens entflieht dem Tod, indem er sich in eine andere Form verwandelt. Das Leben geht auf einer anderen Ebene weiter, in einer spirituelleren Form, da der Fisch immer ein Symbol höheren Bewusstseins ist, da Fische niemals schlafen und sich frei im Ozean der Begierde bewegen können. Christus ist ebenfalls Ichtus, der Fisch. Aus demselben Grund, denn Fische haben die Gefahren des wilden Wassers gemeistert. Im Zodiakalzeichen der Fische sehen wir diesen Kontakt mit der göttlichen Gnade in der Form einer Beziehung zwischen Mensch und Gott: Zwei Fische, deren Verbindung durch die berühmte Schnur nochmals betont wird.

Dabih und *Deneb Algedi* sind die stärksten Sterne im Steinbock, von dritter Magnitude, andere Sterne in dieser Konstellation haben weniger Licht, was sehr zu der Wintersonnenwende in der Symbolik passt und dem Gedanken des Saatmoments für einen neuen Zyklus. Es bewegt sich noch nichts, dennoch die Wandlung zu einer neuen Ebene wird mehr im Hintergrund vollzogen. Es scheint eine Art Stillstand zu sein. Einige Sterne im Steinbock haben einen bemerkenswert positiven Effekt: scharfer Verstand und für Opfer bereit, was mit der Verbindung zu einer höheren Dimension, zu der Steinbock das Tor ist, erklärt werden kann.

Die Steinbocksterne führen zu wenig nach außen gerichteten Handlungen, da sie mit dem Stillstand des Winters und deshalb mit dem Sterben auf einer gewissen Ebene verbunden sind, was auf einer anderen Ebene Frucht tragen wird. In der Antike wurde Steinbock auch Delfin genannt, der einen von materiellen Fesseln befreit. Er ist das Gegenstück zur reinen Lebenslust des Krebses, die mit dem Bild des dunklen Oktopus assoziiert wird. Die Krebs-Oktopusenergie gehört zum dämonisch ambitionierten Nordknoten, Steinbock-Delfin gehört zu den schmerzhaften Begrenzungen des Südknotens, die auch einen befreienden Effekt haben, da sie vom Leben abschneiden.

Wie der Name bereits aussagt, gibt es eine Verbindung vom Delfin zum berühmten Orakel von Delphi. Durch den Kontakt mit einer höheren Dimension »auf der nächsten Ebene« von Delfin-Steinbock entsteht höheres Wissen. Im Tierkreiszeichen der Wintersonnenwende, Steinbock, herrscht der dunkle und schmerzhafte Saturn und Mars ist erhöht. Dies verweist auf den Mut, den man braucht, um durch die Dunkelheit hindurchzugehen.

Thema: Befreiung und Geburt auf einer höheren Ebene, Ende und Tod, Stillstand, Wintersonnenwende, geringe auswärts gerichtete Handlung, Flucht vor einem Feind, der einen bedroht, Wandlungen unter Druck von drohender Gefahr.

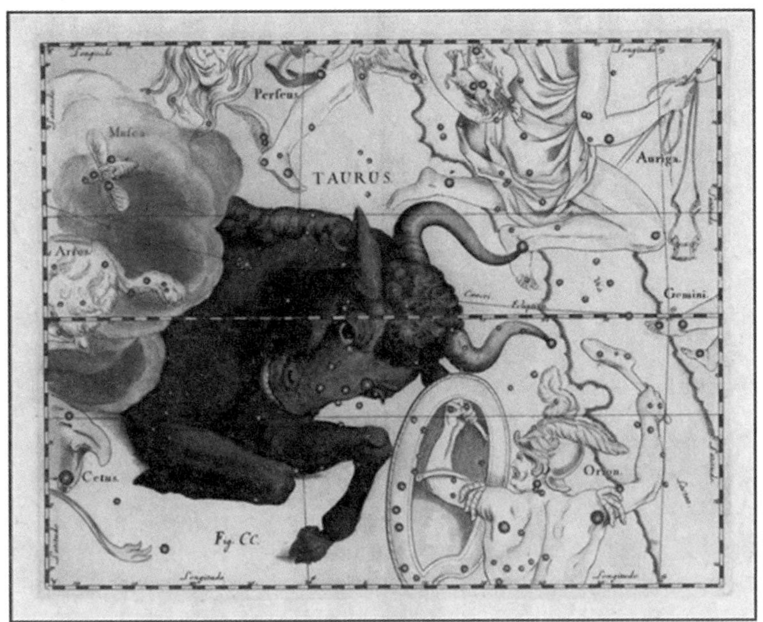

Abbildung 29: Taurus

Stier – Taurus

Hier handelt es sich um Zeus, der in der Gestalt eines Stiers das junge Mädchen Europa, eine Metapher der Seele, aus Asien in ihren Heimatort Kreta entführt. Das verdeutlicht, dass die Seele zu ihrem Ursprung durch die Materie zurückkehren sollte, ohne in ihr stecken zu bleiben. Es symbolisiert die Notwendigkeit, die Erfahrung des Materiellen zu machen, durch die Materie hindurchzugehen und auf diese Art und Weise fähig zu sein, sich weiterzuentwickeln.

Der Hauptstern im Stier ist der königliche *Aldebaran*, einer der vier Wächter, der Stern des Frühlings und des Neuanfangs. Er befindet sich im linken Auge des Stiers, das die Erde und das Leben in der Materie fixiert. Das andere rechte Auge schaut in die andere Richtung zum Göttlichen. Dennoch ist es ebenfalls ein passender Anfangspunkt für eine spirituelle Suche, nämlich durch die Materie zum Land der Seele, dem spirituellen Ursprung der Menschheit, symbolisiert durch Kreta, zu gelangen. Aldebaran ist ein intensiv roter Stern, was auf seine reine martialische Natur hindeutet, materielle Handlungen, die Frühlingsenergie des Wachstums und der Expansion, es ist kein Stern der Harmonie. Die Gefahr des materiellen Erfolgs, den er verleiht, ist es stehen zu bleiben und nicht weiterzugehen. Geld und Erfolg sind angenehm, aber es gibt mehr Dinge zwischen Himmel und Erde. Der Stiermythos verlangt weiterzugehen. Geschieht dies nicht, kann es sehr schlimme Auswirkungen im Leben haben. Sowohl im Horoskop des holländischen Journalisten und Filmregisseurs Theo van Gogh als auch im Horoskop des Politikers Pim Fortuyn wurde Aldebaran durch eine Progression aktiviert, als es zu deren brutalen Ermordungen kam. Natürlich ist der Stier auch ein gefährliches und aggressives Tier, ein raues Stück materieller dampfender stürmischer Energie, die einen vernichten kann.

El Nath und *Al Hecka* sind das nördliche und südliche Horn des Stiers, und das südliche Horn, welches stark mit Unfällen assoziiert wird, ist das gemeinere der beiden, obwohl keines der beiden wirklich angenehm ist, sie sind immer noch die Waffen des Stiers. Die Sterne im Stier werden sich positiver äußern, wenn man die zu großen Anhaftungen an Wohlstand und Erfolg hinter sich lässt und sich auf den Weg macht, Kreta zu suchen. Wenn man dem Erfolg vollkommen verhaftet bleibt, wird dies ein endloses Ringen hervorbringen, da Stiere nun einmal wilde Tiere sind.

Nicht ohne Grund wird die Prinzessin Europa genannt, trägt den Namen eines Kontinents, der die materialistische Stier-Wissenschaft und Technologien von enorm materiellem Erfolg hervorgebracht hat. Aber er ist darin stecken geblieben, es gibt keine Suche nach Kreta mehr. In den späteren Phasen des Eisernen Zeitalters (Kali Yuga), in dem wir uns jetzt befinden, ist es die Zeit mit dem größten vorstellbaren Elend. Der Stier hat es geschafft, die gesamte Welt zu dominieren. Mit seiner bloßen materiellen Kraft hat er die traditionellen Kulturen im Osten und anderswo, die noch ein lebendiges spirituelles Herz hatten, zerstört. Die Zeichen der Zeit wurden bis ins Detail in den Puranas der Veden vorhergesagt. Die Welt ist nun sehr, sehr alt, fast am Ende des Zyklus, aber dies ist eine andere Geschichte für ein anderes Buch.

Eine andere rituelle Metapher des Stiermythos ist der Stierkampf. Der Torero zeigt, wie man die Materie handhabt, er spielt mit ihr, tanzt mit ihr und tötet das wilde Tier letztendlich zurückkehrt. Einfach nur im Weg des Stiers zu stehen, wird nicht funktionieren, man kann seine materielle Stier-Existenz nicht leugnen. Man kann allerdings mit ihm tanzen, ohne von ihm berührt zu werden, ihn erschöpfen und seiner Herr werden. Der Stier muss nach dem Kampf getötet werden. Am Ende müssen wir zu starke Anhaftungen an unseren Erfolg zurücklassen. Es ist dieser Bezug zur Materie, der das zentrale Stierthema darstellt mit dem lunaren Horn im Zeichen. Es ist eine zweite Phase des ersten Feuerhorns des Widders, der erste Impuls der Erscheinungsform hat sich jetzt materialisiert. Der Mond, das grundlegende Symbol der Erde als Gegensatz zum Himmel, ist angemessen im Stier erhöht.

Der Sternenhaufen der *Plejaden* und die mit ihm verbundenen *Hyaden* befinden sich ebenfalls in der Konstellation des Stiers. Ihr Thema ist deshalb auch mit der Konfrontation mit roher materieller Realität verbunden.

Thema: materieller Erfolg, durch die Materie gehen und seine Anhaftungen hinter sich lassen, notwendige Erfahrung der Materie, reine materielle Macht, Sinnlichkeit.

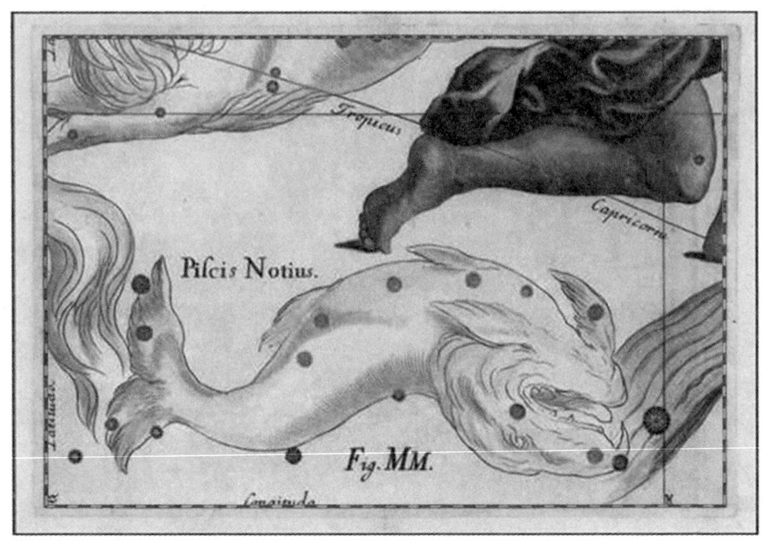

Abbildung 30: Pisces Australis

Südlicher Fisch – Pisces Australis

Ein völlig anderer Fisch als das Seemonster, das im Grunde genommen kein Fisch ist. Dies ist ein wirklicher Fisch, daher wird er mit spiritueller Initiation verknüpft, mit der spirituellen Geburt aus der Materie heraus. Es ist der Wal von Jonas, der ihn verschlang, aber ihn auch wieder ausspuckte, nachdem er transformiert worden war. Das Maul des Fisches heißt auf Arabisch *Fom-al-hut* oder *Fomalhaut*, er ist einer der vier Wächter und der Stern der Wintersonnenwende, der Weihnachten markiert, die Geburt Christi. Es ist ein sehr mächtiger Stern, da das Königreich Christi aber nicht von dieser Welt ist, verleiht er keinen Erfolg im materiellen Sinne, und daher kann man nicht wirklich sagen, dass es sich um einen königlichen Stern handelt, wie einige Astrologen behaupten. Er wird auch mit der Geschichte der lüsternen Göttin Venus verbunden, die sich in einen Fisch verwandelt, was immer eine Wandlung zu einer spirituelleren Ebene anzeigt. Dieser Fisch ist kein Teil der Konstellation Fische, aber deren Themen sind natürlich verwandt. Der Strom von Süßwasser, der von diesem Fisch empfangen wird, fließt von dem Becher des Aquarius herab, dies zeigt die Reinigung der Begierde und ist eine vorbereitende Phase des Initiationsprozesses.

Thema: spirituelle Geburt; ein Königreich, nicht von dieser Welt.

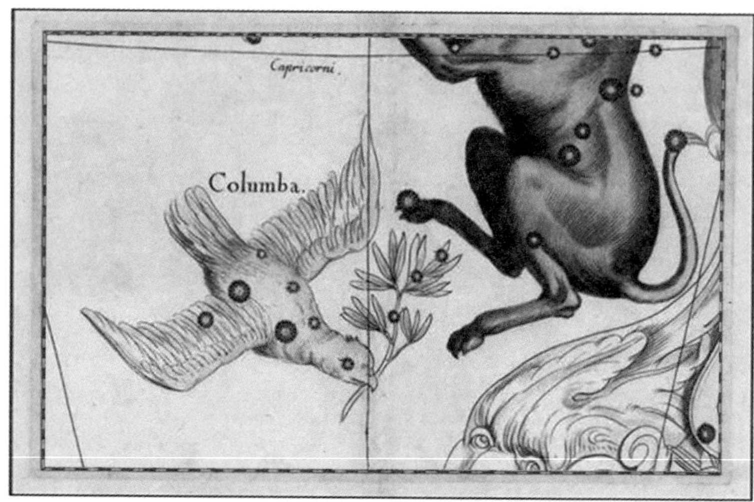

Abbildung 31: Columba

Taube – Columba

Dies ist eine schöne Konstellation, da sie aber so weit von der Ekliptik entfernt ist, hat sie keinen großen Einfluss. Der einzige Stern von astrologischer Bedeutung ist *Phact*, der eine angenehme Venus/Merkur-Natur besitzt. Die Taube ist keine traditionelle Konstellation, jedoch wird sie hier nur erwähnt, da der Stern *Phact* ein Teil von ihr ist. Es kann angenommen werden, dass die Taube als eine neue Konstellation um den Stern *Phact*, dessen Auswirkung traditionell bekannt war, gebildet wurde. Deshalb fällt die Bedeutung der Taube mit ihrem Hauptstern zusammen. Aber unseren Normen entsprechend kann die Taube nicht als reale Konstellation betrachtet werden, da sie künstlich ziemlich spät im Jahr 1679 konstruiert wurde.

Thema: das Liebenswürdige und Schöne bewusst und aktiv ausdrücken.

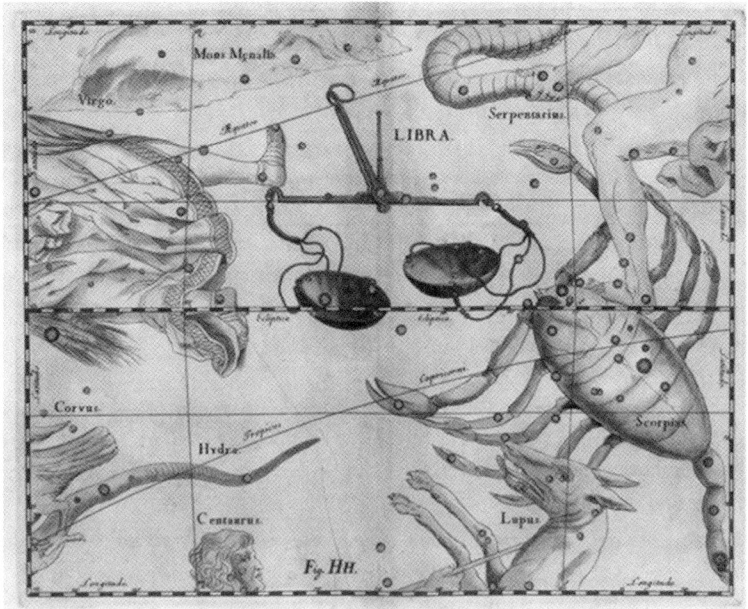

Abbildung 32: Libra

Waage – Libra

Dies ist die rätselhafteste Konstellation des Zodiaks, da sie als die Klaue des Skorpions bekannt war. Die Klauen erhielten erst später den Namen Libra/Waage als ein Tierkreiszeichen, was keinesfalls bedeutet, dass der Zodiak sich gewandelt hätte! Die südliche und die nördliche Waagschale sind ein Paar der Gerechtigkeit (Südlich-Härte) und Gnade (Nördlich-Milde). Die südliche Waagschale ist einer der königlichen Sterne, es ist eine äußerst machtvolle Faust der Gerechtigkeit, sie wird das Gleichgewicht wiederherstellen, da in den Waagschalen die Taten der Menschen abgewogen werden, und falls notwendig, werden korrigierende Maßnahmen und Bestrafung folgen (deshalb werden die Waagschalen ebenfalls als die Klauen bezeichnet). Seitdem die Menschen gemeinsam mit Adam gefallen waren, sind wir notwendigerweise »Sünder« und moralische Bemühungen sind meist unter Standard, aber wie es deutlich in vielen Büchern geschrieben steht, wird Gnade immer überwiegen. Dies kann man deutlich in dem Tierkreiszeichen-Symbol für Waage sehen. Die untere Linie zeigt die Gerechtigkeit an, die obere Linie Gnade. Es ist ebenfalls ein Bild der höheren göttlichen Wasser und der niederen irdischen Wasser. Die Kurve in der oberen Linie deutet auf die Symbolik des Regenbogens in dem berühmten Zeichen für Gottes gnädiges Bündnis mit Noah. Venus ist die Herrscherin des Tierkreiszeichens Waage. Sie ist ihr dominanter Gnadenanteil, Saturn ist in der Waage erhöht, was die Gerechtigkeit zeigt, die benötigt wird, um das Gleichgewicht wieder herzustellen.

Die Waage ist, wie oben erwähnt, dasselbe wie die Klaue des Skorpions, die *Chelae*. Die südliche Klaue wird *auch Lucida Lancis* (südliche Waagschale) genannt, sie ist hart und bösartig, es ist die gnadenlose Bestrafung, die Geißel Gottes, eine felsenharte Klaue, die jeden kriegt, ein kosmischer »Dirty Harry«. Die Waagschalen sind natürlich Teil desselben Themas, aber die nördliche Schale (»der ausreichende Preis«) ist milder als die südliche Schale (»der ungenügende Preis«). Auf der südlichen Schale ist es nie genug, was man bezahlt, es wird unaufhörlich weitergehen, bis die Arbeit getan ist. In alten Zeiten war die Waage sehr stark mit der Symbolik des Pols verbunden, daher die ganze Idee von Korrekturmaßnahmen (Pol = Gleichgewicht).

Thema: Rächen der Gerechtigkeit und Gnade, Wiederherstellung des Gleichgewichts, grimmige Korrekturmaßnahmen.

Walfisch – Cetus siehe Seemonster

Neptun sandte ein Meeresunheuer aus, welches das ganze Land verwüsten sollte. Das Ungeheuer konnte nur durch die Opferung einer Jungfrau besänftigt werde. Manchmal heißt die Konstellation auch Ursinus marinus: der dem Meer entstiegene Bär.

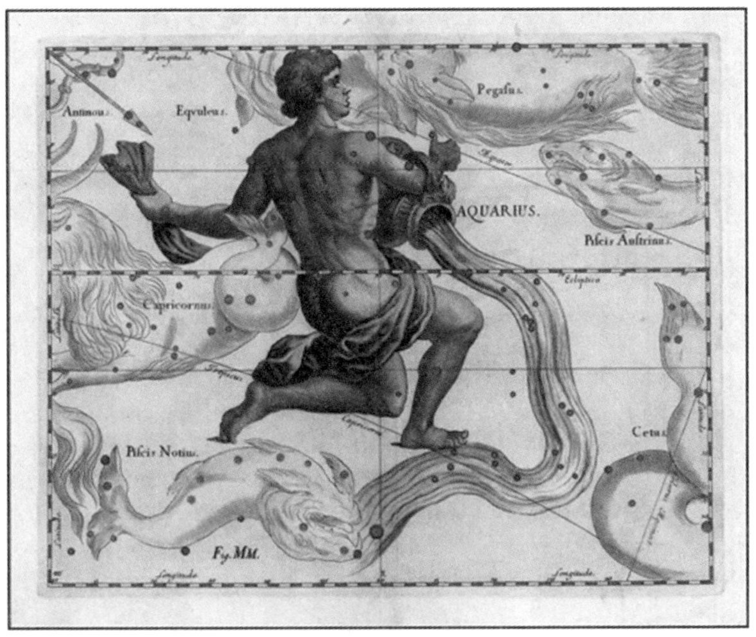

Abbildung 33: Aquarius

Wassermann – Aquarius

Es wird gesagt, dass der Wassermann das menschlichste Zeichen ist. Er ist der Mundschenk, der das Süßwasser einschenkt. Es ist die einzige zodiakale Konstellation, in der wir Süßwasser finden, was auf die Bedeutung des Mythos hinweist. Das gereinigte Wasser kann getrunken werden, es ist nicht das wilde salzige Wasser der Begierde. Dieses Reinigungsthema des Wassermanns hängt auch mit Ganymedes, der Schönsten – das ist das Reinste – unter den Sterblichen zusammen. Er wurde von einem Adler zum Olymp hinaufgetragen, um beim Fest der Götter den Wein zu servieren. So wird Süßwasser (gereinigte Begierde) in den reinen Wein des Geistes transformiert, ein Thema, das auch in der Bibel auftaucht, in der Geschichte der Hochzeit von Kana. Es geht darum, die Begierde zu reinigen, indem man Wasser destilliert. Das bedeutet wieder und wieder Distanz einzunehmen, hoch in die Luft zu gehen und wieder herabzukommen, bis das Wasser rein ist und bereit ist, als gesundes Süßwasser der gezähmten Begierde eingeschenkt zu werden, welches dann später in Wein verwandelt wird.

Dies ist ein riskanter Prozess und die rechte und linke Schulter des Mundschenks *Sadalmelek* und *Sadalsuud* sind von eher negativer Auswirkung. Die gesamte Reinigung ist in vollem Gange und kann immer noch schiefgehen. Nur Skat auf dem rechten Bein hat eine sehr positive Auswirkung, wie es von dem Schönsten unter den Sterblichen zu erwarten ist. Das rechte Bein (positive Verwirklichung) steht im Fluss des Süßwassers, das ausgeschenkt wird. Diese Konstellation wird mit den Geheimnissen im positiven oder negativen Sinne, mit esoterischen bzw. okkulten Angelegenheiten verknüpft. Das Gefäß, das mit wertvollem Süßwasser gefüllt ist, und der Prozess des Herstellens müssen vor der unreinen Umgebung geschützt werden. Das Süßwasser, welches vom Mundschenk ausgeschenkt wird, fließt in den Mund des südlichen Fisches oder *Fom-al-Hut*, der die Geburt Christi repräsentiert. Deswegen ist das Zähmen des Wassers die Vorbereitung für spirituelle Geburt.

Das Symbol des zodiakalen Zeichens Wassermann illustriert dieses Thema deutlich. Es hat zwei Wellen, die Gerechtigkeit und Gnade bzw. die menschliche und die göttliche Dimension symbolisieren. Dies wird im doppelten Zeichen Waage, das mit demselben Thema verknüpft ist, wiederholt. Im fixen Zeichen des Wassermanns allerdings läuft der Prozess der Reinigung, der durch die Zickzacklinien auf die Aktivität mit der heißen Sonne hindeutet. Dies ist der traditionelle Wasserzyklus, das unbearbeitete Wasser verdunstet und kommt wieder als gereinigtes Süßwasser herab und macht die Erde fruchtbar. Reinigung ist schmerzhaft und verlangt Opfer, deshalb regiert Saturn das Zeichen des Wassermanns. Die Sonne, die den Prozess von außen antreibt, ist hier nicht zu Hause, sie ist im Wassermann vernichtet.

Thema: schmerzhafte Reinigung, die in den Zustand wirklicher Menschlichkeit als eine Vorbereitung für spirituelle Geburt führt; versteckte Dinge und Okkultes.

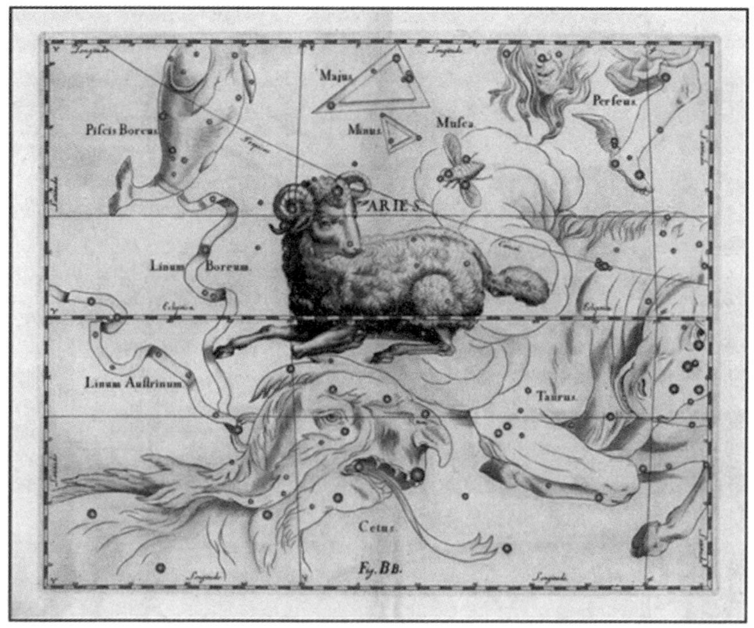

Abbildung 34: Aries

Widder – Aries

Dies ist das essenziell-solare Tier, ein Symbol des Geistes. Er rettet ziemlich passend Bruder und Schwester, Phryxus und Helle, vor ihrer schlechten Stiefmutter Ino – Symbol für materielle Bindungen. Jedoch erreicht Helle ihr Ziel nicht, sie schaut herab und stürzt in den Ozean, während sie über diesen auf dem Rücken des Widders fliegen (der Hellespont ist das »Meer der Helle«). Bruder und Schwester repräsentieren die beiden Anteile der Seele, der weibliche Schwesterteil, immer mehr erdgebunden, schafft den spirituellen Flug nicht. Der Bruderteil ohne seine irdische Seite schafft es, genau deswegen, weil er sie losgeworden ist, dies ist eine Anleitung wie in allen Mythen. Dieser Anteil der Seele hat keinen Nutzen, wenn man sich auf einem Flug aus dem Materiellen heraus befindet, da es einen wieder herunterzieht.

Die Geschichte geht weiter und Phryxus kommt an seinem Ziel an, opfert den Widder und findet so seinen Frieden. Er gibt die Haut des Widders dem König Aëtes, dem Sohn des Sonnengottes Helios, was wiederum das Thema der Rückkehr zur Quelle, für welches ein Opfer notwendig ist, unterstreicht. Dies könnte man auch mit dem Wissen, wann es besser ist aufzuhören, übersetzen. Auch wenn die Schlacht zäh war, brauchst du deine Waffen nicht mehr, wenn sie vorüber ist. Ansonsten wirst du keinen Frieden finden können und nur Schwierigkeiten bekommen. Auf einer höheren Ebene zeigt dies eine Art von Ökonomie des Geistes, man wird von den Göttern Einblicke erhalten, aber man muss diese zur Quelle zurückgeben, da sie einem nicht gehören. Sie wurden nur für eine Weile gewährt, um effektiv genutzt zu werden. Die Haut des Widders, die vom König Aëtes behalten wird, ist ebenfalls das Goldene Vlies, welches das Ziel der Suche des Argonauten war, es ist ein Symbol des Göttlichen, verwirklicht auf der Erde.

Hamal und *Sharatan* sind das südliche und nördliche Horn des Widders. Der Norden ist immer die bessere Seite der Gnade, während der Süden die harschere Seite der Gerechtigkeit ist. Aber beide Sterne haben eine Saturn/Mars-Natur und keiner der beiden ist wirklich angenehm, die ganze Idee ist, nicht in den Hellespont zu fallen und die feurige Widder-Kraft im richtigen Moment zu opfern. Dies deutet auf entschlossene feurige Handlungen, ohne sich selbst zu erlauben, von weltlichen Betrachtungen (Helles Hinunterfallen) abgelenkt zu werden, aber auch auf die Gefahr, zu lange und zu heftig weiterzumachen, was vielleicht hier die Hauptsache ist. Die Tatsache, dass es hier um die Hörner des Widders geht, diese impulsive Sturmkraft, zeigt deutlich sowohl den Effekt auf das Leben und wie man die Sterne interpretieren sollte, als auch die Notwendigkeit der richtigen Dosierung.

Das Symbol für das Zodiakalzeichen Widder zeigt seinen frischen feurigen Impuls sehr deutlich, die ursprüngliche Linie der Einheit ist fürs erste Mal in zwei Linien, die die Hörner anzeigen, aufgeteilt. Der Überfluss des solaren Feuers im Widder macht die traditionelle Erhöhung der Sonne in diesem Zeichen verständlich, Erhöhung verweist immer auf Übertreibung. Die Haut des Widders oder das Goldene Vlies wird passend vom König Aëtes in einer dem Mars gewidmeten Höhle behalten. Im Haus von Mars ist die Sonne erhöht.

Thema: Der richtige Umgang mit der feurigen Widderkraft (energisches zielorientiertes Handeln, der Wunsch zu erobern) und seiner Opferung, wenn das Ziel erreicht wurde, es ist ebenfalls mit einer hingebungsvollen Suche nach Wahrheit und der Essenz der Dinge verbunden.

Abbildung 35: Centaurus

Zentaur – Centaurus

Kentauren sind halb Pferd halb Mensch, ein Bild von mächtigen, durch den bewussten Willen gesteuerten Instinkten, obwohl es immer die Gefahr gibt, dass die Instinkte die Überhand bekommen. Die Konstellation Zentaur am Himmel ist Pholus, er war genauso wie Cheiron ein zivilisierter Kentaur, bei dem die obere menschliche Hälfte dominierte. Man kann in vielen Bildern sehen, wie er einen Wolf aufspießt. Pholus war ebenfalls der Beschützer eines Weinfasses, das er jedoch öffnete, als Herkules ihn besuchte. Die anderen nicht zivilisierten, wilden Kentauren rochen den Wein und rasten stürmisch in Pholus Höhle, in der Herkules sie alle mit einem Pfeil, der in das Gift der Hydra getaucht war, tötete. Pholus, der fasziniert von der Kraft der vergifteten Pfeile war, zog einen Pfeil aus einem toten Kentauren heraus, verletzte sich selbst dabei und starb.

Es gibt immer die Möglichkeit, dass das Gift der Hydra – die Begierdenatur – mit entsetzlichen Konsequenzen zuschlagen wird. Pholus, der von dem mysteriösen tödlichen Gift angezogen wird, nähert sich und wird tödlich verletzt. Im Gegensatz zum unsterblichen Cheiron ist der sterbliche Pholus kein talentierter Lehrer der Helden, sondern hauptsächlich nur sehr neugierig.

Die Kentauren bleiben, auch wenn ihre menschliche Natur ausgeprägt ist wie bei Cheiron und Pholus, widerliche unvorhersehbare Kreaturen, mit sehr starken Mischungen von Wissen und Begierde, mit der Gefahr, dass die Instinkte die Oberhand gewinnen, trotz all der zivilisierten Teile. Dies ist in beiden Geschichten ein wichtiges Thema. Da ein vergifteter Pfeil fatale Auswirkungen haben kann, ist der Mythos von Pholus auf direkte Weise mit anscheinend kleinen Handlungen verbunden, die gefährliche Konsequenzen haben können. Pholus ist im Wesentlichen neugierig und tötet sich dabei selbst, als er den vergifteten Pfeil aufhebt, um ihn sich näher anzuschauen. Ein deutliches Beispiel ist Marie Curie (siehe Kapitel fünf), die drei Planeten auf dem Stern *Bungula* im zehnten Haus hat. Sie starb an den Folgen der radioaktiven Strahlung, die sie ihr Leben lang untersuchte.

Bungula verleiht häufig auch promiskuitives Verhalten, der instinktive animalische Teil des Kentauren ist stark. *Bungula* ist das linke Bein und das linke – *sinister* auf Lateinisch – wird immer als ungünstig betrachtet. *Agena* befindet sich auf dem positiveren rechten Bein und er repräsentiert die bessere Hälfte des Kentauren, dieser Stern hat eine Jupiter-Venus-Natur, und es wird gesagt, dass er Ehre, Kultiviertheit, Moral und Gesundheit verleiht. Beide Sterne gehören der ersten Magnitude an und können daher kraftvolle Auswirkungen auf das Leben haben.

Thema: Dem mächtigen instinktiven »Ruf der Wildnis« widerstehen; scheinbar kleine Dinge können schreckliche Folgen haben; große Spannung zwischen Instinkten und Wille, die Begierdenatur schlägt in einer übermächtigen Art und Weise zu, naive Neugier führt zu großen Problemen: »Neugier tötete die Katze.«

Abbildung 36: Gemini

Zwillinge – Gemini

Hierbei handelt es sich um das berühmte Paar Castor und Pollux, die himmlischen Zwillinge, ihre Essenz kann ganz einfach als Polarität, die grundlegende Spannung zwischen den beiden Polen, eines der Hauptprinzipien des gesamten Kosmos, beschrieben werden. Dies spiegelt sich in den Zwillingen wider, es gibt den sterblichen Bruder Castor, den Teil der Seele, der in Handlungen auf der Erde involviert werden möchte, und den unsterblichen Bruder Pollux, den Teil der Seele, der zu seiner göttlichen Quelle »oben« zurückkehren möchte. Die Brüder sind Krieger, Bändiger der Pferde und Beschützer der Seeleute. Dies deutet alles auf das Zähmen des Wassers der Begierde hin. In diesen Schlachten wird Castor getötet und nach seinem Tod wechseln die Brüder ihre Wohnstätten; manchmal sind sie zusammen auf dem

Olymp, manchmal sind sie zusammen im Hades. Dies unterstreicht die Polarität, der unsterbliche Teil Pollux ist so sehr seinem sterblichen Bruder verhaftet, dass er sogar mit ihm im dunklen Hades verweilt. Es zeigt die Aufgabe des Menschen im Leben. Es geht darum, den Teil der Seele, der in die Materie gefallen ist, wiederzufinden, ohne auf der Erde stecken zu bleiben, was die Gefahr ist.

Die Brüder sind ebenfalls Besatzungsmitglieder der Argo, sie segelten mit Jason auf der Suche nach dem Goldenen Vlies, der Haut des Widders, die von Phryxus geopfert wurde als ein Symbol des Göttlichen, das auf der Erde verwirklicht ist. Das zeigt wiederum, dass die Zwillinge hier sind, um zu handeln. Ihr Ziel ist es, eine Verbindung der Seele mit dem »Oben« herzustellen. Pollux sollte nicht zulassen, dass er vom sterblichen Castor in den Hades hinuntergezogen wird. Die Symbolik der Polarität wird ebenfalls in ihrem Ursprung gefunden, sie wurden aus dem Weltenei, das von Leda gelegt wurde, geboren. Das Weltenei ist die ursprüngliche Einheit, welches die Polarität, die durch die Zwillinge ausgedrückt wird, hervorbringt. Es gibt ebenfalls eine Verbindung zu den Säulen des Herkules, die sich auf beiden Seiten der Straße von Gibraltar befinden. Sie repräsentieren symbolisch die Grenzen der Welt: die beiden Pole, zwischen denen alle Dinge geschehen. Wenn man jenseits der Säulen geht, aus der Welt heraus, wird man die goldenen Äpfel der Hesperiden auf dem Baum des Lebens finden. Dies ist der Grund dafür, dass New York der große Apfel genannt wird.

In dem Symbol für das Zodiakalzeichen Zwillinge können wir deutlich diese beiden Säulen sehen, die grundlegende Polarität. Man kann nicht jenseits dieser Punkte gehen und leben. Ein menschliches Wesen ist in der hohen Spannung zwischen den beiden Kräften, die durch Castor und Pollux, Erde und Himmel, sterblich und unsterblich, Materie und Geist symbolisiert werden, gefangen. Der sehr kraftvolle königliche Stern *Pollux* – manchmal wird er auch Herkules genannt – verleiht sehr viel Erfolg und Entschlossenheit. Der sterbliche, weniger helle Castor ist immer noch kraftvoll, aber aufgrund seiner erdgebundenen Sterblichkeit unreiner. Das Zwillinge-Thema wird häufiger im Leben als eine Kampfbeziehung zwischen (nicht immer symbolischen) Brüdern ausgedrückt, von denen der eine stirbt oder eine ausgesprochen ambivalente Natur hat, die sehr »sterbliche« und »unsterbliche« Seiten hat. Die starke Spannung zwischen den beiden verwandten Polen verleiht ein doppeltes Wesen, zum Beispiel miteinander verbundenes Wissen und Handlung, und es mag sich manchmal sogar wörtlich zeigen, wie in dem Fall von Nicolai Tesla, dem Erfinder, für den Elektrizität das zentrale Thema seines Lebens war.

Der Stern *Alhena* verleiht künstlerische Talente (die Verbindung zwischen sterblicher materieller Form und unsterblicher Essenz). Er befindet sich im Fuß, deshalb handelt es sich um einen konkreten künstlerischen Ausdruck. Die anderen Sterne in den Zwillingen haben einen variierenden Einfluss auf das Leben. Einige sind deutlich positiv wie *Propus* und *Dirah*, während andere wie *Wasat* eine dunkle Natur besitzen. Dies spiegelt natürlich die ambivalente Spannung zwischen den sterblichen und unsterblichen Teilen der Seele wider.

Thema: »Doppeltheit«; nicht in der irdischen Welt mit all ihren faszinierenden Gelegenheiten zum Handeln stecken bleiben; Ambivalenz, Spannung zwischen den Polen, (symbolisch) Bruder-Thema, sich für den Olymp entscheiden, nicht für Castors Hades; Verbindung von Wissen und konkret praktischer Handlung.

»Apokryphe« und unwirksame Konstellationen

Konstellationen wie der Drachen, der Große Bär und der Kleine Bär, Cepheus, das Kreuz des Südens (keine traditionelle Konstellation) und Kassiopeia befinden sich weit entfernt von der Ekliptik und haben daher einen zu vernachlässigenden astrologischen Effekt. Der Zodiak, der königliche Pfad der Sonne, hat in der Astrologie letzten Endes immer noch eine zentrale Bedeutung, und je näher ein Stern sich dem Zodiak befindet, desto größer ist seine Kraft. Es gibt ebenfalls einige traditionelle Konstellationen wie den Hasen und den Delfin, die wir »apokryph« nennen können, sie haben keine Sterne, die gemäß den traditionellen Quellen eine astrologische Auswirkung haben, die es wert ist, erwähnt zu werden. Deshalb wurden sie in dieser Auflistung ausgelassen. Das bedeutet nicht, dass sie es nicht wert sind, dass man ihnen Aufmerksamkeit schenkt, aber es ist einfach zu wenig über sie bekannt. Der Delfin hat eine gewisse Stellung in der Mitte, da er ein Mondhaus beherrscht, von dem die Auswirkung klar ist und von William Lilly erwähnt wird, obwohl er die Sterne nicht einzeln nennt. Bis nicht wirklich mehr über diese »apokryphen« Sterne bekannt ist, scheint es weiser, diese nicht in der obigen Liste zu besprechen. Dieses Buch ist schließlich keine akademische Übung, es ist praktische Astrologie.

Nur Konjunktionen

Die Geschichte eines Mythos, der mit einer Konstellation verbunden ist, wird im Leben aktiviert, wenn ein Planet oder eine Achse (und zu einem geringeren Grad ein arabischer Punkt oder eine Hausspitze) in Konjunktion mit einem Stern, der Teil dieser Konstellation ist, steht. Es hat auch eine sehr wichtige und deutliche Auswirkung, wenn sich einer der hylegialen Punkte in der Progression (Sonne, Aszendenten, Medium Coeli, Mond, Glückspunkt) über einen Stern bewegt. Um den Stern auszulösen, braucht es keine Konjunktion mit einem Geburtsfaktor, die Progressionen genügen vollkommen, um ihn zu aktivieren. In der Vorhersage ist diese Technik eines der effektivsten Werkzeuge!

Es braucht kein Spezialprogramm, um auf effektive Art und Weise mit den Sternen zu arbeiten. Die Positionen, die man braucht, sind diejenigen, welche in den Zodiak projiziert werden. Sie finden diese in der Liste für jedes einzelne Zeichen in Kapitel 4. Es handelt sich um die Positionen für das Jahr 2010 und mit dem einfachen Präzessionsschlüssel von 1° durch den Zodiak für 72 Jahre kann man jede Sternposition für jede beliebige Zeit finden.

Kurzes mythologisches Vokabular für Symboldeutungen

Afrika – das Land der Begierde und Dominanz der Materie
Auge – starke Konzentration der Aufmerksamkeit
Brüder, Schwestern – die zwei Anteile der Seele, unterschiedlich, aber sehr innig miteinander verbunden, die materiell-spirituelle Natur des Menschen
Drachen – siehe Schlange
Eltern – die Grundenergien, welche einige mythologische Charaktere hervorbringen
Esel – satanische Kraft, die Chaos erzeugt
Ferse – verletzlicher Punkt
Fische – Nichtdualität, göttliches Bewusstsein, ein Fisch schläft niemals und bewegt sich durch das Wasser der Begierde, ohne davon beeinträchtigt zu werden
Fuß – Berührungspunkt mit der Erde, konkrete Form oder Handlung, wo man sich die Hände schmutzig macht
Herz – konzentrierte Essenz der Energie
Horn – gefährliche Impulsivität
Kopf – das Prinzip der bewussten Führung und Kontrolle
Lanze – siehe Schwert
Links – die falsche, dunkle Seite, »sinister« im Lateinischen
Mädchen – die Seele, die, wenn Sie gereinigt wurde, den Heiligen Geist empfängt, Maria im Christentum
Norden – gnadenvolle positive Seite
Ochse – siehe Stier
Pferd – Begierde, die geleitet, aber nicht vollkommen kontrolliert werden kann
Pfeil – siehe Schwert
(den) Platz wechseln – Ähnlichkeit
Rechts – die bessere positive Seite
Schlange oder Drachen – das große Symbol der Dualität oder die Lebensenergie selbst
Schulter – etwas sehr energisch vorantreiben
Stier (oder Ochse) – grobe immaterielle Wirklichkeit

Süden – negative Seite, mit Gerechtigkeit verbunden, gnadenlos und harsch

Schwestern – siehe Brüder

Schwert (oder Lanze) – der Pol, das ausgeglichene göttliche Zentrum, welches das Wissen verleiht, auf die richtige Art und Weise zu handeln

Titanen – die »bad guys«, Gegenspieler der Götter, Dämonen

Wasser, Salz – die instinktive Begierdenatur

Wasser, süß – trinkbares menschliches Wasser, destillierte und gereinigte Begierde

Grundlegende mythologische Themen

Konfrontation mit grober Materialität: Stier, Plejaden, Hyaden, Orion, Skorpion

Menschliche/göttliche Dualität: Zwillinge, Waage

Offenheit für Schönheit und Reinheit: Andromeda, Schwan, Taube, Jungfrau, Becher

Spirituelle Geburt und Wissen: Adler, Südlicher Fisch, Steinbock, Fische, Leier

Versagen des menschlichen Wissens und Einfallsreichtums: Pegasus, Schütze, Kentaur

Machtgier und grobe Entschlossenheit: Löwe, Boötes, die Hunde, Aries, der Fluss

Umgang mit Begierde: Hydra, Schlange, Schlangenträger, Seemonster, Krebs, Fuhrmann, Krähe, Perseus, Wassermann, das Argonautenschiff

Kapitel 4

Liste der Fixsterne entsprechend den Tierkreiszeichen

Sternpositionen für das Jahr 2010 (Präzessionsschlüssel 1° in 72 Jahren).

Angegebene Informationen:
Name – Grad – Deutscher Name – Planetennatur – Magnitude – Konstellation – Breite (Norden oder Süden), Gradzahlen im tropischen Tierkreis

■
Schicksalssterne

▲
Nebel oder nebulöse Sternhaufen

●
extrem bösartig wirkender Stern

✪
königlicher Stern

✯
ebenso in der Stundenastrologie relevanter Stern

Widder

Difda – 2.46 – der Schwanz des Seemonsters – Saturn – 2 – Seemonster – S 20.46

Algenib – 9.20 – die Flügelspitze des Pegasus – Mars/Merkur – 3 – Pegasus, das fliegende Pferd – N 12.36

Alpheratz – 14.29 – der Kopf der Prinzessin – Jupiter/Venus – 2 – Andromeda – N 25.41

Baten Kaitos – 22.08 – der Bauch des Seemonsters – Saturn – 3,5 – Seemonster – S 20.20

Al Pherg – 26.59 – die Schnur der Fische – Saturn/Jupiter – 4 – die Fische – N 5.22 ■

Vertex – 27.58 – der Andromeda-Nebel – Mars/Mond – Nebel – Andromeda – N 33.21 ▲

Stier

Mirach – 00.35 – der Gürtel des Andromeda – Venus – 2 – Andromeda – N 5.22

Sharatan – 4.09 – das nördliche Horn des Widders – Mars/Saturn – 3 – Widder – N 8.29

Hamal – 7.50 – das südliche Horn des Widders – Mars/Saturn – 2 – Widder – N 9.58

Almach – 14.24 – der linke Fuß des Andromeda – Venus – 2 – Andromeda – N 21.48

Menkar – 14.30 – das Maul des Seemonsters – Saturn – 2.5 – Seemonster – S 12.34

Capulus – 24.20 – die Schwerthand des Perseus – Mars/Merkur – Perseus – nebulöser Haufen – N 40.22 ▲

Algol – 26.21 – der Kopf des Dämonen, das Haupt der Medusa – Saturn/Jupiter – variabel – Perseus – N 22.25 ✪ ●

Zwillinge

Alcyone – 00.10 – Hauptstern in den Plejaden – Mond/Mars – 3 – Stier/Plejaden – N 4.02 ✯ ▲

Plejaden – um 0° Zwillinge herum – die weinenden Schwestern – Mond/Mars – nebulöser Haufen – Breite wie Alcyone ▲

Prima Hyadum – 5.59 – Hauptstern in den Hyaden – Saturn/Merkur – 4 – Stier/Hyaden – S 5.44

Hyaden – um 6° Zwillinge herum – die Ammen des Bacchus – Saturn/Merkur – nebulöser Haufen – Stier – Breite wie Prima Hyadum ▲

Aldebaran – 9.58 – das Auge des Bullen – Mars – 1 – Stier – S 5.28 ✯ ✪

Rigel – 17.00 – der linke Fuß des Orion – Jupiter/Mars – 1 – Orion, der Jäger – S 31.08

Bellatrix – 21.07 – die linke Schulter des Orion, die Amazone – Mars/Merkur – 2 – Orion – S 16.50

Capella – 22.02 – die Ziege des Wagenlenkers – Mars/Merkur – 1 – Wagenlenker, Auriga – N 22.25

Phact – 22.21 – der rechte Flügel der Taube – Venus/Merkur – 2 – Taube – S 57.23

Mintaka – 22.32 – Stern im Gürtel des Orion – Saturn/Merkur – 2 – Orion – S 23.37

El Nath – 22.45 – das nördliche Horn des Bullen – Mars – 2 – Stier – N 5.23

Ensis – 23.00 – Nebel auf der Schwertscheide des Orion – Nebel – Mars/Mond – Orion – S 28.42 ▲

Alnilam – 23.38 – der Gürtel des Orion – Jupiter/Saturn – 2 – Orion – S 24.32

Al Hecka 24.58 – das südliche Horn des Bullen – Mars – 3 – Stier – S 2.11

Polaris – 28.45 - der Polarstern, der Schwanz des Bären – Saturn/Venus – 2 – Kleiner Bär – N 66.05

Beteigeuze – 28.56 – die rechte Schulter des Orion – Mars/Merkur – Orion – S 26.02

Krebs

Menkalinan – 0.05 – die rechte Schulter des Wagenlenkers – 2 – Mars/Merkur – Wagenlenker – N 21.30

Tejat – 3.34 – der linke Fuß des Castor – Merkur/Venus – 3 – Zwillinge – S 0.54

Dirah – 5.26 – der linke Fuß des Pollux – Merkur/Venus – 3 – Zwillinge – S 0.50

Alhena – 9.04 – Stern im linken Fuß von Pollux – Merkur/Venus – 2 – Zwillinge – S 6.45

Sirius – 14.15 – das Maul des Großen Hundes – Jupiter/Mars – 1 – Großer Hund, Canis Major – S 39.25

Canopus – 15.08 – der Steuermann – Saturn/Jupiter – 1 – das Argonautenschiff – S 75.50

Wasat – 18.41 – der rechte Arm des Castor – Saturn – 3 – Zwillinge – S 0.11

Propus – 19.05 – die Schultern der Zwillinge – Merkur/Venus – 4 – Zwillinge – N 5.45

Castor – 20.25 – der Kopf des Castor – Merkur – Zwillinge – 2 – N 10.05

Pollux, Herkules – 23.23 – der Kopf des Pollux – Mars – 1 – N 6.40 ✪

Procyon – 25.57 – ein Stern im Körper des Kleinen Hundes – Merkur/Mars – 1 – Kleiner Hund, Canis Minor – S 16.00

Löwe

Praesepe – 7.22 – die Krippe, der Bienenstock – Mars/Mond – Nebel – Krebs – N 1.33 ● ▲

Nördlicher Esel (Asellus Borealis) – 7.43 – nördlicher Esel – Mars/Sonne – 6 – Krebs – N 3.11

Südlicher Esel (Asellus Australis) – 8.54 – südlicher Esel – Mars/Sonne – 6 – Krebs – N 0.04

Acubens – 13.46 – die Schere der Krabbe – Saturn/Merkur – 4 – Krebs – N 5.05

Algenubi – 20.52 – das Maul des Löwen – Saturn/Mars – 3 – Löwe – N 9.43

Alphard – 27.27 – das Herz der Hydra – Saturn/Venus – 2 – Hydra, die Wasserschlange – S 22.23

Adhafera – 27.44 – die Mähne des Löwen – Saturn/Merkur – 3 – Löwe – N 11.52

Aljabbah – 28.04 – ein Stern in der Mähne des Löwen – Saturn/Merkur – 3 – Löwe – N 4.52

Regulus – 29.59 – das Herz des Löwen – Mars/Jupiter – 1 – Löwe – N 0.28 ✪ ✯

Jungfrau

Zosma – 11.29 – der Rücken des Löwen – Saturn/Venus – 2 – Löwe – N 14.20

Denebola – 21.47 – der Schwanz des Löwen – Saturn/Venus – 2 – Löwe – N 12.16

Copula – 25.13 – Nebel – Mond/Venus – die jagenden Hunde (nicht traditionell) – N 50.55 ▲

Labrum – 26.51 – der Becher – Venus/Merkur – 4 – Becher – S 17.34 ■

Zavijava – 27.20 – der Kopf der Jungfrau – Merkur/Mars – 3.5 – Jungfrau – N 0.42

Markeb – 29.03 – der Schiffsbug – Saturn/Jupiter – 2.5 – Argonautenschiff – S 63.43

Waage

Zaniah – 5.00 – der Flügel der Jungfrau – Merkur/Venus – 4 – Jungfrau – N 1.22

Vindemiatrix – 10.06 – der Witwenstern, der Zauberlehrling – Saturn/Merkur – 3 – Jungfrau – N 16.13 ✯

Caphir – 10.18 – der linke Arm der Jungfrau – Merkur/Venus – 3.5 – Jungfrau – N 2.48

Algorab – 13.37 – der Flügel der Krähe – Mars/Saturn – 3 – Krähe – S 12.11

Seginus – 17.50 – Boötes linke Schulter – Merkur/Saturn – 3 – Boötes – N 49.33

Foramen – 22.18 – Nebel im Argonautenschiff – Saturn/Jupiter – Argonautenschiff – S 58.55 ▲

Spica – 24.00 – die Weizenähre der Jungfrau – Venus/Mars – 1 – Jungfrau – S 2.03

Arcturus – 24.22 – Boötes linkes Knie – Mars/Jupiter – 1 – Boötes – N 30.47

Skorpion

Princeps – 3.19 – der Speerschaft, der Prinz – Merkur/Saturn – Bootes – N 48.59

Khambalia – 7.00 – der linke Fuß der Jungfrau – Merkur/Mars – 4 – Jungfrau – N 0.28

Acrux – 12.02 – Jupiter – 1 – das Kreuz des Südens (nicht traditionell) – S 52.52

Alphecca – 12.28 – Venus/Mars – 2 – nördliche Krone – N 44.20

südliche Waagschale – 15.15 – Lucida Lancis, die südliche Klaue – Jupiter/Mars – 1 – Waage – N 0.20 ✪ ✯

nördliche Waagschale – 19.32 – nördliche Klaue – Jupiter/Merkur – 2.5 – Waage – N 8.30

Unukalhai – 22.14 – das Herz der Schlange – Saturn/Mars – 2.5 – Schlange – N 25.50

Agena – 23.57 – der rechte Fuß des Pholus – Venus/Jupiter – 1 – der Kentaur, Pholus – S 44.09

Bungula – 29.38 – der linke Fuß des Pholus – Saturn/Venus – 1 – der Kentaur, Pholus – S 42.34

Schütze

Yed Prior – 2.28 – die linke Hand des Schlangenträgers – Mars/Jupiter – 3 – Ophiuchus, der Schlangenträger – N 17.15

Isidis – 2.44 – Stern in der rechten Klaue des Skorpions – Mars/Saturn – 2 – Skorpion – S 1.58

Graffias – 3.21 – der Kopf des Skorpions – Mars/Saturn – 3 – Skorpion – N 1.10

Han – 9.24 – Stern im linken Knie des Schlangenträgers – Saturn/Venus – 3 – Skorpion – N 11.24

Antares – 9.56 – das Herz des Skorpions – Mars – 1 – Skorpion – S 4.34 ✪ ● ✯

Rastaban – 12.07 – nebulöser Stern im Auge des Drachen – Saturn/Venus – 3 – Drachen – N 75.17 ▲

Sabik – 18.08 – das linke Knie des Schlangenträgers – Saturn/Venus – 2 – Ophiuchus – N 7.12

Rasalhague – 22.37 – der Kopf des Schlangenträgers – Merkur/Mars – 2 – Ophiuchus – N 35.51
Lesath – 24.11 – der Stachel des Skorpions – Mars/Mond – 3 – Skorpion – S 14.00
Aculeus – 25.54 – ein Nebel im Stachel des Skorpions – Mars/Mond – Nebel – Skorpion – S 8.50 ▲
Acumen – 28.42 – ein Nebel im Stachel des Skorpions – Mars/Mond – Nebel – Skorpion – S 11.12 ▲
Sinistra – 29.55 – ein Stern in der linken Hand des Schlangenträgers – 3 – Ophiuchus – N 13.41

Steinbock

Spiculum – 0.47 – ein Nebel auf Cheirons Pfeilspitze – Mars/Mond – Nebel – Cheiron, Schütze – N 0.01 ▲
Polis – 3.23 – ein Stern auf Cheirons Bogen – Jupiter/Mars – 4 – Cheiron, Schütze – N 2.21
Facies – 8.27 – ein Nebel in Cheirons Gesicht – Sonne/Mars – Nebel – Cheiron, Schütze – S 0.43 ▲
Pelagus – 12.33 – die Pfeilfeder – Jupiter/Merkur – 2 – Cheiron, Schütze – S 2.36
Ascella – 13.48 – Cheirons Achselhöhle – Jupiter/Merkur – 3 – Cheiron, Schütze – S 7.10
Manubrium – 15.10 – ein Nebel in Cheirons Gesicht – Sonne/Mars – Nebel – Cheiron, Schütze – N 0.52 ▲
Wega – 15.29 – der fallende Geier – Venus/Merkur – 1 – Leier – N 61.44
Deneb Okab – 23.49 – der Schwanz des Adlers – Mars/Jupiter – 3 – N 36.12
Terebellum – 25.58 - ein Stern in Cheirons Schwanz – Venus/Saturn – 6 – Cheiron, Schütze – S 5.25 ■

Wassermann

Albireo – 1.25 – der Kopf des Schwans – Venus/Merkur – 3 – Schwan – N 48.59

Altair – 1.57 – der Nacken des Adlers, der aufsteigende Geier – Mars/Jupiter – 1 – Adler – N 29.18

Giedi – 4.02 – das südliche Horn des Steinbocks – Venus/Mars – 4 – Steinburg – N 6.58

Dabih – 4.13 – das linke Auge des Steinbocks – Saturn/Venus – 3 – N 4.36

Oculus – 4.51 – das rechte Auge des Steinbocks – Saturn/Venus – 5 – Steinbock – N 0.54

Bos – 5.18 – ein Stern im Kopf des Steinbocks – Saturn/Venus – 5 – Steinbock – N 1.12

Armus – 15.22 – das Herz des Steinbocks – Mars/Merkur – 5 – Steinbock – S 2.59

Dorsum – 13.58 – der Rücken des Steinbocks – Saturn/Jupiter – 5 – Steinbock – S 0.36

Castra – 20.20 – der Bauch des Steinbocks – Saturn/Jupiter – 5 – Steinbock – S 4.58

Nashifa – 21.58 – ein Stern im Schwanz des Steinbocks – Saturn/Jupiter – 4 – Steinbock – S 2.33

Sadalsuud – 23.34 – die linke Schulter des Wassermanns – Saturn/Merkur – 3 – Wassermann – S 8.37

Deneb Algedi – 23.43 – der Schwanz des Steinbocks – Saturn/Jupiter – 3 – Wassermann – S 2.35

Fische

Sadalmelek – 3.31 – die rechte Schulter des Wassermanns – Saturn/Merkur – 3 – Wassermann – N 10.39

Fomalhaut – 4.02 – das Maul des Fisches – Venus/Merkur – 1 –südlicher Fisch – S 21.08

Deneb (Adige) – 5.30 – der Schwanz des Schwans – Venus/Merkur – 1 – Schwan – N 59.55

Skat – 9.03 – das rechte Bein des Wassermanns – Saturn/Jupiter – 3 – Wassermann – S 8.11

Achernar – 12.29 – die Mündung des Flusses – Jupiter – 1 – der Fluss, Eridanus – S 59.22

Markab – 23.40 – der Flügel des Pegasus – Mars/Merkur – 2 – Pegasus – N 19.24

Scheat – 29.33 – die Hufe des Pegasus – Mars/Merkur – 2 – Pegasus – N 31.08

Wenn man durch diese Liste geht, wird es deutlich, dass es viele Sterne gibt, die sehr nah beieinanderliegen. Die folgenden Kriterien können benutzt werden, um effektiv einen Stern auszuwählen, der durch einen Planeten wirkt: den hellsten, den nächsten in Breite und Länge, dessen Sternennatur der des Planeten entspricht. Mehr als einmal sind zwei eng beieinanderstehende Sterne Teil desselben Mythos. In einigen wenigen Fällen wird es nicht möglich sein, einen Stern auszuwählen, dann nehmen wir beide Sterne.

Kapitel 5

Mondhäuser: Sternenhäuser

Die Mondhäuser sind immer noch ein fehlendes Bindeglied in der traditionellen Deutung des Horoskops. In den alten Texten der westlichen Tradition werden die Mondhäuser erwähnt, aber es gibt kaum Beschreibungen über deren Auswirkungen auf das Leben. Es ist in der Tat sehr wenig überliefert und das Wenige ist so schwer korrumpiert, dass es fast unmöglich ist, mit den Mondhäusern zu arbeiten, um ihre astrologische Auswirkung auf eine angemessene Art und Weise zu prüfen. Wie in so vielen Fällen kopierten die Alten oft sogar einfach das, was sie in noch älteren Texten vorfanden, ohne es in der Praxis zu testen und ohne etwas über die praktische Anwendung zu sagen. Es ist jedoch möglich, die Mondhäuser in die westliche traditionelle Astrologie als Sternenhäuser zu reintegrieren.

In der Astrologie gibt es drei traditionelle Systeme von Mondhäusern. Das vedische System aus Indien, das chinesische System und die arabisch-westlichen Häuser. Diese drei Systeme sind in einigen Punkten unterschiedlich, zum Beispiel was den Anfangspunkt des ersten Hauses, die Länge des jeweiligen Hauses, die Anzahl der Häuser und die Menge der Informationen betrifft, die über ihre Auswirkungen verfügbar sind. Die drei Systeme und ihre Unterschiede werden in diesem Kapitel kritisch miteinander verglichen. Aber es gibt etwas, was sie alle gemeinsam haben: Dies ist – keineswegs überraschend – die Tatsache, dass sie alle auf der täglichen Bewegung des Mondes basieren und nicht wie die zodiakalen Häuser der Zeichen auf der Bewegung der Sonne.

Eine Parallele tritt in den Vordergrund: Wenn es einerseits himmlische Häuser gibt, die besser als die zwölf Tierkreiszeichen bekannt sind, und andererseits irdische Häuser, also die Bereiche der konkreten Aktivität und Realisation, die als das erste Haus, das zweite Haus etc. bekannt sind, dann könnten wir oder sollten wir ebenfalls Mondhäuser in der »Mitte« haben. Diese Idee der drei Arten von astrologischen Häusern passt sehr gut zur traditionellen Alchemie, die eng mit der Astrologie verwandt ist. In der Alchemie gibt es drei Prinzipien, den feurigen Schwefelimpuls (die Sonnenebene), den lunaren Merkur in der Mitte und die materielle Form als alchimistisches Salz. Die Dreiteilung in dieser Struktur der Manifestation, also der feurige essenzielle Impuls durch ein Stadium hin zu einer materiellen salinischen Form, korrespondiert sehr gut mit den drei Ebenen der Häuser mit vergleichbaren Funktionen. In dieser Einteilung ist der solare Tierkreis der erste Impuls, der göttliche Entwurf. Die Mondhäuser sind die Filter in der Mitte dazwischen, durch die der ursprüngliche Impuls geleitet wird, um sich auf der Ebene des Salzes, in den irdischen Häusern, konkret zu manifestieren.

Der Begriff Haus oder englisch *mansion* ist ebenfalls sehr aufschlussreich. Ein Haus ist ein Raum mit deutlich definierten Grenzen, in denen jemand wohnt, der der Besitzer des Hauses ist und diesem Raum eine besondere Beschaffenheit und Atmosphäre gibt. Die überaus wichtigen *Rezeptionen* können auf der Basis eines Hauskonzepts wesentlich besser verstanden werden. Ein Planet, der in einem Haus lebt, das nicht sein eigenes ist, hat den Hausbesitzer als seinen Boss, dies nennt man *Disposition*. Das bedeutet, dass ein Planet alles tun wird, um seinem »Vermieter« zu helfen, er wird die Hand, die ihn ernährt, nicht beißen. Er wird sogar helfen, die Gegner des Vermieters, oder z.B. den Hausbesitzer auf der anderen Seite der Straße zu bekämpfen. Merkur in Widder, dem Haus von Mars, hilft dem Mars und kämpft gegen Venus, die im Zeichen gegenüber herrscht. Dies ist der Hintergrund der negativen Rezeptionen, die wichtige Informationen liefern, aber bedauerlicherweise immer noch von zu vielen Astrologen vernachlässigt werden.

Dieses Bild des Hauses als eine eindeutig begrenzte Fläche von einer besonderen Qualität und einem Besitzer kann wunderbar benutzt werden, um eine Methode zu entwickeln, mit der sich die Mondhäuser wieder in die Deutung des Horoskops integrieren lassen. Es ist sehr wichtig zu realisieren, dass wir mit den Mondhäusern der täglichen Bewegung des Mondes durch den Himmel folgen, in derselben Weise, wie wir bei den herkömmlichen Häusern des Horoskops der Bewegung der Sonne durch den Zodiak folgen. Dennoch besteht ein Unterschied, denn die lunaren Bewegungen werden vor dem Hintergrund der sichtbaren Sterne gemessen, deshalb haben sie eine niedrigere und eher materielle Natur als die Bewegungen der Sonne durch die zwölf himmlischen und unsichtbaren Tierkreishäuser. In der traditionellen Kosmologie besetzen die zwölf solaren Häuser des Tierkreises den höchsten Platz, darunter finden wir die konkreteren materielleren Faktoren des Entstehungsprozesses wie z.B. die Fixsterne und nochmals tiefer dann die Planeten. Es ist in der Sphäre der Fixsterne, direkt unter dem Zodiak, wo wir uns die Lage der Mondhäuser denken, denn sie stehen mitten zwischen dem Zodiak oberhalb und den Planetensphären darunter. Es gibt noch andere Seiten der Mondhäuser (siehe Anhang 3), aber dies ist es, was praktisch bei der Wahl des Systems zählt.

Die Mondhäuser übernehmen eine lunare Rolle in der Mitte, sie überbringen den essenziellen Lichtimpuls der Sonne zur Erde. Die Sonne ist der spirituelle Ursprung, aber dieser Impuls muss durch einen lunaren Filter hindurch, um die Erde überhaupt erreichen zu können. Dieser Filter verleiht dem ursprünglichen solaren Impuls eine gewisse individuelle Eigenschaft. So weist dies auf die Hauptaufgabe der irdischen Existenz hin und zeigt ebenfalls die mit dieser Inkarnation verbundenen Ziele an, die Ziele des einzigartigen Lebens, das durch das Geburtshoroskop beschrieben wird. Es ist das allgemeine Bild der spezifischen Form der Seele, die eine materielle Existenz annimmt. Da der ursprüngliche solare Impuls durch ein mit den Fixsternen verbundenes Mondhaus und durch eine Konstellation mit einer Mythologie hindurchläuft, könnte man dies auch individuelle Kernmythologie nennen. In der Praxis hat sich dieses System als äußerst effektiv und sehr konkret erwiesen, in vielen Fällen geradezu schon mit unheimlichen Details.

Die drei Systeme

Wie oben erwähnt gibt es drei traditionelle Systeme der Mondhäuser, die sich in einigen Punkten unterscheiden. Die beste Option wäre es, »unsere eigenen« arabischen Häuser zu benutzen, wenn diese bis zur heutigen Zeit überlebt hätten. Bedauerlicherweise ist dies nicht der Fall und was wir in den alten Texten finden können, ist eindeutig kein lebendiges System, das intensiv in der Praxis erprobt wurde, sondern nur sehr eingeschränktes Teilwissen, welches aus älteren Büchern kopiert wurde. Das erste große Problem, mit dem wir bei der Rekonstruktion der arabischen Häuser konfrontiert werden, ist der exakte Anfangspunkt des ersten Hauses. Es ist nicht wirklich klar ersichtlich, wo dieser sein sollte, obwohl einige Autoren die Spitze des dritten Mondhauses auf dem Fixstern *Alcyone* platzieren, der sich momentan auf null Grad Zwillinge befindet. Andere Astrologen kopieren einfach wörtlich, was sie gelesen haben und nehmen null Grad Widder als Anfangspunkt, an dem auch der tropische Zodiak beginnt.

Diese letzte Wahl zeigt ein Missverständnis bezüglich des Wesens der Mondhäuser, da diese eindeutig und eng mit der Mythologie der Fixsterne und der Bewegung des Mondes von Stern zu Stern verbunden sind. Die Mondhäuser können deshalb, wenn man sie als Teil eines praktischen astrologischen Systems zur Horoskopdeutung einsetzen will, nicht mit dem tropischen Zodiak der zwölf himmlischen Tierkreishäuser der Sonne gekoppelt werden, denn dies wäre eine andere Sphäre, eine unterschiedliche Ebene. Die zwölf Sonnen-Häuser zeigen die Struktur des Kosmos in einen Entwurf, der verwirklicht wird, indem er durch die Planeten, die wie Botschafter agieren, zur Erde gebracht wird. Aber dieser Entwurf der Möglichkeiten ist keinesfalls identisch mit der Sphäre der Fixsterne, die eine untere und konkretere Ebene der Manifestation ist.

So gesehen muss der Anfangspunkt des Mondhäuser-Systems irgendwo in der Sphäre der Fixsterne zu finden sein, er muss mit einem logisch akzeptablen Fixstern verbunden sein. Wenn das dritte Mondhaus auf *Alcyone* beginnt, beginnt das erste Haus mit dem Stern *Mesarthim*, dem fetten Schafbock in der Konstellation des Widders, und dieser wird auch traditionell als der erste Stern im ersten Widder-Mondhaus erwähnt. Wenn wir uns also dazu entscheiden würden, mit den arabischen Mondhäusern zu arbeiten, dürfte es sehr vernünftig sein, an dieser Stelle zu beginnen (siehe ebenfalls Anhang 3 für die daraus resultierenden Hausgrenzen). Es stimmt, dass die Tradition die 28 Mondhäuser auch als Bausteine der zwölf Zeichen angibt und mit null Grad Widder beginnt, aber dies ist nur metaphysisch wichtig. Für alle praktischen Absichten müssen wir die Präzession in Betracht ziehen.

Welches Haussystem auch immer wir benutzen, es kann unmöglich mit null Grad Widder beginnen.

Da die Mondhäuser so sehr mit den Fixsternen verbunden sind, können sie auch als ein System, das relativ unabhängig vom zwölfteiligen Zodiak ist, betrachtet werden. Manchmal gehen Astrologen sogar so weit, die Mondhäuser als einen lunaren Zodiak zu bezeichnen, der, so wird auch gesagt, älter sei als der solare Zodiak. Dies ist aber nicht korrekt, da die Mondhäuser nicht wirklich ein grundlegender Entwurf sind, von dem alles andere abgeleitet werden kann. Sie sind ihrerseits Teil von einer höheren neunten Sphäre des solaren Zodiaks, in dem sie ihren Präzessionszyklus verfolgen, und sie sind diesem untergeordnet.

Wenn dieser Gedanke eines separaten lunaren »weiblichen« Zodiaks mit der Idee des New Age verbunden wird, dass das Weibliche positiv ist und von dem männlichen Prinzip unterdrückt worden ist, dann gerät hier etwas wirklich aus der Spur. Die Mondhäuser sind ein relativ unabhängiger Teil des Systems, aber sie stellen nicht wirklich einen Zodiak dar und sie sind sicherlich auch nicht älter als der solare Zodiak. Aber praktisch gesehen kann man die Mondhäuser als ein autonomes System verstehen. Aufgrund der starken Verbindung mit den Sternen funktioniert es mit verschiedenen Tierkreisen. Wenn der Mond sich auf einem Stern befindet, ist er auf einem Stern und es spielt keine Rolle, mit welchem Zodiak man dies bestimmt.

Das vedische System

Es überrascht nicht, dass die indische Astrologie die klarsten Informationen über die Mondhäuser bewahrt hat. Die vedische Astrologie benutzt nicht den tropischen Zodiak beginnend mit null Grad Widder als Frühlingspunkt, sondern den siderischen Zodiak (*sider* bedeutet Stern). Der siderische Zodiak erhält seinen Anfangspunkt nicht auf der Grundlage des Frühlingspunktes bei null Grad Widder, sondern aufgrund der Position eines Fixsterns. Dieser Stern ist *Spica*, die Weizenähre der Jungfrau, die man momentan im tropischen Tierkreis auf 23° Waage findet, und es ist der Punkt, der exakt gegenüber von *Spica* steht, der als null Grad Widder für den siderischen Zodiak definiert wird. Deshalb ist dies wirklich sehr viel mehr ein »Sternen«-Zodiak, man könnte den siderischen Zodiak ebenfalls als ein Teil der achten Sphäre betrachten, gemeinsam mit den Fixsternen. Dies bedeutet auch, dass ein Mondhaus-System von Sternenhäusern sehr elegant in den siderischen Sternentierkreis hineinpasst, wesentlich einfacher als in das solare tropische System.

Die Symbolik des Anfangspunktes des siderischen Tierkreises, der sich genau gegenüber von *Spica* befindet, ist sehr angemessen. *Spica* ist die Kornähre der Jungfrau, dies deutet auf den Ernteprozess hin. Der Konstellation entspricht ebenfalls die Jungfrau Maria in der christlichen Symbolik. Durch sie wird das Göttliche auf Erden geboren, ein Bild der Erlösung, und sie ist ebenfalls die Quintessenz der Reinheit. Bei der Jungfrau geht es darum auszuwählen, was wirklich wertvoll ist, was gut genug ist, um zur nächsten Phase mitgenommen zu werden. Das ist der Grund für die Erntesymbolik, von der die Kornähre (*Spica*) der Konzentrationspunkt ist. Aber der Anfangspunkt des siderischen Zodiaks ist nicht *Spica* selbst, nicht die Ernte, die eingebracht wird, oder die beendete Reinigung, es ist der Punkt, der exakt gegenübersteht, also mit einer Menge Spannung symbolisch auf die Arbeit des Erntevorgangs in der materiellen Wirklichkeit hindeutet.

Die vedische Symbolik, die mit dem Mondhaus der Jungfrau verknüpft ist, das wiederum mit *Spica* verbunden ist, erzählt im Prinzip dieselbe Geschichte. In der indischen Astrologie wird dieses Mondhaus »Chitra« genannt und sein Gott ist Vishvakarma, der auch der himmlische Architekt genannt wird, der Konstrukteur der Illusion der materiellen Wirklichkeit, die wie ein Schleier zwischen uns und dem Göttlichen fungiert. Wir sehen hier also dieselbe essenzielle Bedeutung, das Haus verleiht die Fähigkeit, die Essenz hinter den materiellen Illusionen zu sehen und zu unterscheiden, was wirklich wertvoll ist. Es ist dasselbe wie der Reinigungs- und Ernteprozess. Dies ist für die gesamte vedische Hausmythologie typisch und es ist möglich, die indische Mythologie in westliche Mythen zu übersetzen und wie in diesem Fall stellt sich heraus, dass die Essenz von beiden dieselbe ist.

Da die vedische Astrologie den siderischen Sternenzodiak benutzt, gibt es keine Unsicherheit über den Anfangspunkt des ersten Mondhauses, es ist einfach null Grad Widder – siderisch. Dies zeigt ebenfalls, wie die Verwirrung über den Anfangspunkt des Mondhaussystems in der westlichen Astrologie entstanden ist. Vor über 1700 Jahren befand sich *Spica* auf null Grad Waage, das bedeutet, dass zu diesem Moment beide Tierkreise denselben Anfangspunkt hatten, also war null Grad tropisch identisch mit null Grad siderisch. Weil aber die Sterne durch den Zodiak voranschreiten, korrespondierten die Sterne und ihre Konstellationen bzw. Mondhäuser immer weniger mit den Zeichen und die Mondhäuser wurden vergessen. Die vedische Astrologie kennt dieses Problem nicht, da der siderische Zodiak selbst voranschreitet, so bleibt die Korrespondenz zwischen den Sternen und den Zeichen erhalten.

Deshalb scheint es eine gute Idee zu sein, der vedischen Astrologie zu folgen und den Anfangspunkt des Mondhaus-Systems auf 23° Widder – tropisch – zu legen.

Das andere Problem ist die exakte Länge der Häuser. Diesbezüglich stimmen die drei traditionellen Systeme nicht überein. Das chinesische und das arabische System benutzen ungleich lange Häuser. Die Idee, dem Mond auf seiner täglichen Strecke durch die Fixsterne zu folgen, wird sehr wörtlich genommen. Die Aufmerksamkeit wird auf die Grenzen der Häuser gerichtet, die durch den nächsten wichtigen Fixstern gekennzeichnet sind. Dies scheint ziemlich unangemessen zu sein für ein System von Häusern. Es wäre merkwürdig, wenn ein Haus viel größer oder kleiner als das andere Haus ist, da ein System eine strikte Regelmäßigkeit erfordert. Es ist einfach schlechter Geschmack, wenn man einerseits Häuser von drei Grad und andererseits von neunzehn Grad Länge hat (siehe Anhang 3). Es sieht wie eine Verfälschung des ursprünglichen Systems aus, wie ein Wandel, der geschah, weil die Prinzipien nicht mehr verstanden wurden.

Also muss dieser Gedanke zurückgewiesen werden, Mondhäuser sind von gleicher Größe, was uns unmittelbar zum nächsten problematischen Punkt, nämlich der Anzahl der Häuser, führt. Der Mond benötigt 27,3 Tage, um einmal den gesamten Zodiak von 360 Graden zu durchlaufen. Daran wird ersichtlich, dass es keine große Wahl gibt, es sind entweder 27 oder 28 Häuser. Da 28 eine symbolische Zahl ist, wird sie natürlich bevorzugt. Es ist vier mal sieben, aber auch eins bis sieben (0+1+2+3+4+5+6+7=28) zusammengerechnet, deshalb spielt diese Zahl in der Astrologie eine extrem wichtige Rolle. Sie zeigt nicht nur die Zeit an, die der Mond benötigt, um einmal durch den Tierkreis zu transitieren, sondern 28 ist auch die Zahl der Jahre eines Saturnumlaufs. Alles wird durch die Planeten zwischen Saturn und dem Mond beherrscht. Da 28 vier mal sieben ist, vier die Zahl der Materie und sieben die Zahl der dynamischen aktiven Verwirklichung, sehen wir alle Planetenkräfte durch die vier Elemente gehen, damit ist der Zyklus vollständig.

Deshalb wäre es eine gute Idee, 28 Mondhäuser zu haben und in der traditionellen arabischen Aufteilung des Zodiaks ist dies auch tatsächlich der Fall. Aber wie bereits erwähnt, ist dies der kosmologische Entwurf, der von theoretischer Wichtigkeit ist. Aus der praktischen Sicht heraus, die hier unser Hauptanliegen ist, gibt es weitere Erwägungen. Da das System der Mondhäuser im Wesentlichen ein Mondsystem ist, ist es auch sehr stark mit der letztendlichen Manifestation der Energien auf der Erde verbunden. Der Mond ist ein großartiges Symbol der Zyklen des irdischen Wachstums und des Verfalls. Dies beinhaltet die Möglichkeit einer leichten Unvollkommenheit, was ein wenig von dem rigiden fixierten theoretischen Ideal abweicht.

Diese Möglichkeit wird durch die Tatsache angezeigt, dass der Mond 27,3 Tage durch den Tierkreis benötigt und nicht 28 Tage. So gesehen gibt es gute Gründe dafür, diese lunare Unvollkommenheit in einem System auszudrücken, indem 27 Häuser benutzt werden. Dies macht die vedische Astrologie. Es gibt übrigens auch ein 28. Haus in der vedischen Astrologie, welches sich in einem der anderen Häuser befindet, aber dieses ist kein wesentlicher Teil des gesamten Systems. Dieses Haus wird Abhijit genannt und es wird mit dem Stern *Wega* in der Leier in Verbindung gebracht. Es wird gesagt, dass es ungesehen herabgekommen ist, um seinen Platz unter den anderen Häusern einzunehmen. Von diesem Platz wurde es aber wieder verjagt und es heißt, dass dies geschehen sei, da der Himmel nur durch irdische Absichten der 27 Häuser bemessen werden kann. Genau das ist es, was mit der Möglichkeit der inhärenten Unvollkommenheit, die dem Mondsystem innewohnt, gemeint ist.

Ich möchte an dieser Stelle betonen, dass ich nicht der Ansicht bin, dass eines der beiden das korrekte System sein muss. 27 und 28 Mondhäuser sind jeweils für sich berechtigte Möglichkeiten einer Systematisierung, die unterschiedliche Gesichtspunkte hervorhebt. Indem man eine 27-fache Unterteilung wählt, wird der irdische Aspekt betont. Wenn man die 28 als Teiler wählt, tritt die metaphysische Rigidität in den Vordergrund. Beide Möglichkeiten drücken etwas aus, aber es ist äußerst wichtig, dabei nicht die Präzession zu ignorieren, was bedeutet, dass das arabische 28-Häuser-System unmöglich seinen Anfangspunkt bei tropisch null Grad Widder nehmen kann. Dies wäre viel zu abstrakt, denn das gesamte Mondhäuser-System ist so stark mit den Sternen verbunden, dass wir die Präzessionsbewegung mitberücksichtigen müssen.

Jetzt haben wir einen akzeptablen Anfangspunkt und eine gute Vorstellung sowohl von der Anzahl der Häuser als auch über ihre Länge. Es ist nun an der Zeit, den sicherlich nicht unwichtigsten Punkt zu diskutieren, nämlich welche Menge an Informationen in der Tradition erhältlich ist. Das vedische System ist in diesem Punkt deutlich überlegen, denn es hat eine Fülle an Informationen über die Mondhäuser mit einer Verbindung zur Mythologie bewahrt. Über die arabischen Häuser kann man leider kaum irgendetwas Konkretes finden, bloß einige offensichtlich fehlerhafte Angaben bezüglich Elektionen und Magie. Dieses arabische Mondhäuser-System ließe sich nicht auf der Basis von bloßen Prinzipien regenerieren, das wäre als Fundament zu dürftig. Über das chinesische System konnte ich einfach nicht genügend Informationen finden, sodass ich hier nicht weiter darauf eingehen werde, so ist mir nicht klar, wie aufgebaut es ist.

Die kombinierten Mondhäuser und ihre Mythen

Die Schlussfolgerung daraus kann nur sein, dass das arabische System für den Moment vergessen werden kann, ohne irgendetwas Wertvolles zu verlieren. Deshalb wäre es eine äußerst gute Idee, die westliche klassische Astrologie mit den vedischen Mondhäusern zu verbinden. Dies muss unter sehr strikten Bedingungen erfolgen, da wir nicht vorhaben, eine Form der vedischen Astrologie zu praktizieren, Es sind lediglich die Informationen, die extrahiert werden sollen. Es wird also auf der Basis der Fixsterne, die mit einem Haus verbunden sind, das vedische Mythen-Thema mit den verwandten westlichen Mythen verknüpft und übersetzt. Dies erweist sich als sehr eingängig und es verdeutlicht das zentrale mythische Prinzip, das in einem Haus vorherrscht, zusammen mit einer Menge praktischer Informationen, die in der vedischen Tradition gegeben werden.

In diesem Prozess werden die vedischen Häuser umbenannt, um das mythische Kernthema herauszustreichen. Das Haus Danishta zum Beispiel wird dann zum Haus des Delfins, was wesentlich deutlicher ist im Kontext der westlichen klassischen Horoskopanalyse. Die Rolle des Delfins ist in der antiken Mythologie beinahe dieselbe wie seine Rolle in der vedischen Astrologie und die beiden Sichtweisen kombiniert ergeben ein überraschend klares Bild davon, was jedes Mondhaus exakt bedeutet und was seine Auswirkungen auf das Leben sind. Es soll nachhaltig betont werden, dass dies kein Synkretismus – das Kombinieren nicht verwandter Dinge aus verschiedenen Quellen – ist, aber sehr wohl eine Synthese, die eine Verbindung zwischen den beiden Traditionen auf der Basis eines geteilten Hintergrundprinzips herstellt: die mit den Sternen verbundene Kernmythologie, die über die Häuser herrscht.

Auf diese Weise wird eine dynamische Beziehung zwischen den beiden Traditionen erschaffen, die das Verständnis auf beiden Seiten bereichert. Weisheit kommt weder nur aus Indien, noch kommt sie aus Arabien, sie wird durch eine synthetische Begegnung basierend auf dem Verständnis der Prinzipien entwickelt und nicht einfach nur durch bloßes und unkritisches Kopieren der Informationen ohne eingeschaltetes Gehirn.

Beim Übersetzen des Systems werden wesentliche vedische Elemente ausgelassen, z.B. werden die vedischen Planetenhausherrscher nicht übernommen. Um zu prüfen, ob das Versprechen eines Hauses im Leben verwirklicht wird, wird das übrige Horoskop mit der traditionellen Standardmethode analysiert. Das Konzept von Karma wird nicht berücksichtigt, da dies nicht gut im westlichen spirituellen Kontext funktioniert und es von Menschen aus dem Westen meistens missverstanden wird.

Des Weiteren wird nur die Mondposition im Haus berücksichtigt werden und nicht alle Planeten. Dies erfolgt der Einfachheit halber, aber es ist ebenfalls das, was die meisten alten Quellen uns überliefern und es scheint logisch gut nachvollziehbar zu sein. Andere Positionen, speziell die des Aszendenten, mögen interessant sein, um damit auf längere Sicht zu experimentieren, aber es ist immer weise, von einer zu starken Expansion der Methoden Abstand zu nehmen. Auf diese Art wird ein reduziertes Modell geschaffen, das optimal von der vedischen

Fülle der Informationen profitiert, aber dennoch in sich vollkommen westlich bleibt. Die vedische Astrologie fungiert uns hier nur als eine Informationsquelle, aber durch diese Verbindung kann man auch das vedische System besser verstehen.

In der folgenden Auflistung werden die 27 Mondhäuser erklärt. Zuerst wird der westliche mythische Name des Hauses angegeben, dann der Grad im **siderischen** Tierkreis sowie der traditionelle vedische Name.

Selbstverständlich können der tropische und der siderische Tierkreis nicht miteinander vermischt werden. Deswegen wird der Mond bei der Betrachtung in den Mondhäusern jeweils auch siderisch angewandt.

Die siderischen Grade können für den tropischen Zodiak grob und schnell nachgerechnet werden, indem man 7 Grad addiert und dann ein Zeichen zurückgeht. Dies gilt natürlich für unsere heutige Zeit, da es von der Präzession abhängt, sollte es für andere Zeitperioden neu berechnet werden.

Nehmen wir zum Beispiel Clint Eastwood, dessen Mond (tropisch) auf 1°43‘ Löwe steht. Siderisch fällt er somit auf 8°43‘ Krebs, also in das Mondhaus Nummer 8 (siehe unten).

Die meisten Astrologieprogramme bieten eine schnelle Umstellfunktion zum siderischen Zodiak. Für jedes Haus wird das mythische Kernthema genannt und die vedischen Schlüsselwörter werden erklärt. Es ist verblüffend, wie viele Einsichten in die Gründe, warum ein vedisches Haus einen bestimmten Effekt hat, dadurch entstehen. Jedes Haus hat eine Länge von 13.20° und wird von einem Fixstern beherrscht und je nachdem, zu welcher Konstellation dieser gehört, zeigt er ein mythisches Thema an, welches das gesamte Haus bestimmt. Die Mondposition in einem Haus zeigt den Hauptmythos eines Lebens und es ist ein wichtiger Teil der Deutung mit Fixsternen.

Mondhaus Nummer 1

Das Haus des Widderhorns – 0 bis 13.20 Widder siderisch – Ashwini

Die Sterne, die dieses Haus beherrschen, sind *Sharatan* und *Mesarthim*, das Horn und der Kopf des Widders, und deshalb wird es mit kraftvollem Druck und Energie assoziiert. Dies erklärt die wichtigsten traditionellen vedischen Schlüsselwörter: Geschwindigkeit, Jugend, Pionierarbeit, Unbesonnenheit, körperliche Handlungen und ebenfalls Medizin als die Erhaltung von Jugend. Auffallend ist ebenfalls die Verbindung mit Beziehungen. Ein zentrales Thema ist es, die jugendliche Frische zu erhalten, was sehr positiv für Beziehungen sein kann. Der Hauptgedanke in diesem ersten Widderhaus ist die feurige impulsive Handlung, die im nächsten Haus fortgesetzt wird, welches ebenfalls von Widdersternen beherrscht wird. Wie immer zeigt die exakte Positionierung der herrschenden Sterne in der Konstellation eine Hervorhebung eines bestimmten Teils an, was in diesem Fall die stoßenden Hörner sind. In der mit diesem Haus verbundenen mythischen Geschichte ist die unerträgliche Helligkeit des Sonnengottes ein wichtiges Thema, was sehr gut zu der Fülle von Kraft in diesem ersten Teil des Hauszyklus passt. Dies deutet ebenfalls auf die Erhöhung der Sonne im Widder hin, denn Erhöhung ist immer Übertreibung. Es geht um die Erhaltung der jugendlichen Energie, das erklärt das Schlüsselwort Medizin in diesem Haus.

Mondhaus Nummer 2

Das Haus des Goldenen Vlieses – 13.20 bis 26.40 Widder siderisch – Bharani

Der mythische Widder hat zwei miteinander verbundene Bedeutungen: durch die Luft und auf seinem Rücken fliehen Bruder und Schwester Phryxus und Helle vor ihrer Stiefmutter Ino, der materiellen Begierde Natur. Aber Helle, die weibliche irdischere Seite der Seele stürzt in den Ozean, den Hellespont. Phryxus gelingt es, sein Ziel zu erreichen und er opfert den Widder, was ihm Frieden schenkt. Das Fell des Widders ist auch als das Goldene Vlies bekannt, ein Symbol des in der Welt verwirklichten Göttlichen, und dies war das Ziel von der Suche von Jason und den Argonauten. Beide Mythen erzählen die Geschichte einer langen leidenschaftlichen Reise zur göttlichen Essenz oder zum essenziell Guten, während der viele Schlachten gekämpft und viele Opfer gebracht werden.

Die traditionellen vedischen Schlüsselwörter weisen in dieselbe Richtung. Dieses Haus wird mit einem hingebungsvollen fanatischen Soldaten assoziiert, der nicht zurückgehalten werden kann und alles dafür tut, die Wahrheit zu finden. Die Wahrheit ist das Goldene Vlies, und die Risiken der Suche werden durch Helles Fall und durch die langatmigen komplexen Abenteuer der Argonauten angezeigt. Drei vage Sterne in der Konstellation des Widders, von denen man sagt, dass sie die Form einer Vagina haben, beherrschen dieses Haus. Es wird auch mit dem intensiven leidenschaftlichen Prozess des Todes, der Geburt und der Sexualität assoziiert. Die *herrschenden Sterne* befinden sich auf dem Hinterteil des Widders, welches ein deutlicher Hinweis auf zentrale Themen ist. In diesem Haus herrscht der Gott des Todes.

Mondhaus Nummer 3

Das Haus des Messers – 26.40 Widder bis 10.00 Stier siderisch – Krittika

Dies ist das Haus der *Plejaden* oder der weinenden Schwestern, ein sehr unglücklicher Nebel von sieben Sternen, die hauptsächlich Enttäuschungen anzeigen sowie Dinge, die schiefgehen. Die sieben Sterne sind die sieben Planeten, die uns wie Wächter im Gefängnis der materiellen Wirklichkeit einschließen und uns auf diese Art und Weise von unserem Ursprung hinter den Planeten abschneiden, wo wir uns eigentlich hinsehnen zu sein. Die Plejaden werden ebenfalls von Orion gejagt, dem groben Jäger, der auch ein Symbol für die Materie ist, die uns von der ideellen Welt oben trennt. Das zentrale Thema des Abschneidens erklärt die traditionellen vedischen Schlüsselwörter Feuer, Messer, Schärfe und Stärke.

Es gibt ein starkes Element materieller Grobheit, es wird gesagt, dieses Haus verleiht Ehrgeiz, entschlossene Handlung, Zerstörungswut und Beharrlichkeit, verschiedene Seiten der mythischen Geschichte können sich abwechselnd manifestieren. Ein anderes Thema ist Verführung von Partnern anderer Menschen, eine Variation des zentralen Themas des Abschneidens und der Enttäuschungen. Probleme in der Familie werden ebenfalls mit den Plejaden assoziiert. Die sieben weinenden Schwestern, die es zuließen, verführt zu werden, sind ein Spiegelbild der erhabenen sieben Sterne im Großen Bären, die traditionell als die Sieben Weisen angesehen werden. Die Plejadenschwestern waren einst die Ehefrauen dieser Weisen, aber nach ihrer Verführung fielen sie vom göttlichen Pol herab, was wiederum das Abschneiden von der göttlichen Weisheit und die Enttäuschungen betont. Die vedische Tradition sieht das Bild eines Messers in den Plejaden, in diesem Haus herrscht der Feuergott.

Mondhaus Nummer 4

Das Haus des Bullenauges – 10.00 bis 23.20 Stier siderisch – Rohini

Der Stern, der dieses Haus beherrscht, ist das intensiv rote Auge des Stiers, bekannt als *Aldebaran*. Der Stier ist ein Symbol der Materie. Beim Auge des Stiers handelt es sich um das linke Auge, welches auf die Erde schaut und so auf materielle Formen fixiert ist. Deshalb ist das zentrale Thema dieses Hauses großer materieller Erfolg, aber auch andere Formen des materiellen Ausdrucks wie die Künste und starke Sinnlichkeit. Aldebarans Farbe ist das Rot der Leidenschaft. Die Essenz ist, durch die Materie hindurchzugehen und nicht in den Erfolgen stecken zu bleiben. Das Bild des Stierkämpfers, der mit dem Stier tanzt und ihn tötet, bevor der Stier ihn töten kann. Dieselbe Thematik kann man in der alten minoischen Szenerie sehen, in der Menschen über einen Stier, als Ausdruck der Kontrolle der Materie, hinüberspringen. Der versprochene materielle Erfolg kann natürlich nur dann realisiert werden, wenn das übrige Horoskop es zulässt. Ein angemessenes Bild für dieses Haus ist ein wütender wilder Bulle, der auch der Rote genannt wird.

Mondhaus Nummer 5

Das Haus der Amazone – 23.20 Stier bis 6.40 Zwillinge siderisch – Mrigashira

Dieses Haus wird von drei Sternen des groben Jägers Orion beherrscht, von denen einer *Bellatrix* ist, ein Stern von zweiter Magnitude, der auch als weibliche Kriegerin bekannt ist. Die traditionellen vedischen Schlüsselwörter sind eng mit der Geschichte des brutalen Orion verwandt, der aus einer Ochsenhaut erschaffen wurde und überhaupt keine Verbindung zu den höheren Dingen besitzt. Dieses Mondhaus verleiht einerseits Zweifel, da der dumme Orion keine festen Prinzipien hat, und andererseits Naivität, da er nicht besonders intelligent ist, trotz seines großen Erfolges im Jagen. Es gibt eine wörtliche Verbindung zu Jagd, Natur, Tieren, Land, ländlichen Gegenden und Scharfschießen. Das zentrale Thema ist Begrenzung auf die natürliche Umgebung. Das unablässige Jagen des Orion kann in der damit verbundenen vedischen Geschichte über Brahma, der seine eigene Tochter begehrte, wiedergefunden werden. Sie floh in der Gestalt einer Antilope, deren Kopf abgeschnitten und zwischen die Sterne gelegt wurde. Aus diesem Grund wird dieses Haus auch mit starker sexueller Lust gleichgesetzt, denn Orion ist nicht nur ein Jäger der Tiere. Der herrschende Stern *Bellatrix* befindet sich auf der linken Schulter des Jägers und ist auch als derjenige, der schnell zerstört, bekannt. Der Mondgott herrscht über dieses Haus, was den vergänglichen reinen natürlichen Charakter illustriert.

Mondhaus Nummer 6

Das Haus des Jägers – 6.40 bis 20.00 Zwillinge siderisch – Ardra

Dieses Haus wird ebenfalls von Sternen des Orion beherrscht, besonders von dem bemerkenswerten hellen Stern der ersten Magnitude *Beteigeuze.* Die Geschichte des Orion, der seine Kräfte überschätzt und bestraft wird, wird wörtlich in dem hiermit verknüpften vedischen Mythos nacherzählt. Ardra ist der Dämon Taraka, dem nach vielen Versuchen die Unbesiegbarkeit geschenkt wurde, woraufhin Taraka entschied, die Götter anzugreifen, die ihn schließlich töteten. Dies ist exakt dasselbe wie im westlichen Mythos, in dem Orion nach vielen Erfolgen laut schreit, dass er fähig sei, jedes Tier zu erlegen. Daraufhin schicken die Götter den Skorpion, um ihn zu töten. Eine andere Version der Geschichte erzählt, dass Orion Diana verfolgt, wofür er von deren Bruder Apollon bestraft wird. Dies ist wiederum eine Überschreitung von Grenzen, weil Diana die reine Jungfrau-Göttin ist. Schlüsselwörter in diesem Haus sind wieder Tiere, Jagen, starke Sexualität, Härte, gnadenloses Verfolgen von kommerziellem Erfolg, engstirnige Destruktivität (die erfolgreiche brutale Person), beharren ohne Bewusstsein dafür, wann man aufhören sollte. Dieses Haus wird vom Sturmgott beherrscht.

Mondhaus Nummer 7

Das Haus der Brüder – 20.00 Zwillinge bis 3.20 Krebs siderisch – Purnarvasu

Dies ist das Haus, das von *Castor* und *Pollux* beherrscht wird, dem sterblichen und dem unsterblichen Zwilling, die die beiden Hälften der menschlichen Seele repräsentieren. Ein Teil möchte aktiv in der Welt sein, der andere Teil möchte zum göttlichen Ursprung zurückkehren. Die traditionelle vedische Beschreibung ist nicht sehr konkret, aber das Thema der Spaltung in die zwei eng miteinander verbundenen Teile wird angesprochen. Es wird gesagt, dieses Haus verleihe eine Kombination von einem abenteuerlustigen pragmatischen Geist und einen Durst nach Wissen, eine Art von Indiana-Jones-Motiv. Es hat eine doppelte, ambivalente Natur mit zwei Gegenstücken in einer sehr spannungsreichen Beziehung. Die spannungsgeladene Kombination von Wissen und Handlung wird durch die Tatsache gespiegelt, dass Castor ein Merkur-Stern und Pollux ein Mars-Stern ist. Dies ist ebenfalls ein Haus großen Erfolgs, da *Pollux* einer der sechs königlichen Sterne ist, aber dieser Erfolg wird nur verwirklicht, wenn das übrige Horoskop es erlaubt. Die kosmische Muttergöttin herrscht über dieses Haus, da Castor und Pollux symbolisch die erste Teilung sind und direkt aus der ursprünglichen Einheit geboren werden.

Mondhaus Nummer 8

Das Haus des Dieners – 3.20 bis 16.40 Krebs siderisch – Pushya

Über dieses Haus herrschen die Esel in der Konstellation des Krebses, es wird stark mit dem Dienen in Verbindung gebracht. Die traditionellen vedischen Schlüsselwörter sind Füttern, Knechtschaft und Regeneration. In der christlichen Symbolik sind es der Esel und der Ochse, die im Stall (eigentlich Höhle: das Zentrum des menschlichen Herzens) zur Geburt Jesu anwesend sind, deshalb werden sie dem Messias folgen, was sie zu fanatischen Anhängern machen kann. Die Krippe selbst ist der extrem bösartige Stern *Praesepe*, da es eine leere Krippe ist und es dort keinen Meister gibt, dem man folgen kann. Dennoch wird dieses Haus von den Eseln kontrolliert, nicht von *Praesepe*, und so hat es keine dunkle Natur. Doch selbstverständlich ist die Wahl des Meisters, dem man dient, von entscheidender Bedeutung. Dieses Haus wird vom Gott der Weisheit beherrscht, was den Gedanken, dem richtigen Meister zu folgen, wiederholt.

Mondhaus Nummer 9

Das Haus der Hydra – 16.40 bis 30.00 Krebs siderisch – Ashleshla

Dies ist das Haus der reinen Schlangenkraft, die mit dem Bild des vielköpfigen giftigen Monsters, dem Symbol der unkontrollierbaren Begierdenatur, verbunden ist. Die Schlüsselwörter sind diesbezüglich äußerst deutlich: Drogen, Pornografie, Manipulation, Kriminalität, Politik, Hypnose, Geheimdienst, Spione und Reptilien. Hier ist es möglich, die Essenz der Begierdenatur direkt zu erschließen, und es verleiht tiefe Einsichten in die Psychologie der Begierde, was die vedischen Schlüsselwörter erklärt. Dieses Haus verleiht die Macht der Überredung, eine sinnliche Aura, eine kraftvolle Sexualität, einen ausgelassenen Lebensstil, eine Tendenz zu kontroversem Verhalten, aber auch eine philosophische Einstellung. Die *Hydra* ist nicht nur die reine Begierdenatur, sondern auch die Lebensenergie selbst. Dieses Haus verleiht direkten Zugang zu dieser elektrisierenden Kraft und Herkules zeigt, was getan werden muss. Er reißt alle Köpfe der Hydra ab, verhindert durch Feuer (spiritueller Kampf) ein Nachwachsen und legt einen schweren Stein (moralische Regeln) auf den letzten sterblichen Kopf. Der direkte Zugang zu der Schlangenkraft in diesem Haus ermöglicht ein tiefes Verständnis der Psychologie der Begierde. Dies ist die Quelle von Macht und es gibt die Möglichkeit, dass diese missbraucht wird, deshalb ist Herkules so radikal. In diesem Haus herrscht der Schlangenkönig.

Mondhaus Nummer 10

Das Haus des Herzens des Löwen – 0 bis 13.20 Löwe siderisch – Magha

Hier ist *Regulus* der herrschende Stern, brennender Ehrgeiz und Machtgier sind die Hauptthemen in diesem Haus. *Regulus* ist der königlichste Stern unter den königlichen und alle Schlüsselwörter haben mit Würde, Benimmregeln, Tradition, Führung, mit allem, was Status verleiht, zu tun. Weitere Beschreibungen können mit den Eigenschaften stolz, königlich, respektabel und herrisch zusammengefasst werden. Es gibt eine enge Verbindung mit den Vorfahren, da der Stolz dieses Mondhauses auf dem Gedanken basiert, eine ehrwürdige Tradition als einen Kanal von ursprünglicher Wahrheit fortzuführen. Es ist wie der englische Sinn für Tradition, der eher auf Stolz basiert als auf wirklicher Liebe zur Vergangenheit. Es sind die Vorfahren, die über dieses Haus herrschen.

Mondhaus Nummer 11

Das Haus des Löwenrückens – 13.20 bis 26.40 Löwe siderisch – Purva Phalguni

Dies ist das zweite Haus, das von Sternen im Löwen beherrscht wird, hier haben wir *Zosma*, den Rücken des Löwen, und *Theta Leonis*, der auch Chertans Schnur oder die Löwenrippen genannt wird. Der Name kann als der erste Rötliche übersetzt werden. Die Schlüsselwörter sind: Stolz, naive Aufrichtigkeit, Unabhängigkeit, entspannen und genießen. Mit diesen Schlüsselwörtern treten einige Aspekte des Löwen in den Vordergrund: niemand reitet auf dem Rücken eines Löwen, deshalb steht er zum Beispiel für Unabhängigkeit. Es gibt eine starke Betonung von Heirat, Liebe und Sexualität, dies ist der stolze Besitzer des Hauses, der in sein Heim zurückkehrt, wo er König ist. In diesem Haus herrscht der Gott des Glücks und des guten Schicksals.

Mondhaus Nummer 12

Das Haus des Löwenschwanzes – 26.40 Löwe bis 10.00 Jungfrau siderisch – Uttara Phalguni

Dies ist dritte Haus, das von Löwensternen beherrscht wird. Hier ist es *Denebola*, der Schwanz des Löwen. Der vedische Name dieses Hauses kann als der zweite Rötliche übersetzt werden. Dies zeigt die starke Ähnlichkeit mit dem vorherigen Haus. Die traditionellen Beschreibungen bleiben sehr löwenartig: Ehrgeiz, Stolz, Würde, Position der Ehre, Führung, Mut und Großzügigkeit und genau wie im vorherigen Haus: Entspannung, Freude, Unabhängigkeit und ehrliche Direktheit. Ebenfalls sind Heirat, Liebe und Sexualität wichtige Themen. Dieses Haus wird vom Gott der Freundlichkeit beherrscht.

Mondhaus Nummer 13

Das Haus der Hände – 10.00 bis 23.20 Jungfrau siderisch – Hasta

Dieses Haus wird von Sternen in der Krähe beherrscht, *Algorab* ist hier der hellste. Sein Hauptthema ist ebenfalls sehr stark mit dem Becher verbunden, den der Vogel nicht gefüllt hatte. Dies findet sich auch sehr konkret in den Schlüsselwörtern wieder: Töpferei, Keramik und handwerkliche Fähigkeiten. Der Becher steht symbolisch für den Heiligen Gral, der die Verbindung mit dem spirituellen Ursprung behält, während es die Krähe ist, die diesen Ursprung vergisst, da sie nicht, wie Apollon ihr aufgetragen hatte, den Becher an der Quelle füllte. Die Krähe bevorzugte es, nette reife Feigen zu essen und zu Apollon zurückzukehren. Sie belog den Sonnengott, indem sie ihm erzählte, dass die Schlange ihr den Weg zur Quelle versperrt hätte und sie deswegen den Becher nicht hatte auffüllen können. Die anderen Schlüsselwörter reflektieren dies deutlich: Schwindler, Taschendiebe, Heuchler, Zauberkünstler und Personen mit Stinkefingern. Hasta, der vedische Name des Hauses, bedeutet Hand – und »aus der Hand lesen« ist ebenfalls eine der Tätigkeiten, die in diesem Haus erwähnt werden. Ein Auge für Details, Flexibilität, Geschicklichkeit und ein relativierender Sinn für Humor beschreiben dieses Haus.

Mondhaus Nummer 14

Das Haus der Jungfrau – 23.20 Jungfrau bis 6.40 Waage siderisch – Chitra

Der herrschende Stern in diesem Haus ist *Spica*, der Stern, der den Anfangspunkt des siderischen Zodiaks bestimmt, welcher in genauer Opposition zu *Spica* steht. Die traditionellen vedischen Beschreibungen sind ein wenig unklar, aber sie spiegeln alle die äußerst positive Natur des Hauptsterns in dieser Konstellation der Jungfrau wider. Die Schlüsselwörter sind: künstlerische Talente, Medizin, Pionierarbeit, das Verteidigen der Schwachen und der Armen und Erfindungen. Der Gott dieses Hauses ist Vishvakarma und er kann als der Architekt der materiellen Illusionen betrachtet werden, deshalb gibt es eine starke Verbindung mit der essenziellen Wirklichkeit hinter dem materiellen Schleier und seiner allgemeinen Hässlichkeit, was die künstlerischen Tendenzen und den radikalen Idealismus erklärt. Auch Erfindungen können auf diese Weise verstanden werden. Wenn man weiß, wie die materielle Welt sich manifestiert, kann man dieses Wissen benutzen, um neue Dinge zu erschaffen.

Dies alles passt gut in das Hauptthema der Jungfrau, nämlich Reinigung und Selektion, um die Essenz hinter dem materiellen Schleier zu realisieren. *Spica* ist die Kornähre der Jungfrau und somit das Ergebnis und der Konzentrationspunkt des Ernteprozesses. Er ist ebenfalls stark mit Maria verknüpft, durch die das Göttliche in diese Welt hineingeboren wurde und in der griechischen Mythologie mit Astraea, Tochter der rein materiellen Titanen, Gegner der Götter, die dennoch die Seite der Götter wählte, was genau dasselbe Thema ist.

Mondhaus Nummer 15

Das Haus des Kreuzritters – 6.40 bis 20.00 Waage siderisch – Swati

Die Konstellation, die dieses Haus beherrscht, ist Boötes, der Schützer des Bären, mit dem Hauptstern *Arcturus*. Die traditionellen Schlüsselwörter haben alle mit Wind, Luft, Atem und Geist zu tun. Swati bedeutet Schwert, was konkret für Handlung und Kampf steht. In den Beschreibungen dieses Hauses wird angegeben, dass es Kontrolle über die instinktive Natur verleiht und dies passt natürlich gut zu Boötes als Schützer des Bären, der ein sehr brutales und wildes Tier ist. Es wird das Bild eines entschlossenen politischen Strategen, der sozial engagiert ist, gegeben, der an Fortschritt und Gleichheit glaubt, ein bisschen wie ein Sozialdemokrat. In diesem Haus sind konkrete Resultate äußerst wichtig, diese Resultate können auch von finanzieller Natur sein, auf keinen Fall nur idealistische.

Boötes wird als sehr gut bewaffnet abgebildet und auf seiner Bärenjagd betritt er sogar einen Tempel, was eine Art von Kreuzzug anzeigt, eine gewaltvolle Handlung für ein heiliges Ziel. Es ist eine irgendwie spannungsgeladene Mischung von irdischer Gewalt und göttlicher Inspiration. Das zentrale Thema ist dabei, die Handlungen durch höhere Inspiration in die richtige Richtung zu lenken. Dies wird von der vedischen Mythologie durch den Windgott Vayu gespiegelt, der dieses Haus beherrscht und zwei Söhne hat, nämlich den extrem gewalttätigen Bhima und den spirituellen Hanuman, durch die der Mythos des Boötes klar illustriert wird. Die starken Assoziationen mit Luft und Atmung verweisen auf die spirituelle Seite des Kreuzzuges, dies ist es, wodurch er seine Inspiration für den Heiligen Krieg findet, dies verleiht eine Richtung und Kontrolle über die instinktive Natur. Alles, was mit Luft zu tun hat, ist eine Abstraktion von den Instinkten, deshalb spielt sie so eine wichtige Rolle in vielen Meditationstechniken. Es spiegelt genau das Bären-/

Eber-Thema (Handlung/Kontemplation), welches mit Boötes verknüpft ist, wider. In dem Horoskop von Bruce Lee befindet sich der Mond in diesem Haus, was sehr deutlich seine Essenz zeigt.

Mondhaus Nummer 16

Das Haus der Klauen – 20.00 Waage bis 3.20 Skorpion siderisch – Vishakha

Dieses Haus wird von der nördlichen und südlichen Schale in der Waage beherrscht, die auch als die Klauen des Skorpions angesehen werden können, denn in alten Zeiten war die Waage ein Teil des Skorpions. Die Klauen werden mit strafender Gerechtigkeit assoziiert, der Bereitschaft alles zu tun, was notwendig und gerecht ist. Die südliche Schale ist der kosmische »Dirty Harry« oder Attila der Hunne, die Geisel Gottes, die herabkommt, um die moralisch verdorbenen Europäer zu bestrafen. Das Hauptthema in diesem Haus ist die extreme Fokussierung auf ein Ziel, alles, was auch immer nötig ist, um das Ziel zu erreichen, wird getan, alles, was den Weg blockiert, wird effektiv und entschlossen beseitigt. Es ist Biegen oder Brechen. Alles wird beinahe obsessiv getan, dieses Haus ist nicht gerade diplomatisch oder demokratisch, Opposition wird einfach eliminiert. Man könnte es das Haus »Langer Marsch« nennen, da es keine Rolle spielt, wie lange es dauern wird, das Ziel wird erreicht werden, da das Ziel berechtigt ist.

Mondhaus Nummer 17

Das Haus des Lotus – 3.20 bis 16.40 Skorpion siderisch – Anuradha

Dies ist das zweite Haus, das vom Skorpion beherrscht wird. Die Hauptsterne hier sind *Graffias* und *Isidis* im Kopf und in der Klaue. Die traditionellen vedischen Beschreibungen sind überraschend positiv: Gastfreundschaft, Freundschaft, das Teilen von Dingen, was ein bisschen unangemessen für eine linke Konstellation wie den Skorpion ist, die Bestie, die gnadenlos den großen, brutalen Orion tötet. Aber diese positive Seite ist die logische Folge davon, dass die grobe Materie in der Form des Jägers getötet wird, denn wenn man Orion loswird, kann die Einheit hinter der Materie erfahren werden. Die Einheit ist eines der Schlüsselwörter für dieses Haus, das Haus des Lotus, der wunderschönen Blume, die ihre Wurzeln im Schlamm hat. Es ist eine perfekte Parallele zum Bild des königlichen Adlers als dem transformierten scheußlichen Skorpion, der einst in dunklen Löchern lauerte, aber jetzt durch den Himmel schwebt.

Mondhaus Nummer 18

Das Haus des Skorpionherzens – 16.40 bis 30.00 Skorpion siderisch – Jyeshta

Der intensiv rote *Antares*, das Herz des Skorpions und der ultimative Todesstern, beherrscht dieses Haus. Die Schlüsselwörter weisen durchweg alle auf starke Energie und Kampfgeist hin, was gut zu der im Wesentlichen kriegerischen Natur des Skorpionherzens passt. Der Skorpion ist das wilde Tier, das von den Göttern geschickt wurde, um den rein materiellen Orion, den mythischen Charles Bronson, zu Tode zu stechen. Deshalb wird er mit der Fähigkeit verbunden, tiefe Einsichten in okkulte und verborgene Dinge zu erlangen. Das letztendliche Ziel liegt hinter dem materiellen Schleier. Das zentrale Thema ist das Töten eines mächtigen arroganten »materiellen« Feindes in der Form einer Person oder eines Gedankens. Dies ist das dritte Haus, das vom Skorpion beherrscht wird, die Rolle des schützenden und verantwortlichen Führers der Familie wird hier ebenfalls betont. Dieses Haus wird vom Killer der Dämonen beherrscht.

Mondhaus Nummer 19

Das Haus des Stachels – 0 bis 13.20 Schütze siderisch – Mula

Dieses vierte Skorpionhaus betont besonders den Stachel des Skorpions, doch gibt es nicht so viel Kampf mit anderen, denn der Stachel ist gegen die Person selbst gerichtet. Die Bestie sticht sich selbst zu Tode. Dieses Haus gibt viele enttäuschende Erfahrungen, die gemeistert und mit sehr viel Energie und Optimismus (der Selfmademan) überwunden werden müssen. Die Göttin in diesem Haus ist Nirriti, besser bekannt als die dunkle Todesgöttin Kali, die auf Auflösung und Zerfall hindeutet. Die starken auflösenden Tendenzen führen zu radikaler Loslösung. Dies passt gut mit dem Stachel zusammen, der einen immer wieder tötet, in einem gewissen Sinne spielt man die Rolle des Orions in diesem Haus.

Mondhaus Nummer 20

Das Haus des Bogenschützen – 13.20 bis 26.40 Schütze siderisch – Purva Ashada

Dieses Haus wird von einer Gruppe von Sternen im Bogenschützen beherrscht, der Bogenschütze ist der echte Cheiron in der Astrologie. Die traditionellen Schlüsselwörter haben mit Wasser, maritimen Angelegenheiten, Schreiben und Waffen zu tun und sie deuten auf eine starke Überzeugungskraft hin, großen Optimismus, radikale Beseitigung von Hindernissen und geistige Unabhängigkeit. Dies alles passt sehr gut mit der Tatsache zusammen, dass Cheiron der weise Lehrer vieler Helden war, und der Bogen steht natürlich für das leidenschaftliche Verbreiten von Ideen und Wissen.

Die Betonung des Wassers scheint ein wenig seltsam, aber dies hat mit der Doppelnatur von Cheiron zu tun. Als ein Kentaur ist er halb Mensch halb Pferd, sein Hinterteil wird häufig mit sehr ausgeprägten Sexualorganen dargestellt. Der Pferdeteil ist natürlich die Begierdenatur und das zentrale Thema des Kentauren ist die schmerzvolle Spannung zwischen den mächtigen Instinkten und dem bewussten abstrakten Wissen. Wasser ist das Symbol der Begierde, und die Aktivitäten auf dem Wasser spiegeln diesen Teil von Cheirons Wesen wider, es zeigt den Zusammenhang mit seinem instinktiven Teil. Die feurige Seite wird durch die Antriebskraft der Begierdenatur gefüttert, aber wie es der Mythos zeigt, kann der instinktive Teil eventuell die Oberhand bekommen. Als Folge davon kann aber alle Überzeugungskraft und das feurige Verfolgen von Idealen in die falsche Richtung führen, sodass man vom Weg abkommt. Der Name dieses

Hauses wird als der Unbesiegbare übersetzt, es ist der Wassergott, der hier herrscht.

Mondhaus Nummer 21

Das Haus des Pferdes – 26.40 Schütze bis 10.00 Steinbock siderisch – Uttara Ashada

Dies ist das zweite Haus, das unter den Bogenschützen Cheiron fällt, aber die hier herrschenden Sterne befinden sich eher auf dem Körper als auf dem Bogen, was einen unterschiedlichen Schwerpunkt anzeigt. Die traditionellen Schlüsselwörter sind: Pferde, Ehrgeiz, Kampfkraft, Antrieb und die Übertragung von Visionen und Einsichten. Dieses Haus wird das zweite Unbesiegbare genannt, was eine starke Beziehung mit dem vorherigen Haus des Bogenschützen zeigt. Es ist ebenfalls mit neuen Ideen verbunden, aber es gibt eine stärkere Betonung des Körpers und nicht nur des Bogens selbst. So gesehen gibt es eine realistischere Haltung, der feurige Antrieb ist weniger überwältigend. Dennoch ist die Verfolgung von Idealen in diesem Haus stark ausgeprägt, und es besteht stets die Gefahr, dass die animalische Seite des Kentauren zu viel übernimmt und den Idealismus zu einem gnadenlosen Fanatismus erniedrigt. In diesem Haus herrscht der Gott der Willenskraft und Aufrichtigkeit.

Mondhaus Nummer 22

Das Haus des Adlers – 10.00 bis 23.20 Steinbock siderisch – Shravana

Dieses Haus wird von der Konstellation des Adlers beherrscht. Es handelt sich um Jupiter, der Ganymedes mit in die geistigen Höhen des Olymps nimmt. Ein anderes Bild des Adlers ist der Geier, der seinen Kopf in Leichen steckt, aber sein Nacken ist kahl und er bleibt von dem faulenden Schmutz der Erde frei. Beide Bilder weisen auf einen starken Antrieb hin, den wahren Weg zu spirituellem Streben und Ehrgeiz zu suchen. Die vedischen Schlüsselwörter spiegeln dieses Thema sehr deutlich: Dieses Haus gibt aufrichtige Lehrer und hingebungsvolle Wahrheitssucher, die die Sprache intensiv nutzen, um ihr Wissen zu verbreiten, auch durch Beratungen. Selbstverständlich ist diese Wahrheit traditionell, deshalb werden rationale Fantasien eliminiert. Das Symbol in diesem Haus ist ein Ohr, weil Wissen in der Tradition immer mündlich überliefert wurde, man musste zuhören, erst viel später, in einer Phase zunehmender Korruption, wurde es niedergeschrieben. Dieses Haus wird von der Göttin der Weisheit beherrscht.

Mondhaus Nummer 23

Das Haus des Delfins – 23.20 Steinbock bis 6.40 Wassermann siderisch – Dhanishta

Vier Sterne in der Konstellation des Delfins beherrschen dieses Haus und die Schlüsselwörter Musik, Poesie, Mut, Medizin, Wohltätigkeit, Reichtum und Großzügigkeit sind direkt mit der mythischen Geschichte des Delfins verbunden. Dieser Mythos beschreibt, wie der Dichter Arion von Lesbos, der große Reichtümer auf einem Schiff angesammelt hatte, auf dem Heimweg von der Schiffsmannschaft bedroht wurde, weil sie ihm seinen Besitz stehlen wollten. Als letzten Gefallen bat er um die Erlaubnis, ein Klagelied zu singen und seine Bitte wurde ihm gewährt. Daraufhin fing er zu singen an, aber er warf sich unerwarteterweise über Bord und wurde von einem Delfin gerettet, der von seinem Gesang angezogen worden war.

Die Symbolik des Delfins ist der Schlüssel zur Bedeutung dieser Geschichte, denn sie ist ein mit dem südlichen Mondknoten verbunden. Es ist Arions Musik, die den rettenden Delfin anzieht, so kann er durch seine Musik die Fesseln der materiellen Welt hinter sich lassen. Der südliche Mondknoten repräsentiert das Ausgangstor des Lebens und den Eintritt in die höheren geistigen Welten. In den traditionellen vedischen Beschreibungen werden deshalb Themen wie universelle Liebe, Mitgefühl und mystische Offenheit sehr stark betont. Aber es könnte genauso gut die andere Seite dieses Hauses sein, die in den Vordergrund tritt, nämlich obsessives Ansammeln von Besitz und Geld, das hängt sehr vom übrigen Horoskop ab. In alten Zeiten wurde Steinbock, der in einen Teil dieses Hauses fällt, tatsächlich ebenfalls Delfin genannt. In diesem Haus herrscht der Gott des Reichtums.

Mondhaus Nummer 24

Das Haus des Mundschenks – 6.40 bis 20.00 Wassermann siderisch – Shatabisha

Dieses Haus wird vom Wassermann kontrolliert, der Konstellation des Mundschenks, der das Süßwasser der gereinigten Begierde ausgießt. Das erklärt die starke Verbindung mit der Luft- und Raumfahrt, wir können nach oben in weite Höhen fliegen, wenn das Wasser der Begierde gezähmt wurde. Aber die Konstellation ist auch mehr wörtlich gesehen Ganymedes, der vom Jupiter-Adler hoch zum Olympus getragen wird, um den Wein auf dem Fest der Götter zu servieren. Schlüsselwörter sind Jagen, unhöfliche Sprache und Erforschung von Krankheiten, die schwer zu heilen sind, Handeln aufgrund von Prinzipien, Wahrhaftigkeit, exzentrisch, eigensinnig, aber hilfreich, sanft und traditionell religiös. Der zentrale Punkt dabei ist die Praxis und Entwicklung einer mehr echten menschlichen Haltung. Die Symbolik ist sehr eng mit dem Zähmen und der Destillation des rohen Meerwassers und dem Verwandeln in trinkbares Süßwasser verknüpft, das im Kruge verwahrt wird.

Auf dem Bild im Himmel sehen wir, dass Wasser aus dem Kruge in den Mund des Südlichen Fisches – *Fom-al-Hut* oder *Fomalhaut* – strömt. Dies deutet auf mystische Erleuchtung und Erlösung hin, es ist der Stern der Geburt Christi. Die Symbolik ist die, dass die Menschheit zum Geistigen voranschreitet, zuerst muss aber das Salzwasser der Begierde destilliert, gereinigt und dann gesüßt werden, und dies ist es, was der Mundschenk macht. Es erklärt ebenfalls die Steifheit und die Liebe zur Jagd. Durch das Folgen von traditionellen Regeln entwickelt sich Menschlichkeit (auch die alten Regeln für Jagd fordern Respekt für das Tier und eine Kontrolle von aggressiven Impulsen, eine oft missverstandene Tatsache). Die Essenz dieses Hauses ist menschliches Handeln, wenn die existierenden Regeln dies nicht unterstützen, werden sie ignoriert (exzentrisch), und die Erforschung von schwer zu heilenden Krankheiten passt auch sehr gut in das allgemeine Bild von Menschlichkeit wie auch traditionelle Religion und Sanftmut. Die Themen Verstecken und Geheimnisse sind in diesem Haus sehr stark ausgeprägt, dies wird durch die Notwendigkeit, das kostbare raffinierte Süßwasser vor der Verschmutzung durch die Umwelt zu schützen, erklärt. Die rohe Sprache ist ein Instrument für Schutz, aber es ist klar, dass Geheimnisse für sich zu behalten sich leicht zu etwas sehr Schädlichem und Negativem entwickeln kann. Silvio Berlusconi hat seinen Mond in diesem Mondhaus und er ist ein gutes Beispiel der negativen Auswirkungen des Mundschenks: viele Geheimnisse und sicherlich Grobheit. In diesem Haus herrscht der Gott des Wassers des Lebens.

Mondhaus Nummer 25

Das Haus des Falls – 20.00 Wassermann bis 3.20 Fische siderisch – Purba Bhradapada

Dieses Haus wird von Sternen in der Konstellation Pegasus beherrscht, dem fliegenden Pferd, auf dem Bellerophon versuchte, den Olymp aus Eigeninitiative zu erreichen. Die Götter waren nicht gerade darüber amüsiert und sendeten eine Hornisse hinab um Pegasus zu stechen, der Reiter wurde abgeworfen und fiel auf die Erde herunter, wo er den Rest seines Lebens einsam und blind verbringen musste. Die vedischen Schlüsselwörter sind wie zu erwarten sehr negativ: Tod, Drogen, Terrorismus, Schwarze Magie, Demenz, Verfall, das Kernthema ist die Verweigerung, höhere Führung zu akzeptieren. Magie, Drogen und Terrorismus sind Ausdrücke dieser Essenz auf unterschiedlichen Ebenen, sie alle versuchen ihren Weg in die olympische Welt zu erzwingen. Es ist das Haus der Hybris, spiritueller Arroganz, die die Götter herausfordert und auf die der Fall folgt. In allen Beschreibungen ist eine engstirnige Haltung, verbunden mit schuldhafter Realisation, Gesetze und Grenzen nicht zu respektieren, das zentrale Thema. Pegasus ist der Wunsch, die Fesseln des materiellen Lebens zurückzulassen, aber dazu nimmt es negative erzwungene Formen an. Einer der herrschenden Sterne in diesem Haus ist *Scheat*, Pegasus‘ Hufe, die im Schlamm feststecken.

Mondhaus Nummer 26

Das Haus des Flügels – 3.20 bis 16.40 Fische siderisch – Uttara Bhradapada

Dies ist das zweite Haus, das von Pegasus‘ Sternen kontrolliert wird, aber es wird traditionell als das lichte Spiegelbild des ersten Hauses des Pegasus gesehen. Führung wird hier akzeptiert und die Schlüsselwörter sind äußerst positiv und spirituell: Yoga, Tempel, Meditation, Belesenheit, Wohltätigkeit, Hingabe, Tantra und Dinge, die mit dem Ende des Lebens verbunden sind. Diese positive Seite wird durch die Tatsache angezeigt, dass dieses Haus von *Alpheratz* mitbeherrscht wird, einem Stern in der Konstellation der Andromeda. Dieser hat eine sehr positive Bedeutung, er ist die Seele, die sich der höheren Führung öffnet und von den materiellen Fesseln befreit wird. Der Held Perseus, der das Mädchen Andromeda aus der Not vor dem Seemonster befreit, reitet auf Pegasus, dies zeigt die Verbindung mit dem zentralen Thema des Rettens.

Der Stern im Pegasus, der dieses Haus beherrscht, befindet sich auf der Flügelspitze und verweist damit auf die leichtere Seite der gesamten Geschichte. Die Beschreibungen sind: Tugend, Charme, die Bereitschaft, Opfer zu bringen, Bereitschaft zu helfen und beinahe paranormale Sensitivität, Gleichheit und Talent fürs Schreiben. Aber es sollte sehr klar sein, dass die andere Seite des hartnäckigen selbstzerstörerischen Fanatismus hier keinesfalls abwesend ist und sich genauso manifestieren kann. Wenn man dieses Haus nur als positiv und spirituell betrachtet, wird man falsch liegen. Das übrige Horoskop wird darüber bestimmen, welche Seite sich zeigen wird. Dieses Haus und das Haus des Falls teilen sich ein gemeinsames Pegasus-Thema mit unterschiedlichem Schwerpunkt. Die Schlange der Tiefe herrscht hier, die essenzielle kosmische Energie, deshalb gibt es hier Spiritualität und paranormale Sensitivität. In westlichen Begriffen können wir sagen, dass wir in diesem Haus einen Blick auf den Olymp werfen können.

Mondhaus Nummer 27

Das Haus der Fische – 16.40 bis 30.00 Fische – Revati

Dieses letzte Mondhaus im ganzen Zyklus wird von den Fischen beherrscht, die in entgegengesetzte Richtungen schwimmen und durch die bekannte Schnur zusammengebunden sind. Die beiden Fische sind Symbole der beiden Lichter, Sonne und Mond, die grundlegenden kosmischen Polaritäten, die wiederum durch die Schnur miteinander verbunden sind, was auf die Mondknotenachse und die letzte Phase des Zyklus hinweist. Die Fische repräsentieren das Göttliche, weil ein Fisch niemals schläft und sich im Wasser der Begierde bewegen kann, ohne Schaden zu erleiden. In diesem letzten Haus und der letzten Konstellation des zodiakalen Zyklus kommt nach dem Opfer die Gnade, es ist die Phase des Abschlusses und der endgültigen Erlösung. Dies erklärt die traditionellen vedischen Schlüsselwörter, die sehr stark mit dem Maß der Zeit verbunden sind. Es ist die Zeit selbst, als eine der Bedingungen des irdischen Lebens, die es beendet. So gesehen ist eine der Essenzen des Hauses der Fische das Tor zu einer anderen höheren Welt, das die beschränkenden Konditionen der Materie und der Zeit überschreitet.

Die weiteren vedischen Beschreibungen erwähnen Hilfsbereitschaft, fixe Ideen, Liebe zum Reisen (dieses Haus ist die Mondknotenachse und damit die archetypische Reise) und Optimismus (die höheren besseren Welten werden sichtbar). Auch ist das Thema Füttern sehr stark in diesem Haus ausgeprägt. Da dieses Haus auch als das angesehen werden kann, das der Manifestation vorangeht, wird es als die Gebärmutter der Sonne betrachtet. Die Mondknotenachse, die durch die Fische symbolisiert wird, ist das Eintrittstor und das Ausgangstor des materiellen Lebens. Auf einer anderen Ebene gibt es eine deutliche Verbindung mit der Ehe. Die Mondknotenachse ist die »Konjunktion« des Orbis von Sonne und Mond, und es ist die Schnur, die die beiden Fische aneinanderbindet, die auch als das solar-maskuline und lunar-weibliche Prinzip angesehen werden können. Sehr viel konkreter ist der Bezug zu Bussen, Zügen, Straßenbau und Wartungstechnikern, weil es damit zu tun hat, die Straßen und Verbindungen offenzuhalten, die auf einer kosmischen Ebene die essenzielle Straße und das Tor der

Mondknotenachse sind. In diesem Haus herrscht der Gott der sicheren Reisen und Nahrung.

Durch die Kombination von traditionellen vedischen mythologischen Informationen mit der antiken westlichen Mythologie ist ein tieferes Verständnis der Häuser möglich, welches ohne Schwierigkeiten in die westliche klassische Horoskopdeutung integriert werden kann. Dies kann ohne Verwendung von vedischen Techniken erfolgen, die vedische Astrologie wird nur als reichhaltige Quelle von Daten über die Auswirkungen der Mondhäuser auf dieses Leben benutzt. Der wichtigste Punkt in der Mondhausanalyse ist die Position des Mondes als Symbol der Seele, die sich mit einer materiellen Form verbindet. Aber der Aszendent ist natürlich immer eines Blickes würdig. Es ist jedoch keine gute Idee, alle Positionen der Planeten oder Hausspitzen in den Mondhäusern systematisch zu analysieren, obwohl ein Mondhaus, welches beispielsweise vier Planeten beherbergt, einige wichtige Informationen liefern kann. Man kann sich in der Astrologie auf ein »weniger ist sicherlich (viel) mehr« beschränken.

Das Wichtigste ist, sich erst dann die Mondhäuser anzusehen, nachdem man das gesamte Horoskop analysiert hat. Auf diese Weise wird sichergestellt, dass man sie im Rahmen des gesamten Horoskops beurteilt. Dies ist notwendig, um eine Vorstellung davon zu bekommen, wie sich diese im Leben auswirken. Wenn ein Haus Reichtum verspricht, dieses aber im Widerspruch zu den finanziellen Signifikatoren steht, dann muss man die Beurteilung des Hauses anpassen – aber selbstverständlich bleibt das mythische Thema immer die Kernangelegenheit im Leben.

In dieser Darstellung sticht die Vielschichtigkeit der mythischen Geschichten als ein zentraler Punkt hervor. Es gibt viele Ebenen, auf denen sich der Mythos zeigt, sie variieren von einer sehr konkreten Ebene bis hin zu einer psychologischen, moralischen und spirituellen Ebene. Dies erinnert an die traditionelle biblische *lectio divina*, die vier miteinander verbundene Ebenen von Bedeutungen unterscheidet, von denen natürlich die mystisch spirituelle Bedeutung die höchste ist. Mit einem tieferen Verständnis des herrschenden Mythos des jeweiligen Hauses ist eine genauere Deutung möglich. Auf diese Weise wird man zwei Probleme vermeiden: die oft zu ungenauen verbrämten spirituellen Beschreibungen, die moderne vedische Astrologen für die Häuser geben, und die zu starren traditionellen Beschreibungen, die ohne wirkliches Verständnis dafür, warum diese Beschreibungen gegeben werden, übernommen werden.

Kapitel 6

Fallstudien

Die klassischen Würden

Um in der Lage zu sein, den Fallstudien in diesem Kapitel zu folgen, ist es notwendig, das klassische System der Würden zu kennen. Es gibt zwei Arten von Würden, welche zwei Arten von Kräften beschreiben.

Essenzielle Würden

Die erste Art von Würde ist die **essenzielle Würde**. Der Grad der essenziellen Würde wird durch die Position eines Planeten in einem Zeichen bewertet. Mars im Widder ist in seinem eigenen Zeichen und hat deshalb viel essenzielle Würde. Aber Mars ist ebenfalls sehr stark im Steinbock, wo er seine Erhöhung hat.

Es gibt auch negative Gegenstücke zu der Platzierung eines Planeten in seinem eigenen Zeichen oder in der Erhöhung: Diese werden **Vernichtung** und **Fall** genannt. Wenn ein Planet in einer solchen negativen Würde platziert ist, kann er nicht viel Gutes tun, er ist dann »essenziell geschwächt«. Ein Beispiel hierfür ist Mars in Waage, denn er steht gegenüber seinem eigenen Zeichen und ist dort in der Vernichtung. Deshalb ist er in diesem Zeichen ungünstig und kann eine Menge Schwierigkeiten verursachen. Wenn Mars im Krebs platziert ist, also gegenüber seine Erhöhungszeichen Steinbock, hat er auch keine Würde (er befindet sich im Fall) und wird sich auch in sehr negativer Weise auswirken.

Alle Planeten haben ihre Zeichen, in denen sie sehr stark oder sehr schwach sind, nach dem logischen Schema, das ich weiter unten erklären werde.

Sonne, stark: In ihrem eigenen Zeichen Löwe, erhöht im Widder. Schwach: in der Vernichtung im Wassermann gegenüber dem Löwen und im Fall in Waage gegenüber von Widder.

Mond, stark: In seinem eigenen Zeichen Krebs und erhöht im Stier. Schwach: in der Vernichtung im Steinbock und im Fall in Skorpion.

Merkur, stark: in seinen eigenen Zeichen Zwillinge und Jungfrau. Schwach: in der Vernichtung im Schützen und im Fall und in der Vernichtung in Fische. Die Jungfrau ist das Zeichen Merkurs und seine Erhöhung, deshalb ist er sehr, sehr stark dort.

Venus, stark: in ihrem eigenen Zeichen Stier und Waage, in ihrer Erhöhung in den Fischen. Schwach: in ihrer Vernichtung im Widder und Skorpion, im Fall in Jungfrau.

Mars, stark: in seinen eigenen Zeichen Widder und Skorpion und erhöht im Steinbock. Schwach: in der Vernichtung in Waage und Stier und im Fall im Krebs.

Jupiter, stark: in seinem eigenen Zeichen Schütze und Fische und erhöht im Krebs. Schwach: in der Vernichtung in Zwillinge und Jungfrau, im Fall im Steinbock.

Saturn, stark: in seinem eigenen Zeichen Wassermann und Steinbock und erhöht in Waage. Schwach: in der Vernichtung in Löwe und Krebs, im Fall im Widder.

In diesem Schema gilt nur die klassische Herrschaft, d.h. Jupiter herrscht über die Fische, Mars herrscht über den Skorpion und Saturn herrscht über den Wassermann. Die äußeren Planeten spielen in diesem Schema, welches strikt logisch und leicht zu merken ist, keine Rolle. Einige Astrologen sprechen nicht von Vernichtung, sie bevorzugen den Begriff **im Exil**. Jedoch scheint Vernichtung besser zu beschreiben, was dieser Status bedeutet, die positive Kraft, die ein Planet hat, ist nicht mehr vorhanden, sie ist ernsthaft geschädigt. Der normalerweise positive Planet Jupiter ist wirklich schlimm, wenn er sich in der Vernichtung befindet.

Platzierung im eigenen Zeichen, Erhöhung, Vernichtung und Fall sind die wichtigsten Würden, welche die Hauptunterschiede der Planetenkraft beschreiben. Es gibt drei andere kleinere positive Würden, von denen die elementaren Zuschreibungen die wichtigsten sind. Ein Planet, der in einem Zeichen platziert ist, in dem die elementare Natur gut zu seiner eigenen Natur passt, hat etwas Kraft, obwohl es definitiv nicht so viel ist wie ein Planet in seinem eigenen Zeichen oder in der Erhöhung. Wenn ein Planet im richtigen Element platziert ist, wird dies in der klassischen Astrologie in **Triplizität** genannt. Triplizität ist einfach ein anderes Wort für Element.

Es ist leicht zu prüfen, ob ein Planet sich in seiner Triplizität befindet. Der erste Schritt ist zu bestimmen, ob wir ein Tag- oder Nachthoroskop haben. Dies ist ebenfalls sehr einfach: Wenn sich die Sonne über dem Horizont in den Häusern 7-12 befindet, ist es ein Taghoroskop, wenn sie sich unter dem Horizont in den Häusern 1-6 befindet, ist es ein Nachthoroskop. Wenden wir also das folgende Schema an:

Taghoroskope

Sonne, Venus, Mars und Saturn bekommen zusätzliche Kraft, wenn sie in einem passenden Zeichen platziert sind.
Essenzielle Würde durch Triplizität: Sonne in Feuerzeichen, Saturn in Luftzeichen, Mars in Wasserzeichen, Venus in Erdzeichen.

Nachthoroskope

Jupiter, Mond, Mars und Merkur bekommen zusätzliche Kraft, wenn sie in einem passenden Zeichen platziert sind.

Essenzielle Würde durch Triplizität: Jupiter in Feuerzeichen, Merkur im Luftzeichen, Mars in Wasserzeichen, der Mond in Erdzeichen.

Es gibt auch noch ein anderes System, in dem jedes Element drei Planeten zugeordnet bekommt anstatt zwei. Einige klassische Astrologen behaupten, dass dieses System besser ist, da es älter sei. In der Praxis kann dieser Punkt nicht nachgewiesen werden und das Zweiherrschersystem ist so alt wie das Dreiherrschersystem, in allen Zweigen der Astrologie ist das Zweiherrschersystem effektiv.

Neben den Triplizitäten gibt es auch noch die kleineren Würden, wie die **Grenzen** oder **Terme** und die **Gesichter**, **Faces** oder **Dekanate**. Diese geben einem Planeten ein geringes Maß an zusätzlicher Kraft, aber nicht viel. Die Grenzen werden auf der Basis von fünf Planetenabschnitten beurteilt, in welche jedes Zeichen unterteilt werden kann. In jedem Abschnitt ist ein Planet in seinem Term bzw. seiner Grenze platziert. Gesichter funktionieren auf dieselbe Weise, aber sie teilen die Zeichen in drei Abschnitte von jeweils zehn Grad. Diese kleineren Würden verleihen viel weniger Kraft als die anderen Würden, aber manchmal mögen auch diese wichtig sein. In der nachstehenden Tabelle wird ein Überblick über alle fünf Würden gegeben.

Zeichen	Domizil	Erhöhung	Triplizität T/N		Die Grenzen der Planeten					Die Gesichter			Exil	Fall	Zeichen
			T	N											
♈	♂ T	☉ 19	☉	♃	♃ 6	♀ 14	☿ 21	♂ 26	♄ 30	♂ 10	☉ 20	♀ 30	♀	♄	♈
♉	♀ N	☽ 3	♀	☽	♀ 8	☿ 15	♃ 22	♄ 26	♂ 30	☿ 10	☽ 20	♄ 30	♂		♉
♊	☿ T	☊ 3	♄	☿	☿ 7	♃ 14	♀ 21	♄ 25	♂ 30	♃ 10	♂ 20	☉ 30	♃		♊
♋	☽ N/T	♃ 15	♂	♂	♂ 6	♃ 13	☿ 20	♀ 27	♄ 30	♀ 10	☿ 20	☽ 30	♄	♂	♋
♌	☉ N/T		☉	♃	♄ 6	☿ 13	♀ 19	♃ 25	♂ 30	♄ 10	♃ 20	♂ 30	♄		♌
♍	☿ N	☿ 15	♀	☽	☿ 7	♀ 13	♃ 18	♄ 24	♂ 30	☉ 10	♀ 20	☿ 30	♃	♀	♍
♎	♀ T	♄ 21	♄	☿	♄ 6	♀ 11	♃ 19	☿ 24	♂ 30	☽ 10	♄ 20	♃ 30	♂	☉	♎
♏	♂ N		♂	♂	♂ 6	♃ 14	♀ 21	☿ 27	♄ 30	♂ 10	☉ 20	♀ 30	♀	☽	♏
♐	♃ T	☋ 3	☉	♃	♃ 8	♀ 14	☿ 19	♄ 25	♂ 30	☿ 10	☽ 20	♄ 30	☿		♐
♑	♄ N	♂ 28	♀	☽	♀ 6	☿ 12	♃ 19	♂ 25	♄ 30	♃ 10	♂ 20	☉ 30	☽	♃	♑
♒	♄ T		♄	☿	♄ 6	☿ 12	♀ 20	♃ 25	♂ 30	♀ 10	☿ 20	☽ 30	☉		♒
♓	♃ N	♀ 27	♂	♂	♀ 8	♃ 14	☿ 20	♂ 26	♄ 30	♄ 10	♃ 20	♂ 30	☿	☿	♓

Abbildung 37: Tabelle der essenziellen Würden

Die Tabelle zeigt von links nach rechts für jedes Zeichen die Planeten an, die die Zeichen beherrschen, und die Planeten, die dort »Würden« besitzen. Die erste Spalte, gleich nach den Zeichensymbolen, zeigt die Zeichenherrscher, die zweite Spalte zeigt die Erhöhungsherrscher, in der dritten Spalte werden die Triplizitätenherrscher angezeigt (als Erstes der Herrscher des Tageshoroskops, dann der Herrscher des Nachthoroskops, danach die Grenzen oder Terme, und schließlich die Gesichter.)

In der Spalte »Vernichtung« sind die Planeten aufgelistet, die dort ihr Exil haben bzw. vernichtet sind und unter »Fall« die Planeten im

Fall. Die Herrscher der Gesichter besitzen Autorität über einen Abschnitt von zehn Grad, deshalb werden sie auch Dekanate genannt. Die Grade, die in der Erhöhungsspalte angegeben werden, zeigen die Position in einem Zeichen an, wo der Planet noch mehr Erhöhung besitzt. Die Anzahl der Punkte (5 für Zeichen, 4 für Erhöhung, 3 für Triplizität, 2 für Grenze, 1 für Gesicht) gibt einen Hinweis der relativen Gewichtung der fünf Würden, sollten aber nicht wörtlich genommen werden, weil die Würden sich auch hinsichtlich der Qualität, nicht nur der Quantität nach, unterscheiden.

Als Beispiel können wir Merkur im neunten Grad des Stiers nehmen. Wie viel Würde hat Merkur dort? Der Zeichenherrscher des Stiers ist Venus und der Erhöhungsherrscher ist der Mond, das bedeutet, dass Stier das Zeichen ist, das von Venus beherrscht wird und dass der Mond dort erhöht ist. Diese Planeten haben eine enorme Kraft dort, auf eine sehr positive Weise zu wirken. Merkur hat dort keine und erhält auch keine Würde durch Herrschaft oder Erhöhung. Die Herrscherin der Erd-Triplizität ist Venus in diesem Tageshoroskop, deshalb erhält Merkur auch keine Würde durch Triplizität.

Aber Merkur besitzt etwas Würde durch seine Grenze. Der Planet ist in der zweiten Grenze des Stiers zwischen 8 und 15 Grad platziert und in diesem Term herrscht Merkur, so gesehen ist er am richtigen Platz bzw. im richtigen Term. Das erste Stierdekanat, die erste 10°-Zone des Zeichens, ist ebenfalls von Merkur beherrscht, so bekommt er auch etwas Stärke durch »Gesicht«. Man sagt dann, Merkur hat Term- und Gesichtswürde, was nicht viel ist, aber es ist besser als gar keine und viel besser als eine Schwächung durch Fall oder Vernichtung.

Ein anderer Begriff, der erklärt werden muss, ist die **Peregrinität**. Ein Planet ist peregrin, wenn er überhaupt keine Würde besitzt, weder positive noch negative, er ist dann weder in seinem eigenen Zeichen noch in Erhöhung, Triplizität, Grenze, Gesicht, Vernichtung oder Fall platziert. Peregrin bedeutet »sich treiben lassen«, es ist nicht schlecht, es ist nicht gut, es hat einfach keine Richtung. Das ist dennoch tendenziell schlecht, weil Dinge, die keine klare Richtung haben, sehr leicht in die Irre gehen. Es wird häufig gesagt, ein Planet sei in seiner Vernichtung oder seinem Fall auch peregrin, weil er keine positive Würde hat. Das ist jedoch falsch, ein Planet in einem schlechten Zustand ist absolut schlecht, ein driftender Planet lässt sich treiben und das ist nicht das Gleiche. Er kann nicht neutral und schlecht zugleich sein. Für sich selbst logisch zu denken, ist auch in der Astrologie wichtig.

Man kann viel über Wohltäter und Übeltäter lesen. Wohltäter sind Jupiter und Venus und diese Planeten tendieren dazu, eine angenehme Auswirkung auf uns zu haben. Aber das stimmt nur dann, wenn sie etwas essenzielle Würde besitzen, ihre wohltätige Natur verringert sich mehr und mehr, wenn sie an Würde verlieren. Jupiter in der Vernichtung in Jungfrau zum Beispiel kann nicht mehr wohltätig genannt werden, es ist ein akzidenteller Übeltäter und er wird sich nicht gut auf uns auswirken. Saturn und Mars sind vom Wesen her Übeltäter und sie tendieren dazu, unangenehme Auswirkungen zu haben. Wenn die Übeltäter jedoch essenzielle Würde besitzen, verlieren sie viel von ihrem bösartigen Charakter und können sogar positiv funktionieren. Die anderen drei Planeten sind mehr oder weniger neutral, obwohl dasselbe Würde-Prinzip gilt, je mehr essenzielle Würde sie haben, desto positiver sind ihre Auswirkungen.

Akzidentelle Würde

Der Grad der essenziellen Würde oder Planetenkraft zeigt die Qualität und wie rein sie selbst in ihrer Natur sein kann. Venus in Waage ist vollkommen Venus und kann in diesem Zustand gemäß ihrem eigenen Wesen handeln. Die andere Art von Würde wird **akzidentell** genannt und zeigt etwas anderes: die Kraft, mit der ein Planet sich in dieser Welt manifestieren kann. Der Punkt ist nicht der, ob ein Planet so funktioniert, wie er seinem Wesen entsprechend funktionieren sollte, es zeigt nur, wie stark sein Einfluss in der Welt ist. Akzidentelle Würde misst Quantität, essenzielle Würde misst Qualität. Wir können das einfache Schema unten verwenden, um den Grad der akzidentellen Würde zu beurteilen.

Stark: Platzierung in Eckhäusern, Haus 11, schnelle Bewegung (nicht für Saturn), direkte Bewegung, keine engen Aspekte von Übeltätern, Freude (siehe unten), Konjunktion mit den günstigen Fixsternen Spica und Regulus.

Moderat: Platzierung in Häusern 2, 3, 5 oder 9

Schwach: Konjunktion oder Opposition mit der Sonne (verbrannt), rückläufig, Platzierung in den Häusern 6, 8 oder 12, sehr langsame Bewegung (gilt nicht für Saturn), enge Aspekte mit Übeltätern, Belagerung (Platzierung zwischen Aspekten mit zwei Übeltätern), in Opposition mit dem Haus seiner Freude, auf dem bösartigen Fixstern Algol.

Der **Mond** ist schwach, wenn er abnimmt, und stark, wenn er zunimmt. In der Via Combusta, der »verbrannten Straße« (dem Abschnitt von 15° Waage bis 15° Skorpion) ist nur der Mond ebenfalls geschwächt. Der nördliche Mondknoten erweitert und verstärkt. Eine Konjunktion mit dem nördlichen Mondknoten ist im Allgemeinen positiv, aber bei einer schlechten Sache wie einer Krankheitsursache ist diese expansive Kraft nicht vorteilhaft. Der südliche Mondknoten verringert und verhindert Dinge, er ist meist negativ.

Freude ist eine akzidentelle Würde, die von der Platzierung in einem »guten« Haus kommt, einem Haus, in dem der Planet sich seinem Wesen nach zu Hause fühlt:

Merkur in Haus eins,
Mond in Haus drei,
Venus in Haus fünf,
Mars in Haus sechs,
Sonne in Haus neun,
Jupiter in Haus elf und
Saturn in Haus zwölf.

Ein Planet in seiner Freude fühlt sich zufrieden und hat deshalb mehr Kraft, sich in der Welt zu manifestieren. Ein Planet in Opposition zu seinem Haus der Freude fühlt sich nicht o.k. und ist daher geschwächt. Eine sehr schadhafte Schwächung ist die **Verbrennung**, eine Konjunktion mit der Sonne. Wenn der Orbis kleiner als 8.30 Grad ist, wird dies vollständige Verbrennung genannt, zwischen 8.30° und 17.30° wird es »unter den Strahlen der Sonne« bezeichnet. Das ist auch schlecht, aber bei Weitem nicht so schlecht wie eine tatsächliche Verbrennung. Verbrennung kann auch in Opposition mit der Sonne stattfinden, mit demselben Orbis wie bei der Konjunktion. Es gibt einen Sonderfall, ein Planet, der genau in Konjunktion mit der Sonne steht, wird **Cazimi** genannt und das ist besonders kraftvoll. Der Orbis für Cazimi ist 17.30 Bogenminuten, daher sieht man dies nicht zu oft.

Rezeptionen

Die Rezeptionen sind in der Astrologie von wesentlicher Bedeutung. Rezeptionen zeigen, welche Auswirkungen Planeten aufeinander haben, ob sie sich gegenseitig schaden oder unterstützen. Um diese Verbindungen beurteilen zu können, benötigen wir die Tabelle der essenziellen Würden. Ein Beispiel zeigt, wie das funktioniert. Nehmen wir an, wir wollen die Auswirkung von Merkur in Widder in einem Leben beurteilen. Die wichtigsten Rezeptionen, die Merkur in Widder macht, werden die Analyse des Horoskops weiterführen.

Die allgemeine Regel beim Analysieren der Rezeptionen ist, dass ein Planet in einem Zeichen eine positive Auswirkung auf seinen Dispositor hat und eine negative Auswirkung auf die Planeten, welche in ihrem Fall oder der Vernichtung in dem Zeichen sind. Daher hat Merkur im Widder einen negativen Einfluss auf Venus (sie hat ihre Vernichtung im Widder) und Saturn (hat seinen Fall im Widder). Auf Mars wirkt es sich positiv aus (Zeichenherrscher von Widder) wie auf die Sonne (hat ihre Erhöhung im Widder). Durch das Netzwerk der Rezeptionen können wir alle diese Verbindungen zwischen den relevanten Signifikatoren systematisch zuordnen, etwas, das immer wichtig ist und manchmal entscheidend. Deshalb sollte man immer diese Art von Analyse ausführen.

Abgeleitete Häuser

In der klassischen Astrologie, vor allem in der Stundenastrologie, werden auch oft »abgeleitete« oder „gedrehte“ Häuser verwendet. Will man zum Beispiel etwas über den Besitz des Vaters wissen, schaut man sich das fünfte Haus an. Dieses ist das zweite Haus (also Besitz) gezählt vom vierten Haus (Vater) aus. Wollte man etwas über die Partnerschaft des Vaters erfahren, schaut man in Haus zehn, das siebte von Haus vier.

So kann von jedem Haus aus abgeleitet werden, je nachdem, was genau astrologisch untersucht wird.

Frida Kahlo – Die weinende Schwester

Man könnte das Leben dieser mexikanischen Künstlerin dramatisch nennen. Angst, Einsamkeit, schwere Krankheit und unglaublich schreckliche Unfälle waren ihr Schicksal. Dies kann man an den Positionen der sehr bösartigen Fixsterne auf vielen wichtigen Punkten im Horoskop deutlich erkennen. Was sofort ins Auge fällt, ist der dominierende Mond im zehnten Haus auf dem Hauptstern *Alcyone* in den Plejaden, den weinenden Schwestern oder dem Nebel der Tränen. *Alcyone* zusammen mit den Plejaden ist einer der bösartigsten Sterne am Himmel, hierüber haben die alten Texte wirklich nichts Gutes zu sagen. Blindheit, Krankheit, Fieber, extremes Begehren – es wird einem nicht wirklich Glück oder Frieden beschert. Die Tatsache, dass es sieben Plejaden gibt zeigt an, dass ihre Auswirkung auf eine symbolische Weise ähnlich der der sieben Planeten ist, sie ziehen den Menschen in das materielle Leben auf der Erde und schneiden ihn von den besseren, den höheren Welten hinter den Planeten ab.

Damit ergeben sich viele Schwierigkeiten, Schmerzen und Enttäuschungen, was sehr konkret durch die mythische Geschichte der Plejaden gezeigt wird. Es ist Orion, ein Symbol von roher materieller Kraft, der die Plejaden jagt. Er ist ein Jäger der Tiere und auch von Frauen, das ist der Grund, warum ein extremes Begehren eines der Schlüsselwörter für diesen Stern ist. Die Plejaden sind die Begleiter der Mondgöttin Diana, einer reinen Jungfrau, die sich sehr achtsam von Männern fernhielt. Dies zeigt die Reinheit an, nach der die Plejaden streben und die vom brutalen Orion grob verletzt wurde. Diese Geschichte wird von der Planetennatur des *Alcyone* und den Plejaden, einer Kombination von Mond und Mars, gespiegelt.

Im Horoskop Frida Kahlos manifestiert sich die Energie der Plejaden durch den Mond, eines der beiden Lichter, der ganz oben am Himmel steht, in einer deutlich dominierenden Position, daher wird dieser Mond eine große Auswirkung auf das Leben haben. Der Mond ist ebenfalls Herr von Haus zwölf, dem Haus der Einsamkeit, Selbstzerstörung, Sucht und des Elends, was die Angelegenheit nicht wirklich besser macht. Der einzig positive Punkt ist, dass der Mond eine Reihe essenzieller Würden mitbringt, da er sich in der Erhöhung im Stier befindet und somit viel Qualität besitzt, er funktioniert gut, was eine Kompensation für all das Elend ist. Der Strom von negativen Emotionen und Erfahrungen kann durch den Mond in einer positiveren Art und Weise zum Ausdruck gebracht werden und so war emotionale Stabilisierung die Motivation, die Kahlo ausdrücklich für ihre künstlerischen Bestrebungen erwähnte. Sie wird als eine surrealistische Künstlerin angesehen und dies passt gut mit dem Mond mit seinen fließenden Formen zusammen. Surrealismus ist sehr wässrig und lunar, er wendet den saturnischen starren Formen der Realität den Rücken zu.

Der Mond zeigt auch den Ruhm Frida Kahlos als einer unabhängigen Feministin an. Die Plejaden sind die Begleiterinnen der jungfräulichen Göttin Diana, die nichts mit Männern zu tun haben will. Typischerweise manifestieren sich die beiden Seiten der mythischen Geschichte in Kahlos Leben, auf der einen Seite ist sie die unabhängige feministische Dienerin der Diana, eins auf der anderen Seite war sie auch Orion, sexuell sehr aktiv mit Männern und Frauen. Es können sich also in einem Leben mehrere Teile einer Geschichte, mehrere Rollen in einem Mythos zeigen. Der Mythos kann mehr wie ein Skript angesehen werden, das verschiedene Möglichkeiten bietet, die ausgespielt werden können. Das ganze Bild des Elends und Unglücks wird durch den äußerst bösartigen Stern *Algol*, der sich direkt am Medium Coeli befindet und der mit dem Verlieren des eigenen Kopfes, mit Chaos und Krise verbunden ist, unterstrichen. *Algol* ist der Kopf der Medusa, welcher von Perseus abgetrennt wurde. Dieser wird extreme große Schwierigkeiten verursachen, auch wenn er in der Progression aktiviert wird oder in einem Solarhoroskop dominiert, zum Beispiel an einer Achse.

Dieser zentrale Mond befindet sich in einem sehr engen Sextil mit dem Saturn, Herrscher von Haus sechs, was das Thema Krankheit und Unglück noch mehr betont. Saturn ist auf *Scheat* platziert, Pegasus Hufen, die in den alten Texten mit Mord, Selbstmord, schwerem Elend und Tod durch Ertrinken verbunden sind. Das zentrale Thema der Geschichte des Pegasus ist die Verweigerung, jegliche Führung zu akzeptieren, und ein tiefer Fall, welcher die Folge dieses Eigensinnes ist. Somit ist dies ist die dritte Sternposition, welche mehr als moderate Probleme anzeigt. Im Leben hat sich dies manifestiert, als Kahlo 18 Jahre alt war und bei einem Busunfall vollständig von einem Stahlrohr durchbohrt wurde! Es ist ebenfalls die Mondknotenachse, die sich mit dem südlichen Mondknoten direkt auf der sechsten Hausspitze der Krankheit befindet. Dies weist auf einen unglaublich schrecklichen Unfall, beinahe ein wörtliches Bild: Das Rohr ist die Mondknotenachse, die durch ihren Körper hindurchgeht. Denn wenn jemand eine Konjunktion der Knoten mit einem Planeten oder einer Hausspitze hat, hat dies eine deutliche Auswirkung auf das Leben. Diese wäre viel geringer, wenn die Knoten sich einfach nur irgendwo in einem Haus befänden. Es zählen nur die Konjunktionen mit den Mondknoten, keine anderen Aspekte, denn die Mondknoten sind bis zu einem gewissen Maß vergleichbar mit den Fixsternen.

Sterne auf den Mondknoten sind jedoch von geringerem Interesse. Wenn die Mondknotenachse jedoch in Konjunktion mit einem Planeten oder einer Hausspitze und zugleich auf einem Stern steht, so ist dieser Stern natürlich ein Teil des Bildes. In Kahlos Horoskop ist dies der Fall, die Hausspitze des sechsten Hauses der Krankheiten fällt auf den Schicksalsstern *Terebellum*. Der expansiv stärkende nördliche Mondknoten befindet sich auf der anderen Seite, auf der zwölften Hausspitze auf *Procyon*, dem sehr hellen Hauptstern des äußerst wilden kleineren Hundes mit einer Merkur/Mars-Natur. Nicht gerade eine sehr angenehme Kombination, wenn man sie auf der Hausspitze des Hauses der Dinge hat, die wir tun, um uns selbst zu schaden. Jupiter, Herr von Haus fünf (Kreativität), befindet sich in der Nähe in einem engen Sextil mit dem Medium Coeli und steht auf dem königlichen und sehr erfolgreichen Stern *Pollux*, der eine Menge zu Frida Kahlos Ruhm als Künstlerin beiträgt.

Im fünften Haus der Kreativität können wir einen stark erhöhten Mars auf *Wega* sehen, einem hellen Stern, der zur Elite von ungefähr 20 Sternen der ersten Magnitude gehört. Er ist der Hauptstern der Leier und stark mit Kunst verbunden. In Opposition zum Mars steht die Sonne (Herr von eins, entspricht Kahlo persönlich), und diese ist auf dem Hauptstern des großen Hundes, dem heftigen *Sirius*. Das zeigt viele Konflikte mit Männern und Autoritäten an, keine sehr friedliche Position. Ihre Beziehungen waren so stürmisch wie ihr übriges Leben.

Schließlich steht auch noch der Merkur auf dem bösartigen Stern *Praesepe* im zwölften Haus des Elends, und derselbe Merkur befindet sich durch den Spiegelpunkt am Medium Coeli auf *Algol*. So gesehen hat dieses Horoskop einen unguten Cocktail von *Algol*, *Praesepe* und *Alcyone*, was man nicht sehr häufig sieht. Merkur herrscht über das elfte Haus der Beine und befindet sich in einem engen Quadrat mit dem arabischen Punkt der Krankheit (Aszendent + Mars - Saturn in Taghoroskopen, wird für ein Nachthoroskop umgedreht). Dies deutet auf Kahlos Besessenheit mit ihrem rechten Bein hin, welches durch Kinderlähmung gelähmt war. Das Mondhaus ist das Haus des Messers mit den Plejaden als herrschende Sterne. Das Thema dieses Mondhauses

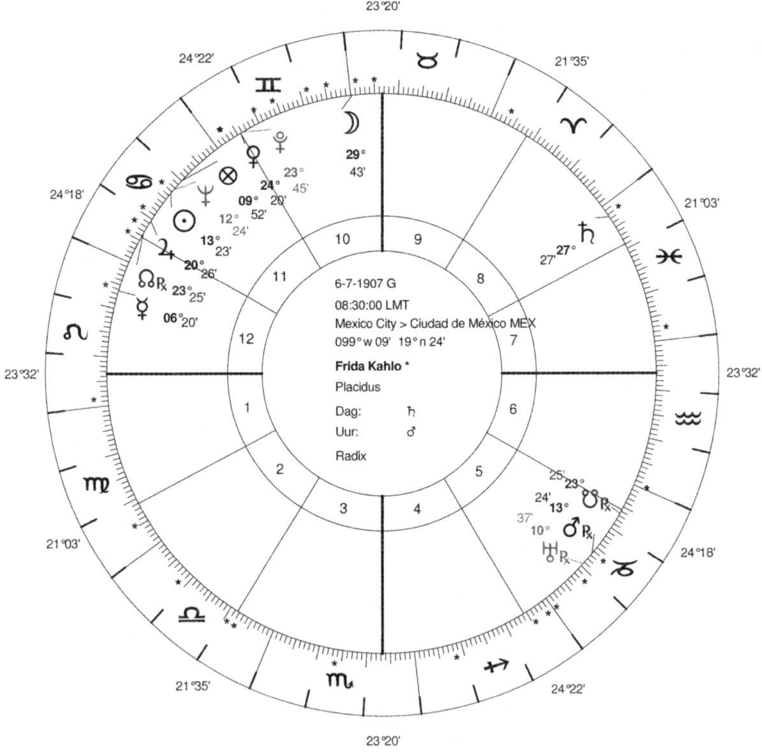

Abbildung 38: Frida Kahlo

ist Trennung, Abschneiden und Kampf. Schlüsselwörter sind Untreue, soziales Engagement und mühseliges Streben. Wir können dies deutlich in ihrem turbulenten Liebesleben und politisch in ihrer Sympathie für den Kommunismus sehen.

Adolf Hitler – Die zerquetschte Krabbe

Das Horoskop von einem der berüchtigtsten Verbrecher zeigt den Unterschied zwischen moderner und klassischer Astrologie. Eine Stier-Sonne mit Aszendent Waage scheint doch nicht wirklich auf jemanden wie den teuflischen Führer der Nazis hinzudeuten, beschreibt diese venusartige Waage/Stier-Kombination ihn wirklich gut genug? Ob jemand moralisch gut ist oder nicht, ist etwas, das auch die klassische Astrologie sicher nicht mit 100 Prozent Klarheit angeben kann, aber man kann Anzeichen im Horoskop entdecken, die die Chancen für extrem moralische Korruption erhöhen. Dies würde beispielsweise von vielen Planeten im Fall oder der Vernichtung angezeigt, von sehr schlechten Fixsternen auf den Achsen oder den Lichtern und einem schwachen neunten Haus. Wenn wir solche Dinge nicht vorfinden und viele Planeten stark gestellt sind, ohne Aktivierung von schlechten Fixsternen, ist es unwahrscheinlicher, dass jemand sehr unmoralisch handeln wird. Es bleibt ein Mysterium der Seele, ob jemand sich wirklich vom Licht abwendet und die Dunkelheit umarmt, aber klassische Astrologie scheint der Lösung dieses Mysteriums etwas näherzukommen.

Im Horoskop Hitlers ist es die Position des Merkurs, die sofort ins Auge fällt, er ist Herrscher von Haus neun direkt auf dem Deszendenten, und dies wird sich sehr stark im Leben manifestieren. Diese Person wird sehr viel über Visionen und philosophisch-politische Ideen reden, denn Merkur befindet sich im kardinalen und sich schnell bewegenden Feuer des Widders und unter der Kontrolle des Dispositors Mars. Dies ist ein Hinweis, dass es nicht sehr angenehm sein wird, der Person zuzuhören. Mars in seiner Vernichtung im Stier zeigt seine schlechtesten Seiten, aber es gibt sicherlich ein gutes Gefühl für eine Inszenierung, da Venus in der Nähe ist. Der Deszendent befindet sich auf dem *Vertex-Nebel* der Andromeda, dies verbindet den Merkur/Herr von Haus neun mit dem zerstörerischen Seemonster, das kommt, um die Seele zu verschlingen und Chaos zu stiften. Die meisten Sterne in Andromeda haben eine sehr positive Auswirkung, sie schaffen häufig Verbindungen zu den Künsten, aber *Vertex* ist ein Nebel im Gesicht der Prinzessin und weist auf Blindheit hin, also werden die Dinge schiefgehen, denn Vertex hat eine Mars/Mond-Natur.

Die zarte Seele, die offen für höhere Sphären ist, durch die sie der Bindung an die Materie entkommen könnte, wird verschlungen und das Chaos des Seemonsters bekommt die Oberhand. Dies ist ein sehr wichtiges mythisches Thema, da so viel in diesem Horoskop auf andere gerichtet ist. Merkur selbst ist dem Fixstern *Al Pherg* in der Konstellation der Fische sehr nahe und dies ist ein Stern des Schicksals, verbunden mit dem Kopf des Typhons, einem der furchtbaren dunklen Gegner der Götter, der unermüdlich kämpft, um das olympische Licht auszulöschen. Von diesem Monster mit einem Körper, der vollständig aus Schlangen besteht, wird gesagt, es habe eine besonders furchterregende Stimme, so gesehen sind beide, *Vertex* und *Al Pherg*, deutlich beteiligt, Vertex ist enger am Deszendenten, *Al Pherg* ist näher an Merkur.

Im siebten Haus ist die Sonne, die über das zehnte Haus der Karriere herrscht, auf dem Stern *Mesarthim* platziert, der in traditionellen Texten nicht erwähnt wird, und trotzdem ist es leicht, die Bedeutung zu finden. Er ist der erste Widderstern, der auch der fette Widder genannt wird, und nicht wirklich subtil ist, denn es ist die frische, gerade eben geborene Widderenergie, die von nichts und niemandem gestoppt werden kann. Ein bisschen höher im siebenten Haus befindet sich die auffallende Venus/Mars-Konjunktion, Mars wirkt in der Vernichtung extrem schlimm, aber Venus in ihrem eigenen Zeichen ist sehr positiv. Zwei sehr widersprüchliche Hinweise, aber es ist deutlich, dass das Endresultat nicht sehr sympathisch sein wird, da der schreckliche Saturn in Vernichtung im zehnten Haus durch Antiszie exakt auf diese Konjunktion fällt. Es gibt also eine bemerkenswerte Konzentration von Energien im siebenten Haus der anderen Personen: Saturn in Vernichtung durch Antiszie auf Mars in Vernichtung und in Konjunktion mit Venus, die peregrine Sonne auf *Mesarthim*, dem fetten Widder, den dominierenden Merkur, Herrscher von Haus neun, am Deszendenten auf Vertex und auf dem Kopf des Typhons.

Das einzig Positive in diesem Horoskop ist die starke Venus in ihrem eigenen Zeichen, die Herrscherin der Geburt, was Hitlers frustrierte Ambitionen als Maler anzeigt. Es ist jedoch klar, dass die Venus nicht einfach zu nutzen ist, da sie in einer engen Konjunktion mit beiden Übeltätern in Vernichtung steht, mit Saturn durch Antiszien, deshalb untergraben Zorn, Hass, Mangel an Selbstkontrolle seinen Sinn von Schönheit und Harmonie vollständig. Am MC befindet sich der Nebel *Praesepe* und laut den alten Texten ist dieser verbunden mit den Ausdünstungen von aufgehäuften Leichen, kann ein Horoskop wirklich bildlich grausamer sein? *Praesepe* symbolisiert die Fragmente der Krabbe, nachdem sie von Herkules zerquetscht wurde, was auch ein adäquates Bild Deutschlands nach dem Krieg war. Duce Benito Mussolini, Hitlers italienischer Verbündeter im Verbrechen, hatte seine Sonne auf *Praesepe*, der Stern gibt bestimmte Talente, Streit und Blutvergießen im großen Maßstab zu verursachen, aber auch im kleineren Maße, das hängt von der Kraft des Horoskops ab.

Dies wäre schon ziemlich ausreichend für einige drohende Übel, aber zusätzlich zu diesen Positionen befinden sich auch noch Jupiter und der Mond unten im Horoskop bzw. in Vernichtung und im Fall auf dem Stern *Facies* im Bogenschützen. *Facies* ist der Nebel im Gesicht des Bogenschützen, sodass wir die ganze Antriebskraft der dubiosen und häufig so gewalttätigen Kentaurenrasse haben, aber kombiniert mit Blindheit, ist es ein Sonne/Mars-Stern, der nicht gerade sehr nett ist. Wir haben vier Planeten in sehr schlechter Verfassung, zwei Planeten in der Mitte und nur einen, die Venus, mit etwas Qualität, aber sie ist so schwerwiegend verletzt, dass sie nichts tun kann, um das Horoskop zu retten. Wenn man ein Horoskop deutet, baut sich ein Muster auf, welches schrittweise immer deutlicher in eine bestimmte Richtung weist. Hier sehen wir immer mehr und mehr Hinweise für einen extrem bösartigen Geist, eine Anhäufung von Schwäche, Dunkelheit, Aggressionen und Hass. Dies ist ein bisschen ernster zu nehmen als ein Stier mit Waage-Aszendent, denn die Dunkelheit ist sicherlich sehr präsent in diesem Horoskop – nicht zuletzt, weil es keine ausgleichenden Stärken irgendwo anders gibt.

Um das Bild zu vervollständigen noch weitere Hinweise. Auf dem Aszendenten befindet sich der kleine Stern *Izar* im Gürtel des Bärenhüters, der immer mit sehr vielen Waffen wie Speeren und Sicheln abgebildet wird. Das Boötes-Thema ist reine Handlung, ohne Verbindung zu einer Form spiritueller Führung, es ist der Bären- bzw. Eberkampf, der so wichtig in der europäischen Geschichte ist. Diese

Konstellation ist auch stark mit Jagd und Kreuzzügen verbunden, sie ist nicht wirklich friedliebend. Der Nazikult des Kriegers ist etwas, das sehr gut in dieses Bild des Soldaten passt, der keine höhere Autorität mehr anerkennt. Es ist der Bär, der den Eber loswurde (es ist auch interessant, dass Berlin die Stadt des Bären ist). Man kann die radikale Entweihung von allen deutlich in diesem Mythos sehen, Boötes drang in den Tempel ein, wo die Priester ihn beinahe töteten.

Die Verbindungen mit der pränatalen Lunation und Eklipse ermöglichen dieser speziellen Person zu solch unglaublichen »Tiefen« zu gelangen. Es gibt auch eine starke Synastrie-Verbindung mit dem Horoskop Deutschlands in dieser historischen Periode, und sogar

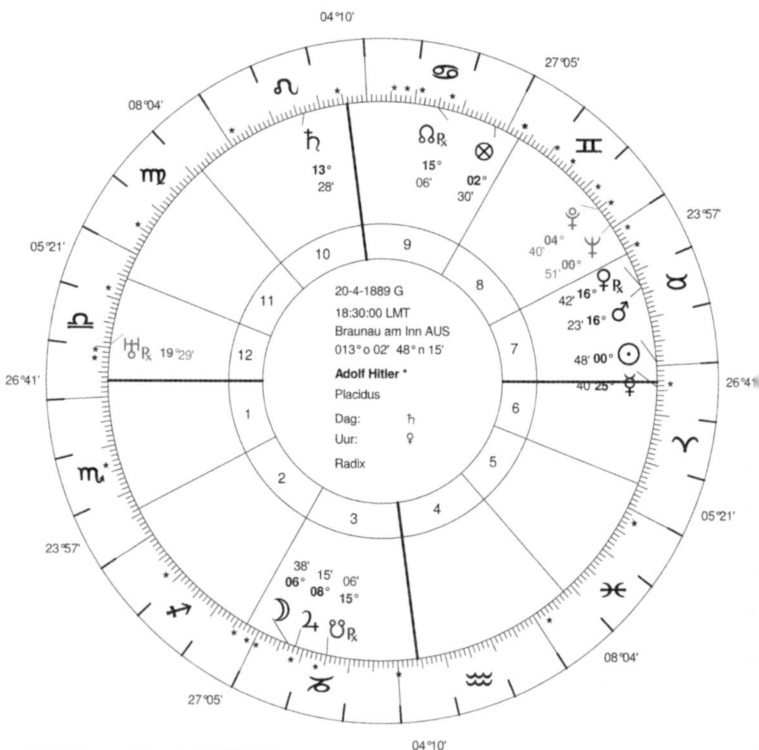

Abbildung 39: Adolf Hitler

sehr auffällig mit dem Horoskop Münchens, der Stadt, die ihn sehr bei seinem Aufstieg zur Macht unterstützte. Wie in so vielen Fällen schmückt das Mondhaus die Arbeit, es ist das Haus des Bogenschützen, der mit radikalen Visionen und Lehren, der Illusion der Unbesiegbarkeit und der gnadenlosen Beseitigung aller im Weg stehenden Hindernisse verbunden ist. Der Bogenschütze ist der Lehrer Cheiron, deshalb gibt es alle diese semi-okkulten Theorien im Nazismus, und die das Mondhaus beherrschenden Sterne sind auf seinem Bogen, deshalb gibt es diese radikale Haltung. Es wird klar, was er denkt: Triumph des Willens.

Bill Gates – Kleiner Hund

Im Horoskop des Microsoft-Tycoons Bill Gates steht ein Stern auf dem Aszendenten, der für sich alleine schon viel über sein Leben aussagt. Es ist der extrem leistungsfähige *Procyon*, der Hauptstern in der Konstellation des Kleinen Hundes. In der Liste der nach Magnitude geordneten Sterne belegt *Procyon* den siebenten Platz, deswegen ist dies ein sehr wichtiger Punkt in einem Horoskop. Je geringer die Magnitude, desto heller ist der Stern und desto stärker ist die Kraft, mit der er sich in der Welt manifestiert. Wie gewöhnlich beschreibt ein Stern auf einer Achse sehr akkurat eines der Hauptthemen im Leben, es ist eine sehr überzeugende Art und Weise, um die Gültigkeit des Systems mit projizierten Sternpositionen zu überprüfen.

Beide, der Kleine und der Große Hund, sind für ihren wilden Kampfgeist bekannt, ihre Fähigkeit, hart zuzubeißen und zu beharren. Der große Hund mit *Sirius* als seinem Hauptstern kann als Rohling beschrieben werden, der häufig offen einschüchternd auftritt und sich gewaltsam durchsetzt, während der kleine Hund ein geschickteres und flexibleres Tier ist. Der Unterschied zwischen den Hunden wird ebenfalls durch die Natur ihrer Planeten ausgedrückt, bei *Sirius* ist es der expansive Jupiter mit Mars, bei *Procyon* ist es Mars mit Merkur. Der kleine Hund ist also das intelligente kleine Tier, geschickt genug, um auch größere Gegner zu schlagen. Man kann sagen, dass dies ein Thema im Leben von Bill Gates ist, als »junger Hund« überholte er die großen etablierten Computerhersteller.

Im Mythos sind die Hunde Hüter der Seele und dies zeigt, dass sie eine Menge Kampfkraft haben, aber sie verleihen nicht die Fähigkeit, gute Führer zu sein, dafür sind sie bei Weitem zu aggressiv. Es muss etwas anderes geben, eine Person oder ein Ideal, das die Energie der Hunde leitet, andernfalls wird sie ausarten und zu häufig in Kämpfe verwickelt werden. All dies wird sicherlich ein Problem für Bill Gates sein, da sein Mond, der auch Herrscher von Haus eins ist, also Gates selbst repräsentiert, sich auf dem Stern *Algenib* in der Konstellation des Pegasus befindet. Das Kernthema in diesem Mythos des fliegenden Pferdes ist, dass sein Reiter Bellerophon entschied, zum Olymp zu fliegen, ohne überhaupt eingeladen worden zu sein oder die Erlaubnis bekommen zu haben. Für Gates gibt es eine beträchtliche Gefahr, viel zu eigensinnig zu sein und dass er zu viel fordert, mit schlimmen Folgen.

Microsoft ist in viele juristische Verfahren involviert, weil die Monopolstellung missbraucht wurde und mit mehreren Wettbewerbern Abkommen getroffen werden mussten. Diese Einigungen kosteten Microsoft viel Geld, die Firma bekam auch Schwierigkeiten mit der EU. Natürlich kann man Microsoft nicht einfach mit der Person Bill Gates gleichsetzen, aber er ist der Hauptarchitekt dieser Strategie, was die Procyon- und Algenib-Themen spiegelt. Der Mond im zehnten Haus als hauptsächlicher Signifikator des Volks und das kleinere Licht ist ein Hinweis für Erfolg und intelligentes Marketing. Gates versteht, was die Menschen wollen, aber es gibt eine Menge Spannung und Kampf, natürlich auch wegen der Opposition des Mondes mit Mars (Herrscher Haus zehn) in einem sehr schlechten Würden-Zustand.

Der Herrscher des zweiten Hauses, die Sonne, macht nicht sofort deutlich, dass Gates einer der reichsten Menschen der Welt ist. Weder hat sie sehr viel essenzielle Würde, noch ist sie im zweiten Zeichen im vierten Haus akzidentell sehr stark gestellt. Man würde schon etwas auffälligere finanzielle Signifikatoren erwarten, aber dies wird schnell deutlich, wenn wir ein weiterschauen und die Fixsterne mit in Betracht ziehen. Der natürliche Signifikator für Reichtum (Jupiter) hat verhältnismäßig gute essenzielle Würde durch Triplizität und befindet sich im zweiten Haus des Geldes und auf *Regulus*, dem königlichsten aller Sterne. Wenn dies noch nicht genügt, Jupiter ist im engen Trigon mit dem anderen allgemeinen finanziellen Signifikator, dem Glückspunkt, dessen Dispositor er ebenfalls ist.

Die kraftvollsten königlichen Sterne wie *Regulus* bekommen einen 3-4°-Orbis, das bedeutet, dass die schwächeren Sterne, die sich in der Nähe von *Regulus* befinden, von ihm überstrahlt werden. Jupiter befindet sich nicht auf *Alphard* auf 26.40 Löwe, nicht auf *Adhafera* auf 26.57 Löwe und auch nicht auf *Al Jabbah* auf 27.17 Löwe, sondern direkt auf dem Big Boss: *Regulus*. Es gibt Zeiten, in denen es wertvoll ist Präzision im Sinne des Zeichens Jungfrau anzuwenden, aber es ist besser, die Planeten in der Jungfrau zu Hause zu lassen, wenn man sich *Regulus* nähert. Technische Präzision ist manchmal wertvoll, aber es ist sicherlich nicht für alles eine Lösung, zu viele technische Details werden einen sogar blind machen, da sie einen Überblick verhindern. Wenn man sagen würde, dass Jupiter sich auf *Al Jabbah* befände, weil dies rein nach Graden gesehen der nächste Stern ist, kann man Gates' übermäßigen Reichtum nicht erklären. Gute klassische Astrologie kann nur entwickelt werden, wenn man bereit ist, Techniken und Regeln in der Praxis zu testen und bei Bedarf anzupassen oder sogar zurückzuweisen.

Dieser sehr starke, großzügige Jupiter weist auch auf die wohltätigen Aktivitäten Gates hin. Nach seiner Pensionierung bei Microsoft benutzte er seinen Reichtum unter anderem dazu, um Bildungsprojekte in Entwicklungsländern zu unterstützen. Jupiter ist sehr treffend Herr von Haus neun (Ethik und Religion) im Horoskop Gates und Herr vom Haus für Unglück, das der große Wohltäter überwinden möchte. Jupiter auf *Regulus* im Trigon zum Glückspunkt ist die Schlüsselposition in diesem Horoskop, und er hat einen starken Synastrie-Aspekt mit der pränatalen Lunation und der Eklipse, in die das Horoskop von Gates auf eine sehr positive Art und Weise eingebunden ist. Ohne diese Einbindung hätten wir niemals von ihm gehört, es ist diese kosmische Energie, die ihm diesen großen Erfolg ermöglichte.

Im Horoskop von Bill Gates wird der Geschäftserfolg deutlich angezeigt, was durch die arabischen Punkte zudem unterstrichen wird. Der Punkt der Berufung (Medium Coeli + Mond - Sonne), also der Beruf, den eine Seele in der Welt möchte, befindet sich direkt auf der dritten Hausspitze unter der Disposition von Merkur. Also möchte

Gates etwas Praktisches tun, das mit Informationen und Kommunikation zu tun hat. Sein Punkt des Ruhms (Aszendent + Sonne - Jupiter in Nachthoroskopen, umgedreht in Taghoroskopen) liegt genau auf der vierten Hausspitze, was zeigt, wofür er bekannt ist: den *Home*computer. Schließlich ist das Mondhaus das Haus des Flügels, das teils von Sternen im Pegasus beherrscht wird, teils von Sternen in Andromeda. Es ist nicht nur mit einem starken Eigenwillen verbunden, sondern auch mit Caritas und Spiritualität, was sowohl sein Geschäft als auch seine späteren wohltätigen Aktivitäten spiegelt.

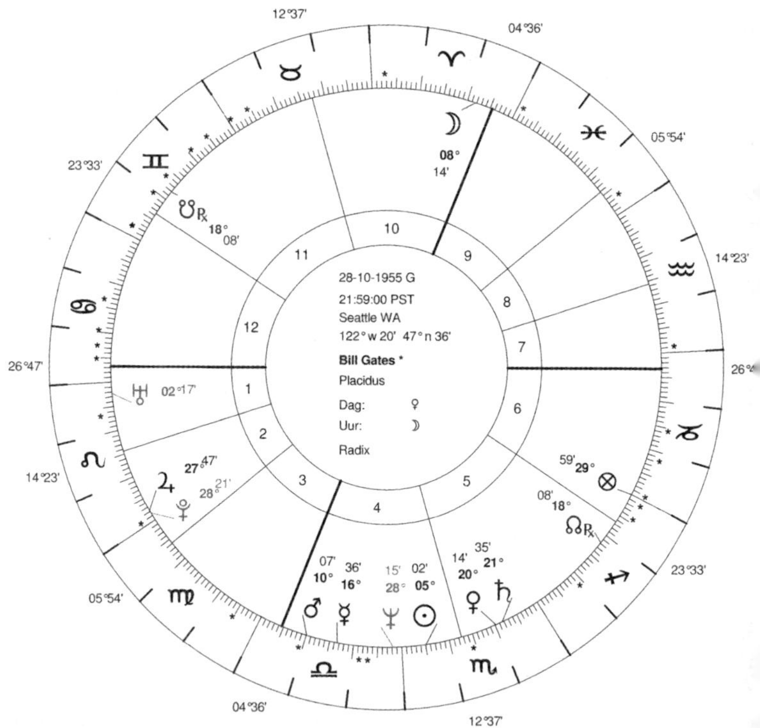

Abbildung 40: Bill Gates

Steve Jobs – Auf den Flügeln des Schwans

Der Ruhm von Bill Gates wurde durch einen großen Wirbel um einen Mann überstrahlt, der einer seiner schärfsten Konkurrenten, doch letztlich der Verlierer war. Steve Jobs, Gründer von Apple, kritisierte Microsoft heftig und behauptete stets mit deutlichen Worten, dass Apple bessere und vor allem schönere Produkte herstellen würde. Lassen Sie ihn nicht über die geschmacklosen und hässlichen Dinge loslegen, die von Gates und seinen Begleitern unternommen wurden. Es war umso bitterer für ihn, dass Microsoft bessere Geschäftsresultate erzielte als Apple und einfach mehr verkaufte. Die Wertschätzung von Apple-Produkten blieb für eine lange Zeit einer kritischen Elite vorbehalten, Microsoft war der Standard für die Durchschnittsnutzer. Das änderte sich erst nach dem sehr öffentlichen Tod von Steve Jobs. Apple holt nun nach all den Jahren des Verlusts auf und ist mittlerweile eine der am meisten angesagten Marken in der Welt.

Der Name von Apple, wie alle Namen kein Zufall, deutet auf den Planeten Venus, was sehr auffällig ist für eine Firma, die Ästhetik als ihr Hauptverkaufsargument hervorhebt. So darf man Venusenergie im Horoskop von Jobs erwarten, eine etwas kreative, ästhetische Betonung, ähnlich wie in seinem Leben. Das Erste, was ins Auge fällt, ist natürlich die Sonne direkt am Aszendenten, die Sonne als der König, was Steve Jobs zu einer sehr dominanten Persönlichkeit macht. Aber der Aszendent steht auch auf *Deneb*, dem sehr hellen Hauptstern der ersten Magnitude im Schwan, ein besonderer, venushafter Vogel, ein Bild von Anmut und Eleganz. Der Stern gehört zur ersten Magnitude und er hat eine Venus/Merkur-Natur, in der wir ein deutliches Bild des trendigen unwiderstehlichen iPhones sehen können.

Der Mythos vom Schwan ist die Geschichte der Leda, welche die Avancen von Zeus wieder und wieder zurückwies, bis er versuchte, sie in der schönen Gestalt eines Schwans zu verführen. Das bedeutet, dass die unendlich überwältigende Kreativität des höchsten Gottes nur dann fruchtbar wird, wenn sie eine ästhetische Form annimmt, und das ist es, was Steve Jobs sehr gut verstand. Dies ist die Energie, die durch ihn Gestalt annahm. Genau auf seinem Aszendenten befindet sich der Fixstern *Skat* in der Konstellation des Wassermanns, des Mundschenks, der das Süßwasser ausschenkt. *Skat* ist im Bein platziert, das sich im Fluss des Wassers befindet. Das süße Wasser ist ein Symbol der transformierten gereinigten Begierde und es strömt in das Maul des Südlichen Fisches *Fomalhaut*, des großen Sterns der Wintersonnenwende und der spirituellen Geburt. Um es auf einer weniger spirituellen Ebene zu formulieren, Jobs möchte etwas produzieren, das rein ist, ein Objekt, das mehr als bloße normale rohe Begierde nach einigem Besitz ist.

Der Mond ist Herr von Haus fünf, dem Feld der Kreativität, und hat gerade ein neues Zeichen betreten. Dies zeigt eine frische, innovative Kreativität an, und der Mond ist auf *Difda* in der Konstellation *Cetus*, des Seemonsters. Dies ist die hässliche Bestie, die Tod und Zerstörung ins Land bringt, sie ist auf ihrem Weg, die hübsche Prinzessin Andromeda zu verschlingen. Der Wal wurde vom immer schlecht gelaunten Meeresgott Neptun geschickt, da Andromedas Mutter Kassiopeia geprahlt hatte, dass ihre Tochter Andromeda hübscher sei als die Wassernymphen, die Dienerinnen Neptuns. Das Seemonster war Neptuns Antwort auf diese eklatante Provokation. Steve Jobs war nicht gerade sehr diplomatisch im Kritisieren Microsofts und pries sein eigenes Baby, den ästhetischen »Apfel«, was vom Seemonster Gates nicht gerade geschätzt wurde. Das ganze Thema der bedrohten Schönheit wird durch die Position des Mars, des Herrschers der Geburt unterstrichen, der auf dem Stern *Mirach* steht, welcher sich ebenfalls in Andromeda befindet und einer der wenigen Sterne mit einer reinen Venus-Natur ist.

Ein sehr stark erhöhter Jupiter, Herr von Haus zehn (Karriere), ist im fünften Haus der Kreativität platziert, in einem fruchtbaren Wasserzeichen, aber er ist rückläufig, sprich, er geht nicht mit dem Fluss. Jupiter ist auf *Castor*, dem sterblichen Zwilling, also hat er einen stärkeren unsterblichen Bruder, in dem wir das so viel mehr erfolgreiche Microsoft erkennen können. *Castor* wird in der Schlacht getötet. Castor hat eine intellektuellere Merkur-Natur, während der königliche *Pollux* einen reinen kriegerischen Kampfgeist hat. Microsoft wurde erst nach dem Tod Jobs geschlagen und Apple wurde der große Gewinner. Das ist genau das, was der Zwillinge-Mythos erzählt, da die Zwillinge nach dem Tod Castors wieder vereinigt wurden und sechs Monate zusammen auf dem Olymp und sechs Monate zusammen im Hades leben, was auf einen gelöschten Unterschied hinweist. Bill Gates und Microsoft haben viele Rollen im Horoskop Jobs zu spielen, sie sind das Seemonster, das geschickt wurde, um Andromeda/Apple zu verschlingen, aber auch Pollux, der unsterbliche Bruder/Rivale, mit dem er stark verbunden war.

Natürlich ist die Position der Venus sehr wichtig in einem solchermaßen ästhetischen Horoskop und sie ist tatsächlich stark platziert in ihrer Triplizität und im elften Haus. Venus befindet sich auf einem weniger wichtigen Stern in der Leier und eines der Themen der Leier ist die Realisation himmlischer Schönheit auf der Erde. Sehr auffällig ist, dass Venus ebenfalls Herr von Haus drei (Routineprozesse) ist, so gesehen geht es um die Schönheit von Dingen, die alltäglich benutzt werden. Auf der dritten Hausspitze befindet sich *Algol*, das mag ein

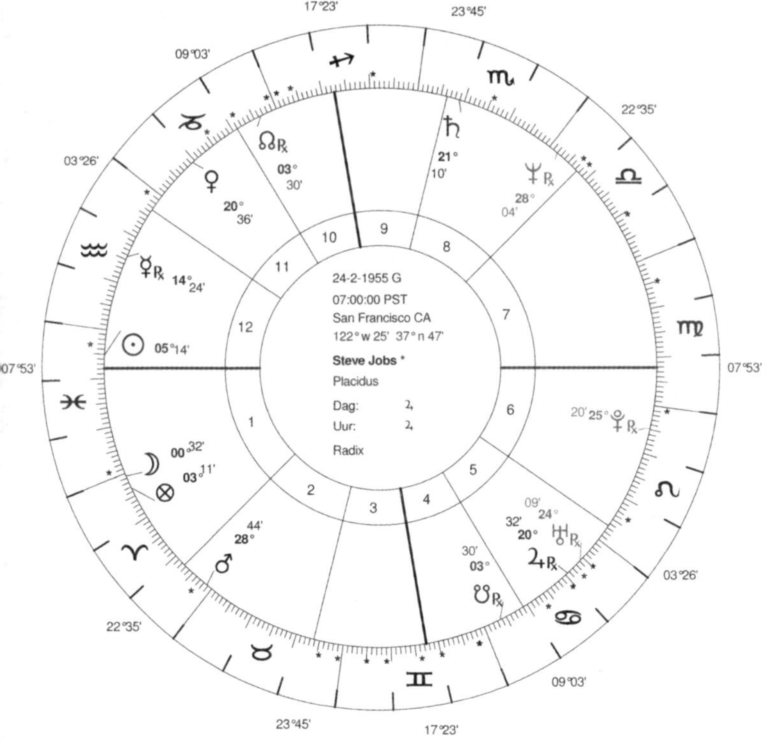

Abbildung 41: Steve Jobs

wenig überraschend erscheinen, aber bei Algol geht es nicht nur um Krise, Katastrophen und das Abschneiden von Köpfen, hier können wir die andere Seite der Medusa sehen. Sie ist nicht nur das abstoßende Monster mit Schlangen als Haaren, denn zur gleichen Zeit ist sie auch das genaue Gegenteil, eine sehr schöne, verführerische Frau. Natürlich sind diese beiden Bilder tatsächlich eins, denn Begierden sind häufig unwiderstehlich attraktiv: Obwohl man weiß, dass es nicht sehr intelligent ist, beginnt man dennoch eine Affäre. Oder wie im Falle Jobs, obwohl es viel zu teuer ist, kauft man das neue iPhone trotzdem, einige Menschen verbringen sogar die ganze Nacht in einem Schlafsack vor dem Eingang des Geschäfts, um als Erste eins zu bekommen, ein sehr deutliches Bild davon, was *Algol* mit einem tun kann: den Verstand zu verlieren, weil die Begierde so intensiv ist. Das Mondhaus ist das Haus des Flügels und es zeigt Jobs Eigenwillen an.

Clint Eastwood – Die Klauen der Gerechtigkeit

Clint Eastwood begann seine Schauspielkarriere in Westernfilmen. Überwiegen spielte er »coole« Rollen, dabei benutzte er immer Gewalt aus mehr oder weniger gerechtfertigten Gründen, ein Image, das er sich definitiv in der Serie *Dirty Harry* als Polizist Harry Callahan verschaffte. Callahan respektiert die Verhaltensvorschriften der Polizei nicht allzu sehr, er hat seine eigenen Methoden, und diese Methoden sind ziemlich direkt, rau und in vielen Fällen geradezu illegal. Aber Callahan wird niemals zu einem schlechten Kerl, denn er wird immer für die absolut erforderliche Gerechtigkeit arbeiten, er macht einfach das, was getan werden muss, wie sich für die Opfer von Verbrechen zu rächen und die Mörder zu bestrafen.

Clint Eastwood ist nicht nur ein sehr erfolgreicher und beliebter Schauspieler, sondern auch Filmregisseur, und engagierte sich ebenfalls für eine gewisse Zeit als unabhängiger Politiker in Kalifornien. Sein Erfolg wird sehr deutlich durch ein paar sehr auffällige königliche Fixsterne angezeigt. Ohne diese ist es nicht leicht Ruhm zu erlangen, welcher Art auch immer die Talente sein mögen. Außer den auffälligen königlichen Sternen und/oder Elitesternen der 1. Magnitude braucht man für großen Ruhm ebenfalls eine klare Übereinstimmung mit den vorgeburtlichen Horoskopen, und auf Clint Eastwood trifft beides zu.

Die beste und lehrreichste Art und Weise, sich einem Horoskop zu nähern, ist es, wenn man sich einfach nur das anschaut, was ins Auge fällt, ohne sofort an die einem schon vorliegenden Informationen über das dazugehörige Leben zu denken. Zu häufig sucht man in einem Horoskop sofort nach einer Situation, von der man weiß, dass sie existierte. Das ist wie eine Vorhersage nachdem das Ereignis eingetroffen ist, was natürlich immer von Erfolg gekrönt ist, weil man bereits weiß, was geschehen ist. In der Astrologie sollten wir aber in der Lage sein, zu sehen, wie das Leben sein wird – nicht in konkreten Details, aber in allgemeinen Umrissen. Erst nachdem die ersten Schritte einer Deutung getan wurden, kann das allgemeine Bild mit Informationen über das Leben gefärbt werden. Diese Informationen sind in der Tat von entscheidender Bedeutung für gute Astrologie, aber nur als zugefügtes Gewürz, um die Analyse geschmackvoll und konkret zu machen.

Im Horoskop von Eastwood ist es zum Beispiel Merkur, Herrscher von Haus acht (Tod), der sofort ins Auge fällt, denn er ist rückläufig und befindet sich am Deszendenten (andere Menschen) auf *Algol*, dem bösartigsten Stern, der zu Tod und Zerstörung führt. Ohne etwas über sein Leben zu wissen, deutet dies auf ein sehr wichtiges Thema hin, das sich manifestieren wird, es könnte ebenfalls eine ideale Position für einen gnadenlosen, gewalttätigen Mafiaboss sein. An dieser Stelle verbinden wir die astrologische Analyse mit den Informationen über das Leben, und dann ist dieser Merkur ebenfalls ein gutes Bild der »Dirty Harry«-Methoden. Man kann ein Horoskop nicht ohne jegliche Informationen über das Leben analysieren, aber dieser Prozess sollte nicht umgedreht werden, d.h. man sollte nicht mit der Biografie beginnen und diese dann im Horoskop wiederzufinden versuchen. Bei allen Formen der Astrologie sind Informationen über Zusammenhänge für effektive Vorhersagen wesentlich, aber sie sind nicht der Ausgangspunkt, es ist die dynamische Beziehung zwischen Horoskopinformation und Informationen über das Leben, die einen befähigen, gute Astrologie zu betreiben.

Vielleicht ist es besser, dass Eastwood diese Energien auf der Filmleinwand auslebt und nicht in der »Realität«, da sein Horoskop enormen Erfolg verspricht. Am Medium Coeli, dem Hauptpunkt für Karriere, ist der königliche *Regulus* platziert, das Herz des Löwen mit einer Mars/Jupiter-Natur. Außerdem befindet sich auch noch der andere königliche Stern, der für großen Erfolg und Reichtümer steht, der martialisch rote *Aldebaran*, in Konjunktion mit der Sonne, Herrscherin von Haus zehn! *Aldebaran* ist einer der wenigen Sterne am Himmel mit einer reinen Mars-Natur, dies ist natürlich für einen Schauspieler, der so häufig sehr gewalttätige Rollen gespielt hat, sehr angemessen. Zusammen mit einem Merkur, der an einer Achse steht, Herrscher von Haus acht ist und auf *Algol* steht, verleihen diese beiden königlichen Sterne dem Horoskop mehr als einen Beigeschmack von Gewalt, es atmet regelrecht Gewalt. Glücklicherweise ist Mars essenziell sehr stark, er ist sogar Geburtsherrscher, also sein großes Talent. Er befindet sich zudem auf der Hausspitze sechs und wird benutzt, um das Elend des sechsten Hauses zu korrigieren, es ist Leid, das einem durch andere Menschen oder das Leben im Allgemeinen zugefügt wird.

Sein großes Talent Mars steht in einem engen Trigon mit dem Medium Coeli, dies kompensiert die akzidentelle Schwäche des Mars im fallenden sechsten Haus. Ergänzend kommt noch die Tatsache hinzu, dass Mars sich im Haus seiner »Freude« aufhält. Der Planet ist ebenfalls Herrscher von Haus fünf (Kreativität) und befindet sich auf dem Stern *Mirach* in Andromeda, einem der wenigen Sterne mit einer reinen Venusnatur. Hier kann man ein künstlerisches Gefühl für schöne Bilder und Formen sehen, aber Venus selbst ist nicht sehr stark gestellt. Clint Eastwood ist kein Maler, er drückt seinen ästhetischen Geschmack als martialischer Action-Held im Film aus. Die Tatsache, dass Mars seine stärkende Freude im sechsten Haus besitzt, ist leicht zu erklären. Im Fall von Unglück braucht man einige mutige Maßnahmen, um eine Situation zu korrigieren, dies kann ein Skalpell oder Dirty Harry mit einer extragroßen 44er-Magnum sein. Mars steht einfach an der richtigen Stelle im sechsten Haus, daher ist er in seiner »Freude«.

Ist es Zufall, dass der Serienmörder in *Dirty Harry – Teil 1* sich selbst Skorpion nennt? Vielleicht nicht, denn dies ist Eastwoods aufsteigendes Zeichen, aber noch wichtiger ist, dass sich der aufsteigende Grad auf der *nördlichen Waagschale* befindet. Dies bringt das mythische Thema des Wiegens der Seelen, der Gerechtigkeit und das Wiederherstellen von Gleichgewicht mit ins Spiel. Zusammen mit der *südlichen Waagschale*, die sich 4° weiter im Skorpion befindet, handelt es sich hier um die Waagekonstellation, die auch als die Klauen des Skorpions bekannt ist und die häufig strenge Korrekturmaßnahmen für Gerechtigkeit darstellen. Skorpion ist die grausame Bestie, die den Orion mit ihrem Gift gnadenlos tötete, weil der Jäger geprahlt hatte, dass er jedes Tier fangen und jeden Gegner besiegen könne. Orion hatte vergessen, dass die Götter die »Bosse« sind und so wurde er beseitigt. Eastwood als Dirty Harry ist dieser rächende Engel, denn beide Klauen/Waagschalen, Norden und Süden, sind mit diesem Thema verbunden. Und obwohl die südliche Waagschale die eindeutig bösartigere des Sternenpaares ist, wird sogar die nördliche Waagschale auf eine eher bösartige Art und Weise ausgedrückt, weil Eastwoods Horoskop so extrem Gewalttätigkeit zum Ausdruck bringt.

Dieses mythische Bild ist einer der wichtigsten Schlüssel zu seinem Erfolg, es ist die tiefe Befriedigung, die man empfindet, wenn Dirty Harry den Mörder aufgreift und tötet. Letztendliche Gerechtigkeit wird vollzogen, das ist die Essenz der Waagschale, wie es in der Bibel und anderen heiligen Büchern angegeben wird, niemand wird entkommen am Tage des Jüngsten Gerichts. Das ist es, was tief in unserer Seele mitschwingt, wenn wir sehen, wie Harry Callahan seine 44er-Magnum abfeuert, um Abschaum zu entfernen. Eastwood drückt diese Themen auf der Leinwand aus und nicht in der Realität, aber diese Unterscheidung ist nicht so scharf, wie es scheint. In Geschichten werden mythische Themen oft in einer sehr reinen Form gezeigt und in gewissem Sinne ist eine Geschichte eine Form von Realität und auch umgekehrt. Es gibt sogar einen astrologischen Beweis dafür, denn wenn wir eine fiktive Zeit, die in einem Film erwähnt wird, zum Erstellen eines Horoskops für diesen Film nehmen, stellt sich häufig heraus, dass dadurch die Geschichte im Detail beschrieben wird! Deshalb ist eine Geschichte nicht so fiktiv, wie es scheint und es gibt unterschiedliche Ebenen der Realität.

Den Mond von Eastwood finden wir im Mondhaus der Diener, das von den *zwei Eseln* beherrscht wird, die Esel werden von den Göttern in ihrem Kampf mit den Titanen geritten. Die Esel sind die unterworfenen satanischen Kräfte des Chaos, deshalb das Thema der Diener. Traditionelle Schlüsselwörter sind Sicherheit und Stabilität. Ebenso das Erschaffen von Orten, an denen Menschen sich ausruhen können und gefördert werden. Sicherlich ist dies für Eastwood angemessen, es ist das ganze Thema des Kampfes mit den Titanen. Die Götter benutzen die dunklen Eselkräfte, um ihre Gegner zu schlagen. Es ist klar, dass solch ein martialisches Horoskop wie das von Eastwood nicht einen erfolgreichen Hotelmanager anzeigt, dafür bräuchte er einen viel stärkeren lunaren bzw. wässrigen Einfluss im Horoskop.

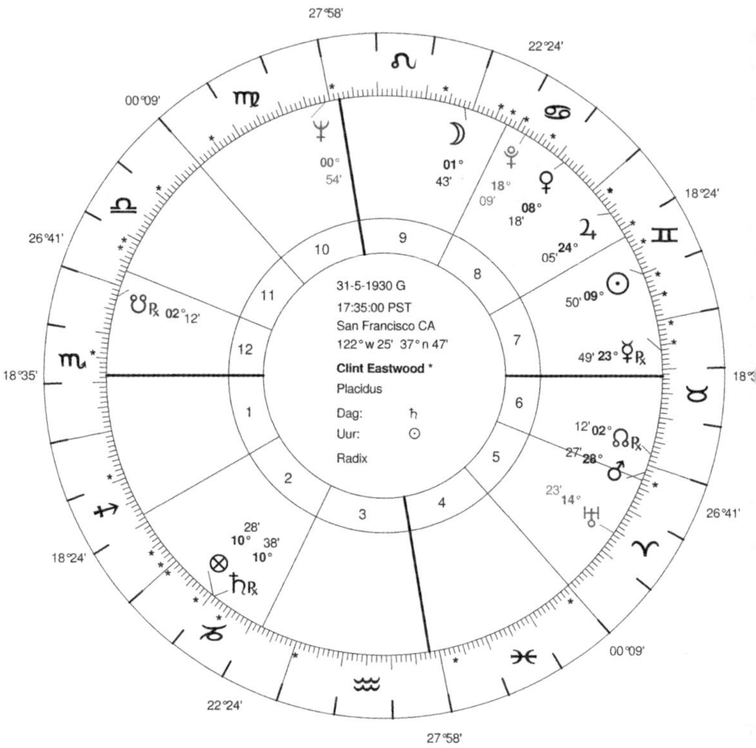

Abbildung 42: Clint Eastwood

Margaret Thatcher – Attila, der Hunne

Die Tatsache, dass dieses Horoskop drei Planeten in Fall und in Vernichtung hat, außerdem drei peregrine Planeten und nur einen Planeten mit sehr kleiner essenzieller Würde, zeigt, dass es nicht notwendig ist, irgendwelche Qualitäten zu besitzen, um sehr erfolgreich zu sein. Was zählt, sind neben kraftvollen Fixsternen und akzidenteller Würde vor allem Planeten auf den Achsen, denn diese zeigen die Kraft der Manifestation in der Welt. Es sind nicht tiefe Einsichten oder das gründliches Verständnis in Verbindung mit essenzieller Würde, was Menschen in hohe Positionen bringt. Viel essenzielle Würde in einem Horoskop vermindert die Chance eines bösartigen oder unmoralischen Verhaltens, aber es ist keine Garantie, denn einige Naziführer hatten zum Beispiel Planeten mit guter essenzieller Würde. Aber es zeigt immer die Möglichkeit, bestimmte Tätigkeitsfelder richtig zu handhaben, weil man diese wirklich versteht. Wenn man einen essenziell starken Planeten besitzt, weiß man, wie dieser funktioniert, obwohl dies sicherlich nicht notwendig ist, um Einfluss auf die Welt auszuüben, wie das Geburtsbild von Thatcher beweist.

Wenn man das Horoskop der eisernen Lady betrachtet, wird der berühmte Spitzname sofort klar: Der dominierende Planet in ihrem Leben am Aszendenten ist ein peregriner Saturn. Peregrinität zeigt einen Mangel der korrekten Richtung, obwohl ein peregriner Planet sich nicht völlig bösartig auswirkt, wird er doch dazu neigen, seine weniger angenehmen Seiten zu zeigen – ganz bestimmt, wenn er von Natur aus ungünstig ist, wie in diesem Fall. Für Saturn bedeutet dies Härte, Unbarmherzigkeit, Starrheit, Kälte, fehlende emotionale Anteilnahme, die von einer starken gegenseitigen Rezeption oder einem Aspekt mit einem Planeten, der viel essenzielle Stärke hat, korrigiert werden könnte. Aber in diesem Horoskop ist Saturn in einer starken gegenseitigen Rezeption mit einem Planeten, der alles nur verschlechtern kann, nämlich mit einem bösartigen Mars in Vernichtung in Waage. Diese Verbindung wird die Härte von Saturn nur noch erhöhen, das martialische Eisen härtet die saturnartige Starre zu Stahl. Zwei Planeten in Rezeption sind auf eine Art und Weise verbunden, bis zu einem gewissen Maß vergleichbar mit einem engen Aspekt, aber wenn sie sich gegenseitig tatsächlich Unterstützung geben sollen, dann sollten sie etwas essenzielle

Würde besitzen, andernfalls haben sie nichts anzubieten und können einander sogar schaden.

Dies ist hier der Fall, das Eisen des Mars härtet Saturn zu Stahlbeton und die involvierten Fixsterne mildern die Angelegenheit keineswegs. Der Aszendent in Verbindung mit diesem Saturn aus Stahlbeton befindet sich auf der extrem einflussreichen *südlichen Waagschale* oder deutlicher der südlichen Klaue des Skorpions – der bösartigeren der beiden Klauen, die mit gnadenlosen Korrekturmaßnahmen verbunden ist, und da dies als Preis nicht ausreicht, wird es die Angelegenheiten den ganzen Weg und sogar darüber hinaus antreiben. Das Waagschalen-Thema ist dasselbe wie im vorherigen Horoskop, aber der Beigeschmack ist unterschiedlich. Wo auch immer wir in diesem Horoskop hinschauen, wir werden keine essenzielle Würde oder Sanftheit als Gegengewicht für die dominierende Härte finden. Hier sehen wir tatsächlich Attila den Hunnen, Thatcher kann nicht gestoppt werden, ihre Klauen werden einen ergreifen und quetschen, bis man nach Gnade schreit, wahrscheinlich sogar länger.

Mars in einer so starken gegenseitigen Rezeption mit diesem steinharten Saturn ist Herrscher von Haus eins, und dieser Übeltäter in Vernichtung in seinem schlechtesten möglichen Zustand befindet sich auf *Vindemiatrix*, dem höchst unangenehmen Fixstern in der Konstellation der Jungfrau. Dies ist der Zauberlehrling, der eine arrogante Selbstüberschätzung der eigenen Fähigkeiten verleiht, er verweist auf jemanden, der die Illusion hat, etwas tun zu können, für das er kein Wissen besitzt. Der Stern neigt dazu, Kräfte freizusetzen, über die die Person keine Kontrolle hat und die der Umgebung sehr stark schaden, obwohl dies nicht gesehen und erkannt wird – *Vindemiatrix* bewirkt auch Blindheit. Die Person kann nicht von der Schädlichkeit ihrer Handlungen überzeugt werden, wie auch immer die Reaktionen in der Umgebung sein mögen. *Vindemiatrix* wird seine übelsten Seiten zeigen, da der sich darauf befindende Planet Mars in seiner Vernichtung steht, viel schlimmer kann es nicht kommen.

Diese Kombination der beiden Übeltäter in einem schlechten Zustand, verbunden mit diesen ungünstigen Fixsternen, ist unglücklich und sehr zweifelhaft. Es wäre besser, Thatcher in den Norden von Schottland zu schicken oder zur Bürgermeisterin der Shetland Inseln zu ernennen und alle Türen zu schließen. Aber nein: Wir werden von ihr hören, denn der Mond, das kleinere Licht und der allgemeine Signifikator für das Volk, befindet sich auf dem außergewöhnlich königlichen *Regulus*, der einem den Thron geben wird, es gibt also keinen Weg an Thatcher vorbei. Häufig sagen die alten Texte, dass Regulus einen auf den Thron setzen wird, aber dass er ihn auch wieder wegnehmen wird. Doch dies ist sicherlich nicht immer so, es hängt von der genauen Position der Sterne ab, von der Kraft des übrigen Horoskops und von den Entscheidungen der Person. Das Herz des Löwen verlangt eine innere Distanzierung von den gnadenlosen Löwenambitionen. Wenn man weniger an Macht und Erfolg anhaftet, ist es unwahrscheinlicher, dass man vom Thron wieder herunterfällt, weil man dann sehen kann, was um einen herum und auch einem selbst geschieht.

Obwohl der Mond sich in einem etwas schwächeren fallenden Haus befindet, gibt es eine direkte Verbindung durch ein Quadrat mit Merkur, Herrscher von Haus zehn (Karriere), der im sehr schwächenden zwölften Haus platziert ist. Dieser schwache Herrscher von Haus zehn kommt durch den einflussreichen Mond auf dem Löwenherzen zum Vorschein. Ein enger Aspekt oder eine starke Rezeption kann einen Planeten in einem schwachen Haus befreien, vorausgesetzt, der befreiende Planet – wie in diesem Fall der Regulus-Mond – hat ziemliche Kraft. Es ist, als ob dieser Planet seinen Arm um die Schulter seines schwächeren Bruders legt und ihn dann mit auf seine Abenteuer mitnimmt. Auffällig ist, dass Merkur im zwölften Haus der einzige Planet im ganzen Horoskop mit etwas essenzieller Würde durch »Grenze« ist. Die Eiserne Lady kann nicht auf Talente oder tiefe Einsichten bauen, sie hat nur eine sehr, sehr starke Manifestationskraft in der Welt, vor allem diesen Stahlbeton-Saturn und diese extrem einflussreichen Fixsterne.

Merkur, Herrscher von Haus zehn, befindet sich ebenfalls auf einflussreichen Sternen der ersten Magnitude: Am Ende von Waage finden wir sowohl *Arcturus* auf 23.11° als auch den königlichen *Spica* auf 22.48°. So muss eine Wahl getroffen werden, welcher der beiden Sterne sich deutlicher durch Merkur, Herrscher von Haus zehn, auswirkt. Die Planetennatur von *Spica* ist Venus/Mars, die Natur von *Arcturus* ist Mars/Jupiter, also passt Merkur nicht besser zu dem einen oder anderen. *Spica* ist näher am Zodiak, aber Merkur auf 23.47° Waage ist deutlich näher in Länge zu *Arcturus*, was wiederum die stärkste

Auswirkung auf den Herrscher von Haus zehn hat. *Arcturus* ist der Bärenhüter, verbunden mit Kreuzzügen, mutigem Handeln und Entschlossenheit, der Hüter kann, wenn er es möchte, die Macht des Bären entfesseln. Das Mondhaus der Eisernen Lady ist das des Löwenherzens, das so stark mit Verlangen nach Macht, Autorität und Ehrgeiz verbunden ist.

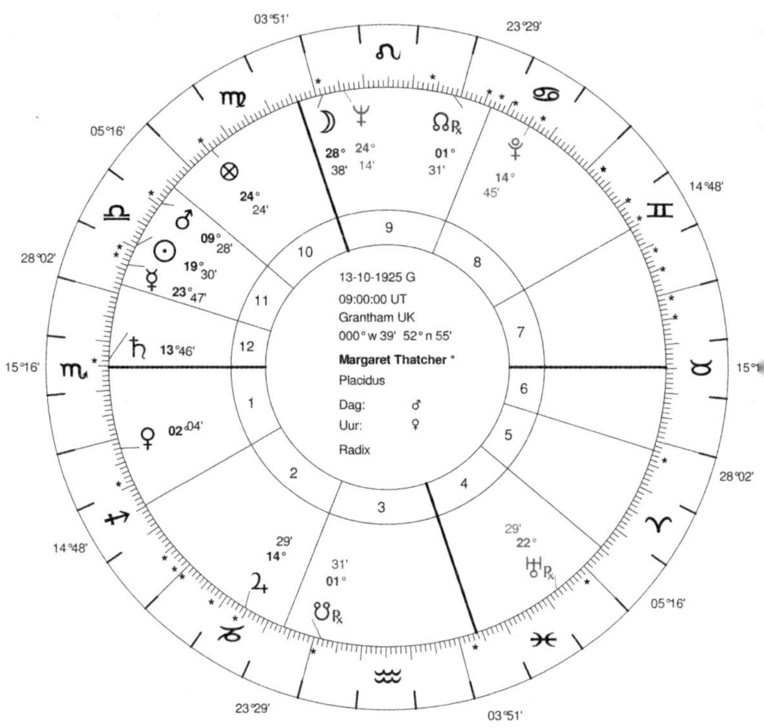

Abbildung 43: Margaret Thatcher

Lady Diana – Spica par excellence

Im Horoskop von Lady Diana Spencer springt sofort ins Auge, dass sich der MC auf *Spica* befindet. Dieser königliche Stern wird einen großen Einfluss auf ihr öffentliches Leben haben. *Spica* als Hauptstern in der Jungfrau und der Weizenähre ist etwas ganz anderes als der ehrgeizige Thronstern *Regulus*, aber sein beschützender Einfluss kann jemanden immer noch in eine viel höhere Position bringen, als man gedacht hätte. Natürlich beschreibt dieser eine Stern sehr gut, was diesem Mädchen passiert ist, das nicht der höchsten Aristokratie angehörte, aber dennoch ausgewählt wurde, die zukünftige Königin Englands zu werden. Wir alle wissen, wie es endete, und obwohl *Spica* in dominierender Position sehr beschützend ist, bedeutet dies nicht, dass alles sich zum Guten wendet. Unsere Himmelskunst fundiert auf dem Lesen und Abwägen von oft widersprüchlichen Hinweisen im Horoskop und kann nicht nur auf einen Faktor oder eine Technik reduziert werden.

Aber es ist klar, dass *Spica* Diana ein engelgleiches Bild verliehen hat. *Spica* ist als die Weizenähre die Konzentration und der Erntepunkt in der Konstellation, der Brennpunkt der Jungfrau-Reinigungstätigkeiten, hier wird die Spreu vom Weizen getrennt, sie behält nur die gereinigte Essenz. In der griechischen und christlichen Mythologie gleichermaßen geht es in der Geschichte von der Jungfrau um eine Person, die die Seite der Götter wählt. Es ist Maria als die makellose heilige Mutter Gottes oder Astraea, Tochter eines Titanen, die den irdischen Riesen in ihrem Kampf gegen das Olympische Licht die Unterstützung verweigert und zu den Göttern überwechselt. Dies ist jemand, der sich mit Selbstvertrauen für innere Reinheit entscheidet, und wir sehen sie hier bei der Königin der Herzen, welche die Schwachen und Kranken beschützt. Dies steht sehr im Kontrast zur Steifheit der restlichen königlichen Familie.

Aber sogleich klingt ein weiterer dunkler Ton an: Venus, Herrscherin von Haus zehn (Karriere), befindet sich auf dem außergewöhnlich bösartigen Stern *Algol* (Tod und Katastrophe), Medusa wird die Karriere ebenfalls beeinflussen. Was für ein Widerspruch in einer Person, die auf der einen Seite dieses beinahe Maria ähnliche Bild und auf der anderen Seite die rohe Begierde, die unmenschliche Energie der

Gorgone, die durch die Venus als MC-Herrscher wirkt, in sich trägt. Dies macht sie beinahe unwiderstehlich attraktiv, Venus in sehr gutem Würden in ihrem eigenen Zeichen Stier als Herrscherin von Haus zehn und Herrscherin von Haus fünf ist mehr als gut in der Lage, die Rolle der Medusa zu spielen. Nicht nur als Monster, sondern auch als sehr verführerische, hübsche Frau, es ist der reine und intensive Glanz der Begierdenatur, den wir hier sehen können. Diana vermochte dies sicherlich, denn Venus steht durch die Antiszie in Konjunktion mit dem Glückspunkt im achten Haus – ihr Seelenwunsch war es zu gefallen und zu verführen, um von anderen geschätzt zu werden.

Der Mond ist verbunden mit einem kleineren Stern im Schwan, einer Konstellation, die mit einer sehr starken Venus-Natur und mit Ästhetik und Anmut verbunden ist. Das Mondhaus ist das Haus des Delfins. Die Schlüsselthemen in diesem Haus sind das Sammeln von Reichtum, ebenso Mut, Wohltätigkeit und Musik; es ist die Geschichte von Arion, dem Dichter, der auf seinem Weg nach Hause auf einem Schiff von der Besatzung, die sein Geld stehlen wollte, bedroht wurde. Er bat darum, als letzten Gefallen ein Lied singen zu dürfen, aber anstatt dessen sprang er unerwartet über Bord und wurde von einem Delfin, der als Symbol des Tores in die nächste Welt gilt, gerettet. Viele dieser Themen wie Mut, Reichtum und Wohltätigkeit spiegeln sich in Dianas Leben wider und es zeigt ebenfalls ihr letztendliches Schicksal des »Über-Bord-Springens« an. Arion zieht es vor von Bord zu gehen, bevor die Besatzung sein Geld stiehlt, das ist aber Schicksal und keine bewusste Entscheidung.

Ihre Ehe mit dem Kronprinzen Charles wird durch die Sonne, allgemeiner Signifikator von Königen, angezeigt. Diese steht in Konjunktion mit Merkur und verbrennt den Herrscher von Haus sieben (Beziehungen). Die Sonne ist auch durch eine exakte Antiszie mit dem Deszendenten verknüpft, was die Verbindung der königlichen Sonne mit der Ehe stark unterstreicht. Doch dies ist ebenfalls eine Opposition mit dem Aszendenten (Diana selbst). Der wesentliche Signifikator für Beziehungen ist hier Merkur, Herrscher von Haus sieben, der durch Verbrennung und Rückläufigkeit verletzt ist und in engem Sextil mit einem unguten peregrinen Mars in der Jungfrau steht; nicht gerade ein Indiz für eine stabile Ehe mit einer so solaren Figur. Der arabische Punkt für Ehe, der immer zusätzliche Informationen bietet, steht in Opposition zur Sonne, was wiederum auf Schwierigkeiten mit einem solaren Mann hindeutet. Die Formel für den Ehepunkt ist Aszendent + Hausspitze 7 - Venus. Die arabischen Punkte kommen hauptsächlich durch enge Aspekte mit Planeten ins Spiel, diese Aspekte aktivieren die Punkte. Ohne einen Aspekt bleiben die arabischen Punkte still, es ist die Kraft eines Planeten, der den Punkt auf die Erde und zum Leben bringt.

Alles in allem ist es für Diana keine gute Idee, mit der Sonne involviert zu werden, Saturnmänner wären eine bessere Wahl für sie gewesen, also keine Aristokraten! Saturn ist Dianas Geburtsherrscher, der stärkste Planet und ihr Lebensanker, aber wie das Horoskop zeigt, werden die solaren Männer kommen, und erst nach schlechten Erfahrungen mit der Sonne entsteht die Möglichkeit, die beste Option Saturn bewusst zu wählen. Der Herrscher von Haus sieben und das siebte Haus zeigen, welche Art von Partnern wir automatisch treffen werden und auch welche Themen immer in der Beziehung eine Rolle spielen werden. Aber die beste Option für eine gute Ehe wird in vielen Fällen nicht durch das siebente Haus gegeben, sondern durch den Geburtsherrscher, die stabilisierende Energie im Horoskop.

Auf Dianas Aszendenten, ihrem persönlichsten Punkt, finden wir den Stern *Sabik*, einen der vielen Sterne in der Konstellation des Ophiuchus, des Schlangenträgers. Die Schlange ist eines der tiefgründigsten und bedeutungsvollsten Tiersymbole, man kann sie als die reine dualistische Lebens- bzw. Begierdeenergie selbst sehen. Die Schlangenenergie ist durch die Konstellation Ophiuchus sehr eng mit Dianas Leben verbunden, *Ras Alhague* ist der Kopf des Schlangenträgers und *Sinistra, Yed Prior* und *Yed Posterior* sind die Hände, die das Tier berühren, also die gefährlichsten Punkte mit eine sehr schlechte Presse. Der Konzentrationspunkt ist *Unukalhai*, der Hauptstern und das Herz der Schlange, der verbunden wird mit Vergiftungen, Unfällen, Gewalt und unmoralischem Verhalten. Also jeder Stern in der Schlange und dessen Träger hat mit der dualistischen Lebensenergie, die sich bald in reine Begierde wandelt und mit verhängnisvollen Konsequenzen in die Irre führt, zu tun. Deshalb gibt es diese schrecklichen Schlüsselwörter für *Yed Prior* und *Sinistra*, die Hände in direktem Kontakt mit der Schlange.

Sabik im linken Knie des Schlangenträges auf Dianas Aszendenten ist auch nicht sehr ermutigend: Erfolg mit bösen Taten, Verschwendung, verlorene Energie und pervertierte Moral. Die zweifelhafte

Schlangenenergie, die schwer zu kontrollieren ist, spielte sicherlich eine Rolle in Dianas Leben, sie war natürlich nicht nur die süße Königin der Herzen. Harmonisiert werden könnte die Schlangenenergie durch das Praktizieren von Medizin, d.h. das Ausgleichen von ungünstigen Körperenergien, oder durch Häutung, Wandlung und auf einer gewissen Ebene Selbsterneuerung, sodass man nicht in schädlichen alten Denkstrukturen oder Häuten stecken bleibt. Ein weiteres hilfreiches Bild ist der Schlangenbeschwörer, der die Schlangenenergie subtil und elegant leitet, denn dies ist der Grund, warum es Schlangenbeschwörer überhaupt gibt, sie zeigen den Menschen, wie das zu schaffen ist.

Beachten Sie, der Herrscher von Haus acht zeigt im Horoskop die Umstände des Todes an, er befindet sich hier auf dem südlichen Mondknoten, der symbolisch für die Einfahrt in einen Tunnel steht.

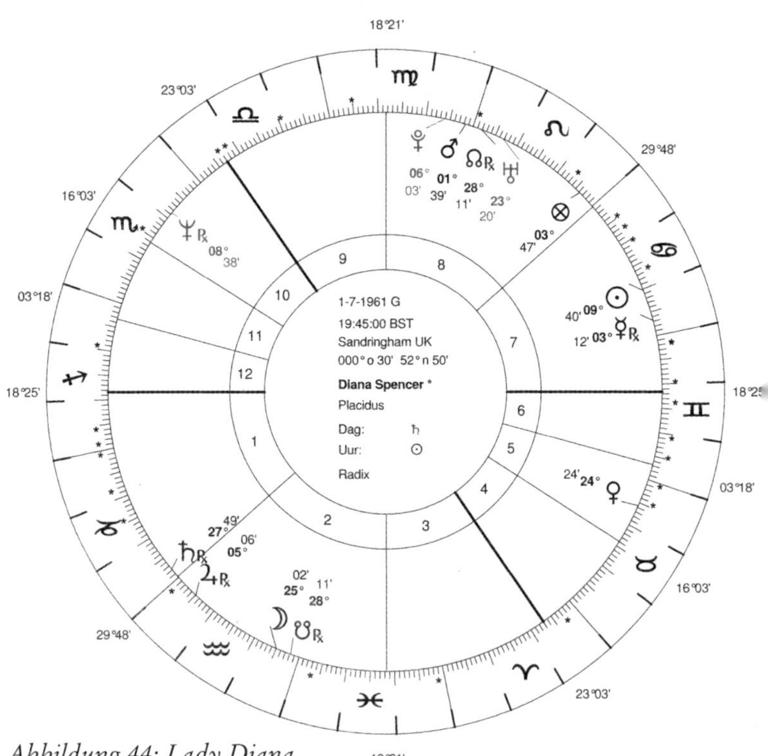

Abbildung 44: Lady Diana

Marie Curie – Der Giftpfeil der Hydra

In diesem Horoskop fällt sofort die Konzentration von drei Planeten im zehnten Haus auf. Innerhalb von 4° stehen Saturn, Venus und Mars in einer Konjunktion, und wenn es dort einen Stern in der Nähe gibt, wird seine mythische Geschichte eine deutliche Rolle im Leben spielen. Und ja, die drei Planeten stehen zusammen auf *Bungula*, einem Stern der ersten Magnitude in der Zentaur-Konstellation speziell in dessen linkem, weniger angenehmem Bein. Zentauren wurden immer als eine wilde Rasse von gefährlichen Halbtieren beschrieben, aber es gab zwei unter ihnen, die zivilisiert waren und ihre animalische Seite mehr oder weniger unter Kontrolle hatten: Cheiron und Pholus. Cheiron befindet sich am Himmel als die Zodiak-Konstellation Schütze. Die Konstellation Zentaur entspricht Pholus, dessen Mythos Cheirons Geschichte ähnelt. Pholus starb durch einen Unfall. Cheiron wurde durch einen Pfeil mit dem Gift der Hydra verwundet, der von seinem Freund Herkules abgeschossen wurde, um eine Gruppe sie angreifender anderer Zentauren zu töten.

Pholus hob den vergifteten Pfeil auf, weil er neugierig geworden war, wie so ein kleines Objekt eine so starke Auswirkung haben könnte, so leicht zu töten, und dies war fatal. Er verletzte sich selbst und starb an demselben grausamen Gift, das für die Gegner bestimmt war, »Neugier tötete die Katze« ist hier das Hauptthema hier. Dies ist fast wörtlich die Geschichte von Marie Curie, sie wurde durch zwei Nobelpreise ausgezeichnet und war eine Pionierin in der Erforschung von Radioaktivität. Dies war ebenfalls die Ursache für ihren Tod, sie kam der Radioaktivität zu nahe und bekam dadurch eine tödliche Leukämie. Radioaktivität faszinierte sie: Wie konnte so eine kleine Sache, die man noch nicht einmal sehen konnte, solche Auswirkungen haben? Ihre Geschichte ist die Geschichte von Pholus, Curie hob den radioaktiven Pfeil auf und starb.

Der radioaktive Zerfallsprozess, wovon die Strahlung ein Nebeneffekt ist, ist im Wesentlichen eine Rückkehr von einem zu verdichteten und schweren Zustand der Materie in normale stabile Zustände. Es ist die Materie selbst, die in Energie verwandelt wird und das ist das Prinzip, auf dem Kernenergieerzeugung basiert, deshalb wird dieser Prozess astrologisch von Saturn symbolisiert. Es ist die saturnartige materielle Gestalt, die hier im Spiel ist, das wird durch die Tatsache betont, dass der stabile Endzustand des radioaktiven Zerfalls immer durch das Metall Blei geschieht, das Saturn zugeschrieben wird. Es ist wie das Zurückbringen von Ordnung in gefährliche Zustände von Überaktivität, die Rückkehr aus Chaos zu Struktur, dies ist die Signatur von Uran und anderen radioaktiven Substanzen.

Radioaktivität ist lebensgefährlich, so gesehen ist es sehr angemessen, dass sie von Saturn symbolisiert wird, dem großen Übeltäter, und auf der Basis dieser Signatur wird auch klar, warum es benutzt wird, chaotische Wachstumsprozesse wie Krebs zu behandeln. Im Horoskop von Marie Curie ist Saturn daher sehr deutlich im Spiel, er steht in Konjunktion mit Venus, Herrscherin von Haus neun (höheres Wissen), und wird disponiert von einem sehr starken Mars, Herrscher von Haus zehn (Karriere). Mars ist der allgemeine Signifikator von chemischen Prozessen und Energie, natürlich in einem flüssigen Wasserzeichen wie Skorpion. In der Nähe steht ebenfalls Merkur, der Planet der Forschung und Wissenschaft auf dem königlichen und martialischen *Antares*, dem Stern des Todes und dem Ende von Zyklen. Dies ist mehr als angemessen für das Wesen ihrer Forschung und für ihr eigenes Schicksal.

Marie Curie hat zwei Nobelpreise erhalten, was außergewöhnlich ist, so gesehen erwarten wir immer noch ein bisschen mehr Sternenkraft, und in der Tat steht die Sonne in einem Trigon zum anderen Licht, dem Mond, der sich am MC innerhalb des gewöhnlichen 5°-Orbis und auf der königlichen südlichen Waagschale befindet, einer sehr starken Position für eine glorreiche Karriere. Beide Klauen oder Waagschalen sind in dem Horoskop aktiv, die nicht königliche nördliche Waagschale ist direkt am MC. Dies verleiht dem Gnade-/Gerechtigkeitsthema eine starke Betonung, Korrekturmaßnahmen, um das Gleichgewicht wiederherzustellen, was auf jeder Ebene der Bedeutung funktionieren könnte. Das Merkwürdige an *Lucida Lancis*, der südlichen Waagschale, ist, dass ihre Magnitude durch die Zeitalter hindurch immer schwächer wird, aber sie ist immer noch königlich und stärker als die andere Waagschale, trotz dieser eindeutig ersichtlichen Tatsache. Das zeigt erneut, dass Essenz nicht wirklich das ist, was man in der Materie sieht.

So gibt es in Madame Curies Horoskop zwei königliche Sterne auf wichtigen Punkten und drei Planeten auf Sternen der ersten Magnitude. Um dieses Bild von großem Erfolg vollständig zu machen, der

Elitestern der ersten Magnitude *Wega*, der fallende Geier in der Leier auf dem Aszendenten, ist eng mit Kunst, aber auch mit Lehre verbunden, seine Essenz ist Verbreitung von Wissen von »dort oben« auf der Erde. Der Geier ist traditionell gesehen ein Symbol von Reinheit, er ernährt sich von Leichen, aber nichts bleibt an seinem kahlen Hals kleben. Marie Curie wird immer für ihre nüchterne und bescheidene Aufrichtigkeit, zu der ihr extrem trockenes und kaltes melancholisches Temperament ohne Zweifel ebenfalls stark beigetragen hat, gepriesen. Die Präzision und Gründlichkeit, die mit einem melancholischen Temperament verbunden ist, ist natürlich auch sehr nützlich für einen Wissenschaftler.

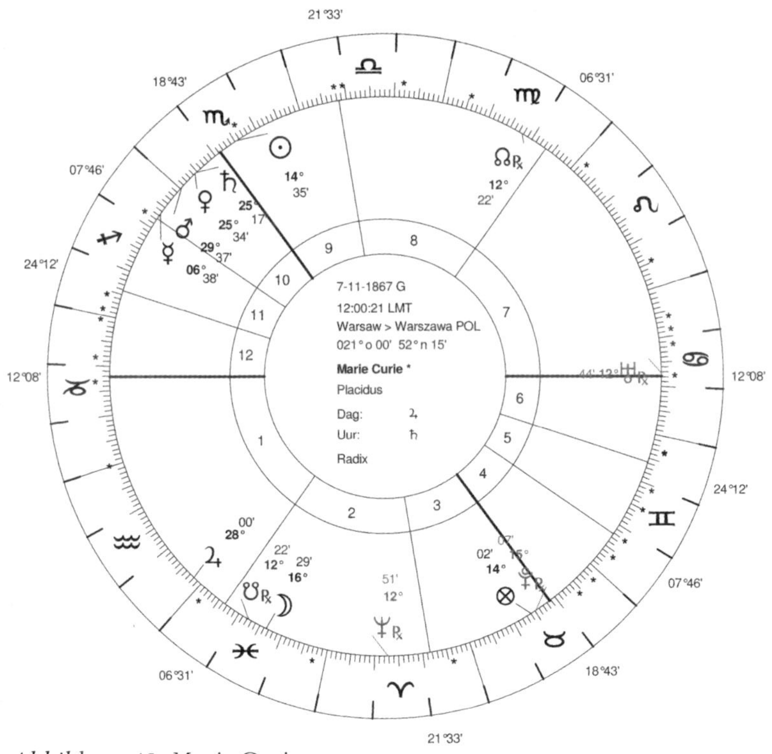

Abbildung 45: Marie Curie

Es gibt fünf Planeten, die sich in der oberen Hälfte des Horoskops und in der Nähe des MC konzentrieren, dies ergibt einen klaren Fokus, aber ihre Seele ist irgendwo anders. Der Glückspunkt, der den Wunsch ihrer Seele anzeigt, steht in der Nähe des IC in Opposition mit der Sonne auf dem MC und auf einem königlichen Stern, der ihr so viel Erfolg gab, aber sie macht sich überhaupt nichts aus all diesen Preisen. Die Rolle von Jupiter, dem Herrscher von Haus zwölf über Selbstzerstörung, sticht auch hervor, er steht im Quadrat mit den drei Planeten in Konjunktion im zehnten Haus, die den Schaden anzeigen, den sie sich selbst zufügte. Der tötende Planet oder Anareta ist Merkur, Herrscher von Haus acht, und obwohl Saturn radioaktive Prozesse im Allgemeinen symbolisiert, ist Strahlung speziell Merkur, da sie unsichtbar ist und alles durchdringt, auch macht sie Verborgenes sichtbar. Merkur in Vernichtung befindet sich auf dem königlichen Todesstern *Antares,* und er ist ebenfalls Herrscher von Haus sechs (Krankheit). Es war sicherlich die Art und Weise, wie sie starb, die zu ihrem unsterblichen Ruhm beitrug.

Silvio Berlusconi – Der Zauberlehrling

Im Horoskop des Medienmagnaten und Politikers Silvio Berlusconi, der Italien seit vielen Jahren mit Korruption und Manipulation belastet, ist es die Sonne/Merkur-Konjunktion auf dem Aszendenten, die sofort auffällt. Der Königsplanet Sonne direkt auf dem individuellsten Punkt des Horoskops ist kein schlechter Ausgangspunkt für Erfolg, aber die Sonne steht in ihrem Fall. Deshalb wird er ein König sein, der um jeden Preis der Boss sein will. Dies ist kein weiser König, der weiß, wie man sich das Zentrum des Systems stellen kann und wie man gegensätzliche Kräfte in einem Königreich ausgleicht, denn diese Sonne im Fall wird die schlechtesten Seiten der solaren Energie zum Ausdruck bringen. Noch faszinierender als diese sehr öffentliche Sonnenkraft ist der so nahe stehende Merkur, der Planet von Betrug und Stehlen, der offensichtlich nicht gesehen werden kann, da er durch die Sonne verbrannt ist. Dennoch hat dieser sehr zweifelhafte Merkur einen großen Einfluss im Horoskop, da er ebenfalls auf dem Aszendenten steht und somit sehr eng mit Berlusconis individuellstem Punkt verbunden ist.

Je mehr wir diesen Merkur studieren, desto dunkler wird das Bild. Der Planet hat keine essenzielle Würde, er ist peregrin und wird konsequent dazu tendieren, vom Weg abzukommen, was ohnehin schon eine merkuriale Charaktereigenschaft ist, und er wird seine negativen Seiten zeigen. Er ist nicht nur peregrin, sondern auch rückläufig, was andeutet, dass er sich nicht mit der Umgebung in Harmonie befindet, er wird auf unerwartete Art und Weise handeln, weil er sich gegen die normale Richtung bewegt, und wird auf diese Weise Probleme verursachen. Noch wichtiger ist die Tatsache, dass Merkur der Planet der Lügner und Diebe ist und auch das zwölfte Haus der Geheimnisse und verdeckter Unternehmungen regiert. Im Wesentlichen geht es im zwölften Haus um das Brechen von Regeln und das Überschreiten von Normen. Er ist in der Lage, viele Dinge ungesehen zu tun. Merkur ist bei Weitem zu einflussreich hier und weil er von der kraftvollen Sonne geschützt ist, kann er das alles tun, denn er ist der König.

Als ob es noch nicht genug ist, dass der Planet der Betrüger sowohl der Herrscher des zwölften Hauses als auch verbrannt, rückläufig und peregrin ist, befindet er sich auch auf dem Stern *Vindemiatrix*. Dieser Stern ist ein Teil der Jungfrau-Konstellation, die normalerweise recht günstige, positive Auswirkungen auf das Leben hat, aber *Vindemiatrix* ist ein sehr spezieller negativer Fall. Wie jeder Jungfrau-Stern hat er mit dem Ernten zu tun, aber auf *Vindemiatrix* ist es das frühzeitige Ernten mit schrecklichen Konsequenzen, daher wird dieser Stern mit der Geschichte von Amphelos, der beim Sammeln von Trauben stürzte und sich das Genick brach, in Verbindung gebracht. Amphelos ist der Sohn von einem Satyr und einer Nymphe, also ein Produkt von zwei sehr lustvollen, rein natürlichen Wesen. *Vindemiatrix* ist auch der Zauberlehrling, verbunden mit Diebstahl und Arroganz, mit Überschätzung der eigenen Fähigkeiten, es ist jemand, der Kräfte entfesselt, die er nicht kontrollieren kann, und seiner Umwelt auf diese Weise schadet.

Im Horoskop beschreibt diese Merkurposition auf *Vindemiatrix* in der Tat einen großen Teil von Berlusconis Leben, sowohl konkret als auch psychologisch. Aber es gibt noch mehr, denn auf der sechsten Hausspitze findet sich eine Konjunktion vom Mond und dem Glückspunkt auf einem Stern *Achernar* mit der ersten Magnitude. Dieser Stern repräsentiert die Mündung des Flusses Eridanus und ist mit sehr positiven Angelegenheiten wie Religion, Spiritualität und Wohltätigkeit verbunden. *Achernar* ist einer der wenigen mit einer reinen Jupiternatur, Jupiter ist in diesem Horoskop zudem in einem sehr guten Zustand und bildet einen Aspekt mit der Mond/Glückspunkt-Konjunktion. Das alles klingt wie eine positive Kompensation für diesen katastrophalen Merkur auf dem Aszendenten, also warum bloß ist Berlusconi so ein Schlägertyp? Dies macht allerdings deutlich, dass alle Seiten des Mythos wichtig sind, unterschiedliche Teile und Episoden der Lebensgeschichte werden sichtbar. Es ist zu einfach, alles nur in positiv und negativ einzuteilen.

Der Mythos des Flusses enthält auch die Geschichte von Phaeton, der, obwohl er mehrere Male davor gewarnt worden war, den Sonnenwagen stiehlt, denn er hegt die Illusion, er könne diesen über den Himmel steuern. Jedoch konnte er die Pferde, die den Wagen durch den Himmel zogen, nicht zügeln, stürzte entflammt herab und verbrannte die Erde mit Sonnenfeuer. Es gibt hier also auch ein starkes Element von Vereinnahmung, das Besetzen der Führerrolle und eines Throns, auf den man keinen Anspruch hat und für den man nicht die Fähigkeiten besitzt, was dem Königreich wiederum schaden wird. In vielen Fällen hat dies mit politischen, ideologischen oder geistigen Ideen zu tun. Das ist die dunkle Seite von *Achernar*: Erfolg und Macht, die er verleiht, wird das Land verbrennen, weil man keine Qualitäten dafür besitzt, diese in die richtige Richtung zu führen, und viele werden unter dieser Selbstüberschätzung leiden. Es ist also die Kombination von *Vindemiatrix* und *Achernar*, die einen trotz offensichtlicher Fehler mit einem völligen Mangel an Selbstkritik ausstattet.

Die Konjunktion von Mond und Glückspunkt befindet sich auf der schwächenden sechsten Hausspitze, aber der Mond, Herrscher von Haus zehn (Karriere), steht in einem sehr engen Trigon mit dem MC und wird sich daher viel kraftvoller auswirken, als man es von einer Position über Haus sechs erwarten würde. Natürlich zeigt der Mond, allgemeiner Signifikator des einfachen Volkes, auf der sechsten Hausspitze (Dienen), dass Berlusconi ein Mann des Volkes ist, sein Glückspunkt ist mit ihm, er füttert es mit seinen TV-Kanälen, er weiß, was die Leute wollen. Trotz seines offensichtlichen Mangels an wirklichen Qualitäten, ein Land zu regieren, ist er immer noch sehr beliebt, das hat mit dem Füttern des Volkes mit diesem lunaren Strom von Müll durch die Medien zu tun, *Achernar* ist ein überfließender Jupiterstern, die Mündung des Flusses. Berlusconis ganze Karriere wird von diesen beiden Sternen beschrieben, das zeigt, wie viel Macht sie auf das Leben haben.

Man kann seinen enormen Reichtum nicht anhand des zweiten Hauses der Besitztümer erkennen, weder das Haus selbst noch sein Herrscher sind sehr stark gestellt. Aber Jupiter, der Planet mit der meisten essenziellen und akzidentellen Würde und der Herrscher der Geburt, aspektiert und disponiert den Glückspunkt, was eine starke Kombination ist. Der Glückspunkt ist einer der traditionellen Signifikatoren für Finanzen, und Jupiter ist der Planet von Reichtum und Geld, daher erklären dieser Aspekt und diese Disposition den Reichtum. Darüber hinaus betonen die vorgeburtliche Finsternis und Lunation dieses Ju-

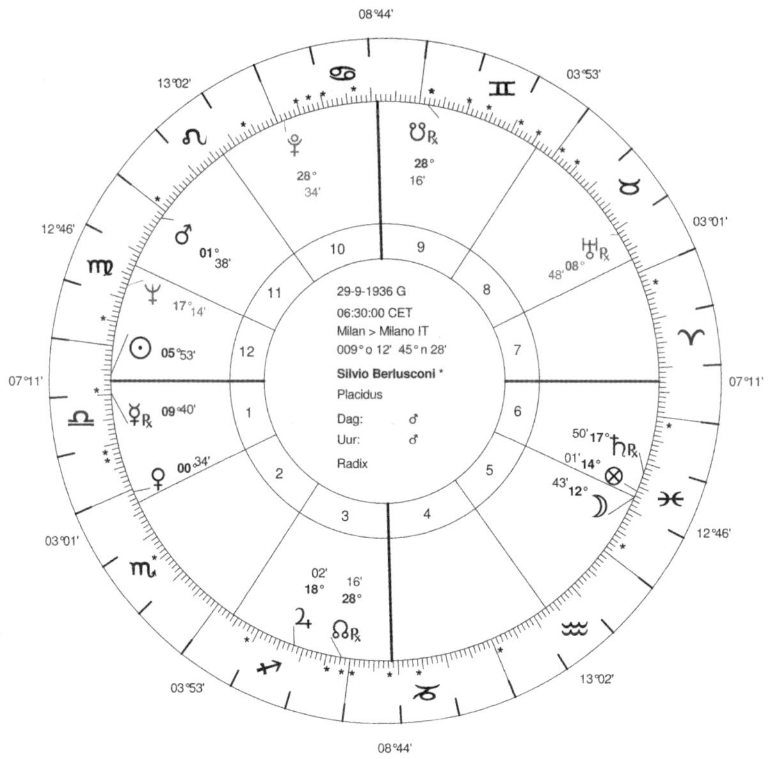

Abbildung 46: Silvio Berlusconi

piter/Glückspunkt-Quadrat sehr deutlich. Es ist unmöglich ein Horoskop zu verstehen, ohne darauf zu schauen, wie es durch pränatale Horoskope in dem Zeitgeist verankert ist. Ein Individuum wird immer stark durch Zeit und Orte, wann und wo man lebt, bestimmt. Der über Politik herrschende Jupiter ist im dritten Haus der Routinekommunikation platziert, dies zeigt auch an, woher Berlusconis Reichtum kommt.

Jupiter selbst ist wieder auf einem Stern mit einem sehr zweifelhaften Ruf, auf *Sabik*, dem linken Knie des Schlangenträgers, dies, so sagt man, verleihe pervertierte Moral und Erfolg bei bösen Taten. Wenn man die Schlange trägt, hüte man sich davor, gebissen zu werden. Berlusconis Mond ist in dem Mondhaus des Mundschenks, seine Schlüsselwörter sind neben derber Sprache, verborgenen Dingen und vielen Geheimnissen auch Okkultes. Berlusconi war ein Mitglied der vollkommen korrupten und kriminellen Freimaurerloge Propaganda Due. Freimaurerei hat ihre Wurzeln in echtem traditionellem Wissen, aber sie hat sich heutzutage von ihren reinen Quellen entfernt und in vielen Fällen ist alles, was übrig blieb, vor allem in Südeuropa, eine fremde und manchmal merkwürdige Mischung von Erleuchtungsidealen, missverstandenen alten Ritualen und politischem Aktivismus. Wie auch immer, man sieht die Wirkung des Hauses des Mundschenks, das auch die dunkleren Seiten des Lebens und viele Geheimnisse andeutet.

Alan Leo – Tradition in Vernichtung?

Allein schon indem man auf den Aszendenten blickt, wäre klar gewesen, dass diese Person etwas Wichtiges mit einer »alten Sache« zu tun haben würde. Direkt am Aszendenten finden wir Saturn, den Planeten von alten, vergangenen Dingen und von Astrologie, auf dem einflussreichsten königlichen Stern am Himmel *Regulus*, dem Herz des Löwen. Diese Position bestimmte den Hauptteil seines Lebens, eigentlich könnten wir hier aufhören und hätten schon eine gute Vorstellung davon, was er tat. Es wird ebenfalls unmittelbar klar, dass diese Person nicht akzeptieren würde, dass etwas Altes ihr Leben in traditioneller Form dominieren würde, denn Saturn ist in seiner Vernichtung in

Löwe, dem Himmelshaus, das von der Sonne regiert wird. Die Sonne ist Herrscher des ersten Hauses, steht also für Alan Leo selbst, deshalb bestimmt er, wie die Tradition weitergereicht wird. Wenn er sie ändern müsste, er würde nicht zögern, dies zu tun, und genau dies ist es, was der Vater der modernen Astrologie auch tat. Er entfernte sich von dem, was er über traditionelle astrologische Methoden in alten Texten las, und erschuf eine neue Astrologie, die auch dafür bestimmt war, den Gedanken der Theosophischen Gesellschaft, deren Mitglied er war, zu unterstützen.

Man erweist diesem Mann häufig die Ehre, weil er einer der wichtigsten Architekten bei der Neubelebung der Astrologie am Ende des 19. Jahrhunderts war, und ja, er hatte sicherlich die Macht dazu mit Saturn direkt auf dem mächtigen *Regulus*. Darüber hinaus ist dieser alles durchdringende Saturn in der »Grenze« und dem »Gesicht« des Mars, der wiederum in dem Zeichen von Saturn steht. Es gibt also eine Rezeption von mittlerer Stärke zwischen Mars und Saturn, die zeigt, dass seine Saturnaktivitäten mit allem verbunden waren, was durch Mars im Horoskop symbolisiert wurde. Das neunte Haus der Astrologie und das vierte Haus der Herkunft von Dingen werden vom rückläufigen Mars beherrscht, was anzeigt, dass er rückwärts in die Vergangenheit geht. Mars hat eine starke Würde in seiner Erhöhung in Steinbock, und der Wunsch seiner Seele, der Glückspunkt, ist im neunten Haus disponiert von Mars, daher dürstet seine Seele nach höherem Wissen.

Seine Auseinandersetzung mit spirituellen Themen ist daher sicherlich aufrichtig. Der Punkt ist, dass Mars, Herrscher von Haus neun, in dieser gegenseitigen Rezeption mit Saturn zu wenig zu sagen hat, er kann diesen essenziell schwachen Saturn nicht auf dem rechten Pfad halten. In einer Rezeption sollten immer alle Kräfte der Disposition abgewogen werden, doch Saturn ist in diesem Fall sicherlich der Boss der Rezeption. Im letzten Teil von Löwe disponiert Mars den Saturn nur durch eine relativ schwache Herrschaft von »Grenze« und »Gesicht«, während Saturn der Herrscher des Zeichens ist, in dem Mars platziert ist. Daher wird der große Übeltäter in seinem schlimmsten Zustand eher den Mars auf eine negative Weise beeinflussen, denn Mars hat nicht die Dispositionskraft, um diesen Saturn zu korrigieren. Um dies noch deutlicher zu formulieren: Sein sehnlichster Wunsch, Gott näherzukommen, wurde durch seine Überzeugung überlagert, dass man dies nicht durch traditionelle spirituelle Vorstellungen und Praktiken tun könnte.

Alan Leo hat eine sehr angespannte innere Beziehung zu sich, denn Saturn auf seinem Aszendenten und auf *Regulus* ist sein großer unvermeidlicher Trumpf in der Welt. Aber der Herrscher von eins, also Alan Leo selbst, die Sonne im zwölften Haus, »schadet« Saturn durch negative Rezeption, und dieser Saturn ist, wie wir gesehen haben, in einem schlechten Zustand. Es ist klar, dass Leo der Herr über die Tradition sein wird, er wird sich entscheiden, was diesem armen kleinen Saturn in Vernichtung, der völlig in seiner Macht ist, geschehen wird. Es ist faszinierend zu erkennen, dass Leo ebenfalls die (nicht-traditionelle) Sonnenzeichen-Astrologie einführte, es ist die buchstäbliche Wirkung seiner Sonne, Herrscherin von eins, die den Saturn so sehr dominiert. Dadurch machte Leo die Astrologie auch populär, es war eine sehr erfolgreiche Änderung, ohne dies wäre die Astrologie nie wieder so bekannt geworden. Reine traditionelle Astrologie ist zu kompliziert um populär zu sein, es ist unmöglich, eine traditionelle Sonnenzeichen-Kolumne zu schreiben!

Die Sonne, Herrscherin von eins, befindet sich im zwölften Haus, aber ist kaum dadurch geschwächt, sie steht auch im engen Quadrat mit dem MC und direkt auf dem MC durch Antiszie. Eine Antiszie deutet auf etwas Verstecktes, aber auch auf eine Art von Indirektheit. Sein Ehrgeiz, der theosophisch motivierte Neugestalter der Astrologie zu sein, ist nicht der direkteste Weg zu einer großen Karriere. Durch Antiszie und Quadrat mit dem MC ist die Sonne in der Lage, sich in der Welt zu manifestieren.

Dennoch bleiben die Themen des zwölften Hauses sehr klar, die Sonne befindet sich nicht nur im Haus der Geheimnisse, Übertretung von Gesetzen und Selbstzerstörung, sie steht ebenfalls in einem Trigon mit dem Mond, Herrscher von Haus zwölf. Dies zeigt die paranormalen und magischen Elemente in Theosophie und theosophischer Astrologie wie die Anrufung von Planetengeistern oder die astrologische Forschung, die durch Betrachtung von Kristallkugeln vorgenommen wurde. Es ist bekannt, dass die Interpretation von Neptun als auflösende und verschwommene Energie auch auf Leos Beobachtung von Neptun als Nebelfleck in seiner Kristallkugel basiert. Nicht alle paranormalen Beobachtungen sind unsinnig, aber dies ist bisschen viel des zwölften Hauses.

Venus, Herrscherin von zehn über Karriere, steht in einem stärkenden engen Sextil mit dem MC und auf *Castor*, dem sterblichen Zwilling, der eine irdischere Ausrichtung als sein unsterblicher Bruder *Pollux* hat und dessen Planetennatur rein merkurartig ist, was sehr angemessen für Leos Aktivitäten als kompetenter Netzwerker, Übersetzer, Herausgeber und beliebter Autor ist. Ein Zwillingestern kündigt immer ein starkes Element der »Zweiheit«, einer Hoch/Tief-Beziehung, an, und Leo war in der Tat wirklich an Astrologie interessiert, aber er war auch der erste, der Horoskopdeutungen effektiv in der Form von duplizierten Deutungstexten vermarktete. Es ist Leos Mondhaus, das einem einen dieser Momente der reinen Freude von Astrologie gibt. Der Mond befindet sich im letzten Haus der Fische. Gemäß der Tradition

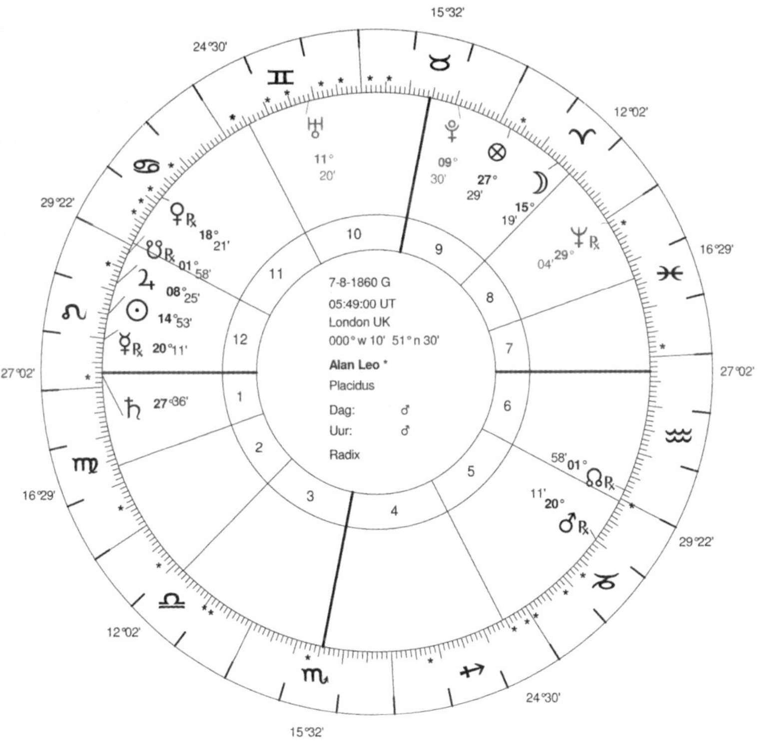

Abbildung 47: Alan Leo

kann es mit Menschen in Verbindung gebracht werden, die in irgendeiner Weise »Zeit« studieren, denn dies ist das letzte Haus, wo Zeit endet und wo sich das Tor zur nächsten Welt öffnet.

Louis XVI. – Der geschlachtete Löwe

Als Hofastrologe der französischen Könige hätte man seine Stirn gerunzelt, wenn man dieses Horoskop des gerade geborenen kleinen Prinzen gesehen hätte, welcher der nächste König von Frankreich werden sollte. Mit einem Blick auf die Zeiten, die sich änderten und in denen kein König sich seines Throns oder Lebens mehr sicher sein konnte, ist dieses Horoskop zumindest beunruhigend. Die Konjunktion von Sonne, Herrscherin von Haus zwölf, und Jupiter, Herrscher von Haus vier über Tradition, Dynastie und Familie, steht wieder einmal auf – ja! – *Regulus*, der sofort unsere Aufmerksamkeit auf sich zieht. Dies ist eine starke Konjunktion in sich, aber sie ist durch die Platzierung im zwölften Haus des Elends, der Einsamkeit und Selbstzerstörung ernsthaft geschwächt, ohne irgendeinen Ausweg. Es gibt dort weder einen Aspekt noch eine gegenseitige Rezeption mit einem starken Planeten. Diese Schwäche wird durch den rückläufigen Merkur, Herrscher von Haus eins und Herrscher von Haus zehn, verstärkt, der kurz davor steht, all seine Würde zu verlieren, indem er weiter rückwärts schreitet und bald das Zeichen seines Domizils und der Erhöhung verlassen wird.

Daher gibt es ein starkes Thema von Fall und Verlust einer höheren Position, in der die Geschichte des Löwen eine zentrale Rolle spielt. Im Mythos ist es der Held Herkules, der den Nemëischen Löwen tötet und dem Tier das Fell abzieht, das er dann um seine Schultern als Zeichen dafür tragen wird, dass er die Macht des Löwen benutzt und nicht andersherum. Der Nemëische Löwe ist ein Symbol für rohen, zu starken Ehrgeiz und eine zu intensive Gier nach Macht, die vom Held geopfert werden muss, um diese Energien in die richtige Richtung zu lenken. Louis hat sicherlich versucht, dies zu tun, aber es konnte die Katastrophen der Französischen Revolution nicht verhindern, dieses Schicksal wird durch die Betonung des isolierten zwölften Hauses angezeigt.

Es ist durch andere Fixsternpositionen klar, dass die Geschichte des geschlachteten Löwen sehr relevant und akut werden könnte. Die MC/IC-Achse fällt mit dem üblichen Orbis für königliche Sterne auf die Aldebaran/Antares-Achse, die einst die Tag-und-Nacht-Gleiche im Frühling markierte und immer noch diese Bedeutung hat. Es wird also etwas Altes sterben, um für etwas Neues Platz zu schaffen, da *Antares*, der Stern des Herbstes, sich auf dem IC befindet. Es ist die Dynastie, die enden wird, das alte französische Königreich vollendet seine letzte Phase. *Antares* ist das Herz des Skorpions, das finstere, giftige Tier, das doch ein Adler in transformierter Gestalt werden kann. Dies zeigt, was man im Fall von Antares-Problemen tun kann, nämlich das radikal aufzugeben, was im Begriff ist zu sterben, es wird ohnehin von einem weggenommen werden, und dieses Aufgeben ist schwierig, denn Skorpion ist das Zeichen fixierter Begierde (Wasserzeichen im Zodiak).

Muss deshalb der König seine Dynastie und die Tradition, auf der seine Autorität basiert, loslassen? Dies ist viel verlangt, doch wird er auch in der Lage sein, dies zu tun? Louis' Temperament ist nicht rein cholerisch, er ist kein feuriger Hitzkopf, der auf die Barrikaden geht, ohne vorher ein zweites Mal nachzudenken. Natürlich ist Mars im ersten Haus nicht in gutem Zustand, dies wird ihn nicht gerade diplomatisch handeln lassen, trotzdem sah er die Notwendigkeit zur Reformation und er versuchte, Reformen umzusetzen. Das große Problem war seine Isolation, es gab keine Unterstützung, weder vom Adel, noch von Justizbehörden oder dem Klerus, es war die konservative Opposition, die die schrittweise Reform blockierte, die er zu verwirklichen versuchte.

Diese dramatische Situation wird von der kraftlosen Jupiter/Sonne-Konjunktion im isolierten zwölften Haus angezeigt, ohne irgendeine Hilfe von anderer Stelle im Horoskop. Durch Merkur, Herrscher von Haus eins und Haus zehn, der kurz davor steht, rückwärts aus seinem eigenen Zeichen in das zwölfte Haus zu wechseln sowie durch die Verbrennung wird dies deutlich unterstrichen. Da er so viel Kraft verliert, kann Louis nicht gewinnen. Also selbst wenn man das Richtige tut, inspiriert durch den eigenen Mythos – und Louis versuchte dies, – ist das vom Horoskop angezeigte Schicksal stärker. Es gibt ja auch keine magischen, psychologischen oder sogar mythischen Rezepte, die einen zum Herrn über das eigene Schicksal werden lassen. Das Wissen um das eigene Horoskop befähigt einen, die optimale Auswahl zu treffen, aber es sind die Sterne, die am Ende den Ton angeben, nicht andersherum. Wenn ein böser Wind weht, kann man den Wind nicht verändern, aber man kann versuchen, eine Bucht aufzusuchen, bis der Sturm sich gelegt hat.

Schauen wir uns an, wie weit obigen Vorgaben das Leben beherrschen. Das Leben von Louis XVI. endete auf der Guillotine mit einer öffentlichen Hinrichtung, so als ob er kein König gewesen wäre, sondern ein gewöhnlicher Krimineller. Die Art, wie man stirbt, wird im Horoskop durch den Herrscher des achten Hauses oder einen Planeten in diesem Haus, den »Anareta«, angezeigt. Auf der Hausspitze des achten Hauses befindet sich der bösartige südliche Mondknoten,

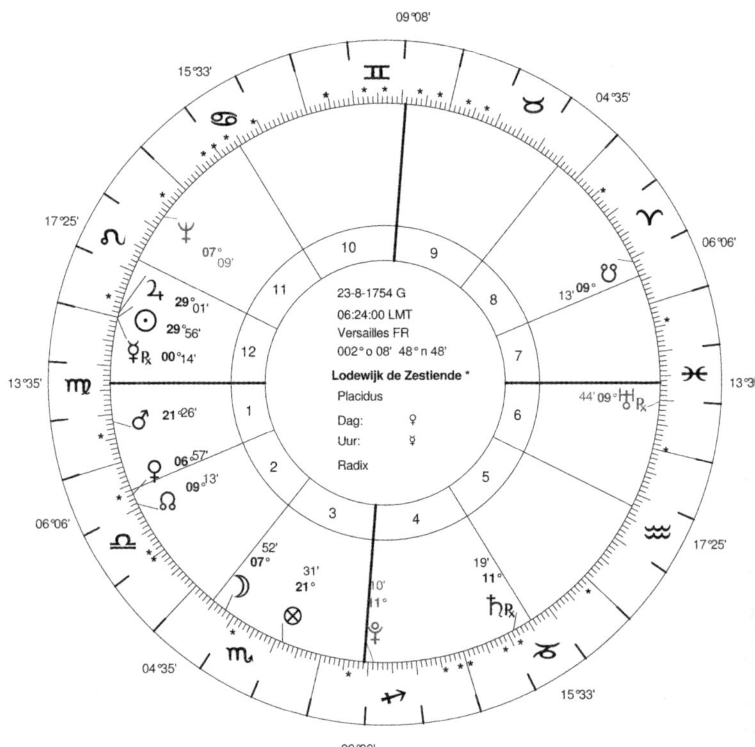

Abbildung 48: Ludwig XVI.

in der vedischen Mythologie symbolisiert die Mondknotenachse den getrennten Kopf und Schwanz der Schlange Vasuki! Mars, das Messer, ist Herrscher von Haus acht, und sein Spiegelpunkt und befindet sich exakt auf der Hausspitze acht und zugleich in Opposition mit Venus, innerhalb von 2°. Venus ist anatomisch die Kehle und herrscht über das zweite Haus, das auch die Kehle repräsentiert. Für die berühmteste Enthauptung in der Geschichte ist dies mehr als angemessen.

Curro Romero – Den Stier töten

Im Horoskop eines der berühmtesten Stierkämpfer Spaniens würden wir natürlich einen Planeten auf einem Stern in der Konstellation des Stiers erwarten. Die Corrida, der traditionelle Stierkampf in Spanien, gibt ein ziemlich genaues Bild von der Essenz des Mythos des Stiers. Das Ritual der Corrida hat seine Wurzeln weit zurück in der Vergangenheit und es zeigt den richtigen Weg vom Umgang mit der Materie, vom Spiel mit dem Stier. Es ist keine gute Idee, seinen Weg zu blockieren, er wird einen einfach niedertrampeln, folglich ist es besser, mit ihm zu spielen und zu tanzen, ihn zu erschöpfen und dann zu töten. Es gibt viele Formen, um dieses mythische Spiel mit dem Stier zu demonstrieren, zum Beispiel die Bilder, in denen wir einen Mann über einen Stier springen sehen und während seines Sprungs wird er schwarz gefärbt, um das materielle Leben als eine Phase der Dunkelheit zu zeigen.

Es gibt auch Abwandlungen der Stierkämpfe in Portugal, in denen der Kämpfer nur über den Stier springt, ihn aber am Ende nicht tötet. Doch welche Form und Rituale auch immer der Stierkampf hat, gemeint ist immer ein rituell-symbolisches Handbuch, wie mit Materie umzugehen ist. Die Botschaft lautet, dass der Stier der Materie notwendig ist und Spaß bringt, aber er muss am Ende getötet werden, die Anhaftungen an ihn müssen durchtrennt werden, um glücklich zu werden. Im Horoskop Romeros steht keines der Lichter und auch nicht der MC auf dem bekannten königlichen Stern im Stier. Der Mond ist 4° von *Aldebaran*, dem Auge des Stiers, entfernt und das ist sogar für eines der Lichter auf einem königlichen Stern zu weit um noch eingerechnet werden zu können. Dies wird jedoch vom Mondhaus, in dem wir den Mond finden, mehr als kompensiert, denn es ist dasjenige, welches von *Aldebaran* beherrscht wird!

Der Mond befindet sich ebenfalls auf dem Hauptstern in den *Hyaden*, einer Sternengruppe, die zur Konstellation des Stiers gehört. Die Hyaden sind eine Art von spezieller Intensivierung des ganzen Stierthemas und zeigen Unglück und Enttäuschung an, weil wir in einer materiellen Welt leben. Die *Hyaden*, die sieben Halbschwestern der eng verwandten Plejaden, sind ein Teil des Stiers, sie beziehen sich auf die sieben Siegel der Planeten, die uns auf der Erde in die Materie einsperren und uns von höheren Welten abschneiden. Solange der Moment noch nicht gekommen ist, die Siegel zu brechen, können uns Mythen wie die des Stiers zeigen, wie wir mit dem materiellen Gefängnis umgehen können. Es kommt nicht von ungefähr, dass der Stierkämpfer ein »Kostüm der Farben« trägt, dieses symbolisiert die von ihm kontrollierten sieben Planetenkräfte.

Die *Hyaden* sind eine nebelartige Sternengruppe, eine Signatur für Blindheit, und diese Blindheit entsteht, weil wir in die Materie herabgefallen sind. Dieser sehr materielle Mond hat jedoch einen mächtigen Gegenspieler im Horoskop, der ihn durch Opposition verbrennt; das höhere solare Bewusstsein auf dem martialischen und königlichen Todesstern *Antares* wird als solare Kraft über die Stier-lunaren Instinkte siegen, weil der Mond applikativ zu seiner verbrennenden Opposition ist. Die Essenz der ganzen Corrida ist: Die göttliche Sonne tötet den materiellen Mond. Die anderen Planetenpositionen im Horoskop können als Unterstützung für diese Hauptopposition der beiden Lichter betrachtet werden, Merkur steht in Konjunktion mit dem Glückspunkt auf einer Achse auf den *Waagschalen*, den harten Klauen der Gerechtigkeit und Gnade. Der Wunsch der Seele, der Glückspunkt, ist auf dem unzulänglichen Preis, der südlichen Waagschale der Gerechtigkeit, er möchte den brutalen korrupten Stier der Materie töten, damit das richtige Gleichgewicht wieder hergestellt wird.

Diese Position auf den *Waagschalen* oder Klauen wird durch eine Antiszie des Saturns betont, die auf den Deszendenten fällt. Saturn ist Herrscher von Haus zehn, steht sehr stark in seinem eigenen Zeichen, der Geborene wird daher einen traditionellen Beruf wählen. Saturn ist allgemein der Signifikator des Todes, und er befindet sich auf zwei schwachen Sternen im Steinbock: *Armus* und *Dorsum*, Herz und Rücken des Steinbocks. Hier ist das Licht im Steinbock schwach, da der zodiakale südliche Mondknoten, wie er in alter Zeit bezeichnet wurde, den Ausgang aus dem Leben darstellt. Wenn Typhon, der Tod, erscheint, verwandelt sich die irdische Ziege in einen göttlichen Fisch. So dreht sich alles um ein Spiel mit dem Tod, mit Typhon, der sich als Stier manifestiert, sein Talent Saturn zeigt genau, wo der Schlag versetzt wird. Der Stierkämpfer stößt zum Schluss das Schwert durch den Nacken in das Herz des Stiers, um das wilde Tier zu töten. Ein Stier, der »gewinnt«, was sehr selten geschieht, kann kein weiteres Mal kämpfen, weil er alle Tricks kennt. Materie ist intelligent, trotz ihrer scheinbaren dumpfen Schwere.

Das Horoskop Romeros zeigt die Fähigkeit, mit großen Tieren umgehen zu können. Ein sehr würdevoller Mars ist Herrscher von Haus zwölf über Tiere »größer als eine Ziege« und er steht auf der Hausspitze des neunten Hauses der Rituale. Abgeleitet vom zwölften Haus der großen Tiere ist Mars auch Herrscher des achten Hauses des Todes. Der Deszendent betont durch die Glückspunkt/Merkur-Konjunktion mit der Antiszie des Saturn, die wiederum auf die achte Hausspitze kommt, wenn man die Ableitung vom zwölften Haus nimmt; also ist das Töten von großen Tieren sehr wichtig. Es ist klar, das er der Herr über große Tiere sein wird, was wird durch die Disposition angezeigt wird, die der Herrscher von zehn (Beruf) über Mars, Herrscher von zwölf, hat. Es gibt hier viele Anzeichen für Erfolg mit der königlichen *südlichen Waagschale*, dem Haus des Stierauges, das oft Erfolg verleiht, und den viele Planeten auf Achsen. Das MC verstärkt dies, da es sich auf *Altair*, dem Hauptstern im Adler und von angemessener Jupiter/Mars-Natur befindet, der zu den Elitesternen der ersten Magnitude gehört.

Im Horoskop ist die Betonung von Religion auffällig: *Altair* auf dem MC, Saturn, der Planet der Weisheit, ist stark gestellt und Herrscher von Haus neun im zehnten Haus. Zudem dieser starke Mars auf der neunten Hausspitze. Dies zeigt, dass die Corrida ein Ritual ist, eines der wenigen, die in unserer sentimentalen Welt übrig geblieben sind. Die Corrida ist kein europäisches Rodeo! Die Essenz wird so elegant durch die Sonne als den allgemeinen Signifikator des Geistes und traditionell das Symbol der Gegenwart von Gott in seiner Schöpfung herausgebracht, in Opposition mit dem Mond, dem Symbol unserer vergänglichen materiellen Welt. Dies alles fällt auf die Sternenachse von *Antares* und *Aldebaran*, die Tod und neues Leben repräsentiert. Der arabische Punkt der Berufung, (MC + Mond - Sonne), also der »ideale Beruf«, befindet sich auf *Pollux*, dem unsterblichen der Zwillinge, der nicht nur ein sehr großer Kämpfer und ein Mann der Tat ist, sondern auch ein Dompteur von großen Tieren.

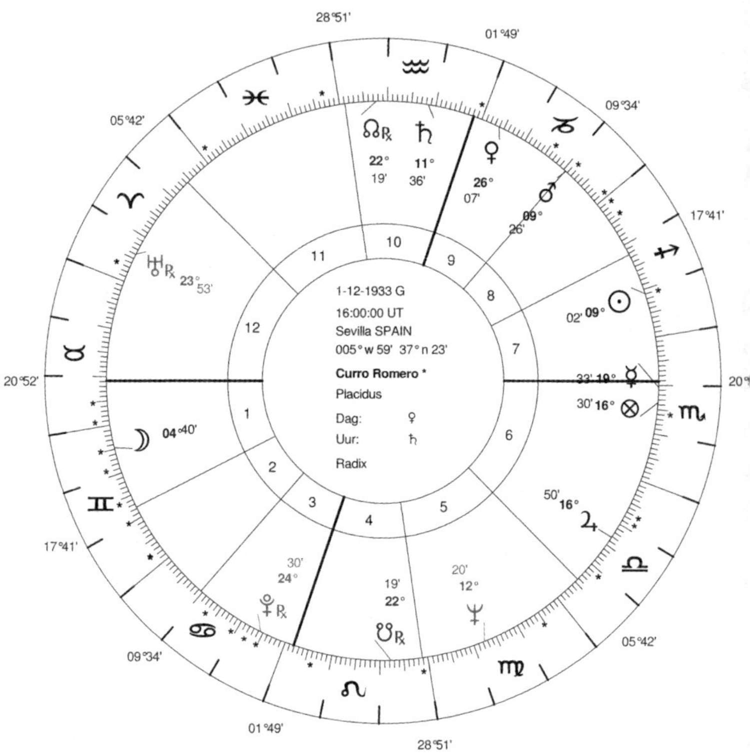

Abbildung 49: Curro Romero

Salvador Dali – Verzweifelter Perseus

Dieses Horoskop des berühmtesten surrealistischen Künstlers zeigt wieder einmal deutlich, wie stark sich ein Planet auf einer Achse im Leben manifestiert. In diesem Falle ist es der Mond auf dem MC, und das kleinere Licht ist ebenfalls Herrscher des ersten Hauses – keine schlechte Kombination für Erfolg, denn es zeigt Dali selbst an der Spitze. Der Mond steht aber nicht nur für Beliebtheit, jeder wird irgendwo im Haus ein Dali-Poster haben, es ist auch ein sehr angemessener Signifikator für Surrealismus mit seinen fließenden Formen und traumhaften Landschaften. Als eine künstlerische Bewegung strebte der Surrealismus danach, das Unterbewusstsein und das Unkontrollierbare im Menschen künstlerisch abzubilden, obwohl Dali sicherlich einen ausgeprägten eigenen Stil innerhalb der surrealistischen Schule hatte.

Der dominierende Mond befindet sich auf dem MC auf dem Stern *Difda*, platziert im Schwanz des Seemonsters des Chaos, das von dem wütenden Poseidon geschickt wurde, um die Prinzessin Andromeda, die Seele, zu verschlingen. Dies ist eines der wichtigsten mythischen Themen in seinem Leben, und in der Tat erschuf Dali eine Kunst, mit der er auf des Messers Schneide zum Wahnsinn zu balancieren versuchte. Die Konstellation Andromeda kann eng mit den Künsten in Verbindung gebracht werden, alle ihre Sterne haben eine ausgesprochene Venus-Natur. Durch diese Venusqualitäten versucht die Prinzessin, die die Seele ist, vor dem sie bedrohenden Wal zu fliehen, ein Bild des Chaos und der rohen Begierde. Genau das ist es, womit Dali sich befasst hat, seine Kunst ist ein Flug aus Wahnsinn und ein Entkommen aus Chaos, ein Thema, das von anderen Planetenpositionen im Horoskop weiter betont wird. Da Mars, Herrscher von Haus zehn über Karriere und zugleich Herrscher von Haus fünf über Kreativität, in der Vernichtung und in Konjunktion mit Merkur (Herrscher von Haus zwölf über Elend und Selbstzerstörung) auf dem dunklen Stern *Algol* (Verlieren des Kopfes) steht, gibt es keine geringe Verwirrung.

Glücklicherweise gibt es einen sehr wohltätigen Faktor im Horoskop, den starken Saturn im Wassermann, der Herrscher von Haus sieben ist, damit ist Saturn ein Partner, der ihn mit mehr Stabilität ausstattet und ihn am Boden hält – dies ist seine bekannte Ehefrau Gala.

In der Konjunktion auf *Algol* können wir wieder einen anderen Aspekt der Gorgone Medusa und der ganzen Andromeda-Perseus-Geschichte sehen: Derselbe Perseus, der den Kopf der Medusa abtrennte, rettete ebenfalls die Prinzessin Andromeda. Perseus benutzte Medusas abstoßenden Kopf mit Schlangen als Haaren, um das Seemonster zu versteinern, aber Medusa kann eben auch als eine sehr schöne, verführerische Gestalt erscheinen. Dies ist sicherlich auch mit Dalis künstlerischen Aktivitäten verbunden, es deutet auf verhüllte Hässlichkeit, dadurch dass man ihr eine attraktive, ästhetische, verführerische Gestalt gibt. Hier kann man beide Seiten der Medusa sehen, die Schönheit und den Wahnsinn, die im Wesentlichen in Dalis Algol-Geist dasselbe sind.

Dalis Vorstellungskraft ist fantastisch und verrückt, es ist wirklich eine sehr beunruhigende Verzerrung, die die rohe destruktive Begierde, von der Medusa ein Symbol ist, spiegelt. Entsprechend einiger Versionen des Mythos hatte Medusa Poseidon im Tempel der Athene geliebt und wurde für diese Missetat mit dem Schlangenkopf bestraft. Natürlich deutet das wieder auf den Verlust des Denkens und der rationalen Kontrolle hin, da Athene die Göttin des klaren Denkens und der Rationalität ist, sie wurde aus Zeus' Kopf geboren. Die wesentliche Aufgabe hier ist es, »Held Perseus« zu werden und das Haupt dieses Begierdemonsters abzuschneiden, das die Klarheit des eigenen Denkens zerstört. Dalis Kunst ist ein Ausdruck dieses mythischen Kampfes gegen Chaos, und sehr oft sieht es eher danach aus, als ob er verlieren würde.

Das übrige Horoskop ist ein Instrument, um diese mythische Rolle effektiv zu spielen, diese Übereinstimmung von Energien kann man häufig im Horoskop von erfolgreichen Menschen sehen. Der Planet der Künste, Venus, ist stark in seinem eigenen Zeichen und in seiner Triplizität im zehnten Haus ohne Beeinträchtigung zu erwähnen und dies ist natürlich positiv. Es verleiht ein starkes ästhetisches Talent, aber dies alleine hätte nicht für diesen enormen Erfolg ausgereicht, dafür braucht man einflussreiche Fixsterne, Planeten auf einer Achse und eine gute Synastrie mit der vorgeburtlichen Lunation und Finsternis. Der oben erwähnte Mond auf dem MC, der wichtig für seine Beliebtheit ist, befindet sich auf dem expansiven nördlichen Mondknoten durch Antiszie und er ist in gegenseitiger Rezeption mit dem größeren Licht, der Sonne, die ebenfalls stark in dem sehr positiven elften Haus der Früchte für die eigene Arbeit steht. Die Sonne ist peregrin, aber akzidentell mäßig stark, und diese Verbindung durch Rezeption der beiden Lichter trägt sicherlich zusätzlich zu seinem Erfolg bei.

Der Aszendent fällt auf den königlichen Fixstern *Pollux*, den unsterblichen Zwilling, und da dies ein königlicher Stern ist, wird er großen Erfolg verleihen, er ist ein martialischer Stern, ein Kämpfer und Soldat, ein Dompteur von Pferden und ein Mensch der Tat. Dies ist etwas, das Dali sicherlich brauchte, weil das übrige Horoskop nicht wirklich auf effektive beständige Handlung hinweist, er ist eher sehr entspannt und von einem sehr phlegmatischen Temperament. Zur gleichen Zeit gibt es noch das Thema der »Doppelheit«, das mit den Zwillingssternen verknüpft ist, etwas sehr idealistisches kombiniert mit etwas sehr Irdischem. In Dalis Fall ist das sehr wahr, es hat viel zu tun mit der

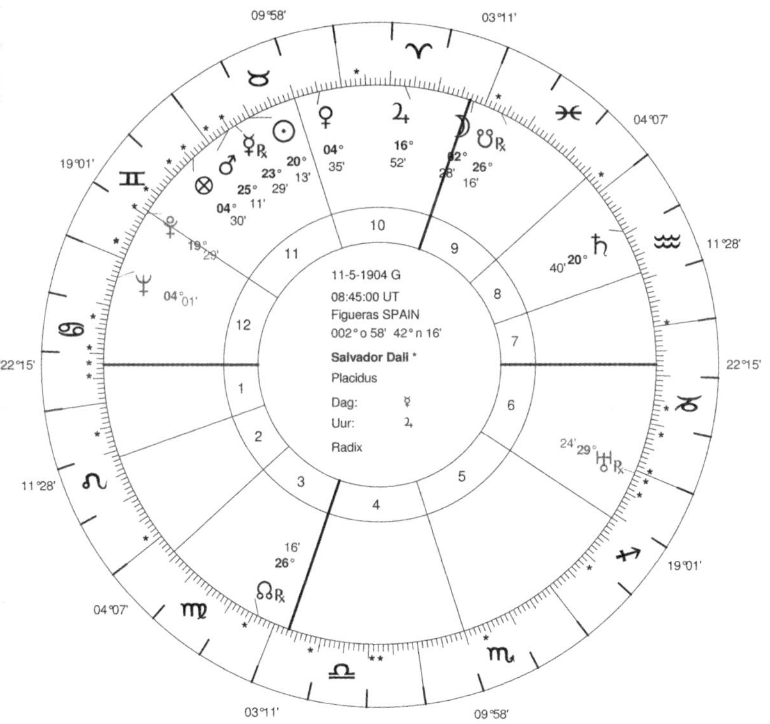

Abbildung 50: Salvador Dali

manchmal zweifelhaften Weise wie er Geld verdiente. Er war nicht der typische arme Künstler, der brillante Arbeit leistete, ohne einen Cent in der Tasche, um nicht einmal die Miete bezahlen zu können. Auch war er kommerziell gewieft, das kann man an der Rezeption von der Sonne, Herrscher von Haus zwei mit dem starken Mond auf dem MC und Jupiter, dem allgemeinen Signifikator von Reichtum im zehnten Haus, sehen – nicht schlecht für Geld. Derselbe Mond, der so viel zu seinem Erfolg beigetragen hat, befindet sich auch in engem Sextil mit dem Glückspunkt, von dem eine der Bedeutungen auch Geld und Besitz ist.

Auffällig ist, dass alle sieben klassischen Planeten sich über dem Horizont befinden und damit Sichtbarkeit in der Welt anzeigen, man vergleiche dies mit Nikola Teslas Horoskop weiter unten. Solch eine sehr direkte Interpretation auf der Basis eines Horoskopabschnittes, der sehr betont ist, gibt einem einen guten ersten Eindruck davon, wohin die Aktivität geht – jemand mit den meisten Planeten auf der rechten, westlichen Seite, wird zum Beispiel sehr mit anderen Menschen zu tun haben. Das Nette an einer solchen einfachen Interpretation ist, dass man zurück zu den Grundlagen »wie oben so unten« geht, mit allen Planeten unter dem Horizont, so wird man einfach nicht gesehen, dies ist jenseits von jeder Psychologie oder Methode.

Mick Jagger – Die Gorgone

Im Horoskop dieses charismatischen Rockstars kann man einige rohe und einflussreiche Planetenpositionen erwarten und was sofort auffällt, ist die Sonne/Jupiter-Konjunktion auf dem Aszendenten. Dies ist ein klares Anzeichen dafür, dass dieses Horoskop ein Bild von dem Leben eines Menschen gibt, der nicht leicht zur Seite gefegt wird – umso mehr, da die Sonne Herrscher von eins und »Signifikator des Verhaltens« ist und sehr stark im eigenen Zeichen steht. Daher ist der Geborene ein natürlicher Führer, der seine eigene Richtung im Leben bestimmen wird und der weiß, wie man König ist. Es herrscht keine Nacht mehr, wir haben bereits Licht, als er geboren wurde, deshalb ist Jupiter in diesem Taghoroskop peregrin, er hat keine Triplizitätenwürde, und dies fügt übermäßige Ausschweifung zu seinem Verhalten hinzu, es ist kein Zeichen von Disziplin und Kontrolle.

Der wichtige Jupiter, der auch Herrscher von neun über Normen und Überzeugungen ist, befindet sich auf dem Nebel *Praesepe* nahe den beiden Eseln in in der Konstellation Krebs. Dies ist auf eine Art das Herz der Krebses, das mit dem nördlichen Mondknoten auf einer anderen astrologischen Ebene assoziiert wird und den rohen Durst repräsentiert, das Leben bis auf den Grund zu erleben, es ist die reine Essenz des Wunsches nach Leben. Es ist der Konzentrationspunkt im Wasserelement, der selbst nicht zulässt, strukturiert zu werden und somit Chaos und Elend schafft. Wie ein kaltblütiges Tier hat Krebs kein potenzielles göttliches solares Zentrum, kein echtes Herz, er wird widerstandslos von den Strömen des Ozeans getrieben. *Praesepe* wird auch die Krippe genannt und ist leer, das rettende solare Königskind ist nicht dort und die animalische Natur herrscht im Stall.

Aselli oder die Esel sind die die Krippe flankierenden Sterne und sie können mehr mit Dienen und Ehren des Kindes in der Krippe assoziiert werden. Aber auf Praesepe selbst gibt es kein Dienen, es wird den Begierden nachgegangen ohne jede Einschränkung oder Reflexion, daher ist dieser Nebel so zerstörerisch, er verbreitet Chaos und steht in der Mundanastrologie für Blutvergießen und macht Massen zu Opfern. Als ob dies noch nicht schon genug wäre, steht der Mond in Konjunktion mit dem Glückspunkt auf *Algol.* Der Mond ist Herrscher von Haus zwölf (Süchte, Selbstzerstörung und Elend) und seine Antiszie trifft genau auf den Aszendenten. Also arbeiten die beiden bösartigsten und zerstörerischsten Sterne, *Algol* und *Praesepe*, die eine Konzentration von ungezügelter Befriedigung der Lust darstellen, in diesem Leben eng zusammen, und diese Energien werden durch die königliche Sonne/Jupiter-Konjunktion auf dem Aszendenten bestärkt. Was für ein Horoskop und was für ein Mann!

»Sympathy for the Devil« und »I can get no satisfaction« können auf der Grundlage der Astrologie sehr gut verstanden werden, *Algol* wird auch Dämonenkopf genannt. Sogar den Namen »Rolling Stones« kann man im Horoskop sehen, ein Stein ist Saturn und er sollte immer noch Stabilität verleihen und nicht den Berg abwärts rollen, aber diese Sonne/Jupiter-Konjunktion so eng verbunden mit seinem stärksten individuellen Punkt, hasst Saturn durch negative Rezeption und akzeptiert seine Disziplin nicht. Jagger hat keine königlichen Sterne auf wichtigen Punkten, aber man sieht diese beiden sehr mächtigen Sterne *Algol* und *Praesepe* als die dunklen Könige und sie haben eine enorme Manifestationskraft, doch diese Kraft ist von dunkler Natur. Sie repräsentieren starke Urenergien und dies ist der Grund, warum Jagger so ein Idol geworden ist. Hier können wir seine magnetische Anziehungskraft sehen, der Mythos benutzt sein Leben als Instrument zu manifestieren, und die Zerstörungswut in diesem Horoskop ist überwältigend.

Mars, Herrscher von Haus zehn (Karriere) und Herrscher von fünf (Kreativität) steht auf dem Stern *Almach* in Andromeda, der von reiner Venusnatur und stark mit künstlerischen Aktivitäten verbunden ist. Andromeda ist das Ebenbild der Seele, die bedroht ist, vom Seemonster verschlungen zu werden. Dies ist die ungezügelte Begierde und schafft die Motivation, dem durch den künstlerischen Ausdruck zu entfliehen. Auch spielt Perseus hier eine Rolle, er ist der Held, der die Prinzessin vor dem Monster rettet, indem er es mit dem Haupt der Medusa versteinert, das ist die besiegte Begierdenatur, die als Waffe gegen Manipulation benutzt wird. Nur ein Mensch, der seine instinktiven Reaktionen zu einem gewissen Ausmaße kontrolliert, ist wirklich frei, andernfalls ist er nicht mehr als ein wildes Tier, das von Mächten benutzt wird. Mars, Herrscher von zehn, ist in Vernichtung und steht im Trigon mit dem Planeten der Künste, Venus, also in schlechtem Zustand, sie wird nicht liebenswürdig sein, aber das kann kaum mit so dominanten *Algol* und *Praesepe* erwartet werden.

Wie üblich geben die arabischen Punkte einige interessante Zusatzinformationen und Klarstellungen. Der Punkt des Ruhms (Aszendent + Jupiter - Sonne in Taghoroskopen) befindet sich direkt auf Jupiter auf *Praesepe* und ist dem Aszendenten sehr nahe. Dieser Punkt macht einen nicht einfach berühmt, aber wenn das Potenzial gegeben ist, funktioniert er auf diese Weise und zeigt an, wofür man berühmt oder berüchtigt ist. In den meisten Horoskopen von berühmten Menschen nähern sich alle Energien in einer Weise an, um ein starkes Muster zu bilden, Fokussierung ist einer der Gründe für Ruhm. Als Astrologen deuten wir jedoch meistens Horoskope von Durchschnittsmenschen und auf diese Weise ist es schwieriger, da im Horoskop eines Lebensmittelhändlers sehr wahrscheinlich der konzentrierte Fokus wie in Jaggers Horoskop fehlt.

Es hängt daher vom Horoskop ab, wie man den Punkten ihre genaue Bedeutung gibt, die Punkte werden am stärksten durch enge

Aspekte mit Planeten oder Konjunktionen mit Hausspitzen aktiviert. Jaggers Horoskop hat den Punkt der Berufung auf dem Deszendenten, dies zeigt also einen starken Wunsch vor Publikum aufzutreten, dieser Punkt zeigt die ideale Tätigkeit an, was nicht notwendigerweise dasselbe ist wie das Talent. Talent und Berufung müssen in einer Weise mit einiger Aktivität kombiniert werden, aber das kann nicht immer verwirklicht werden, wir sind nicht alle so glücklich mit unserem Job wie Mick Jagger mit seinem.

Der Pars Hyleg (Aszendent + Mond - Grad der pränatalen Lunation) informiert über die Art, wie man sich mit dem Zeitgeist verbindet, er befindet sich auf dem königlichen Aldebaran und im Sextil mit

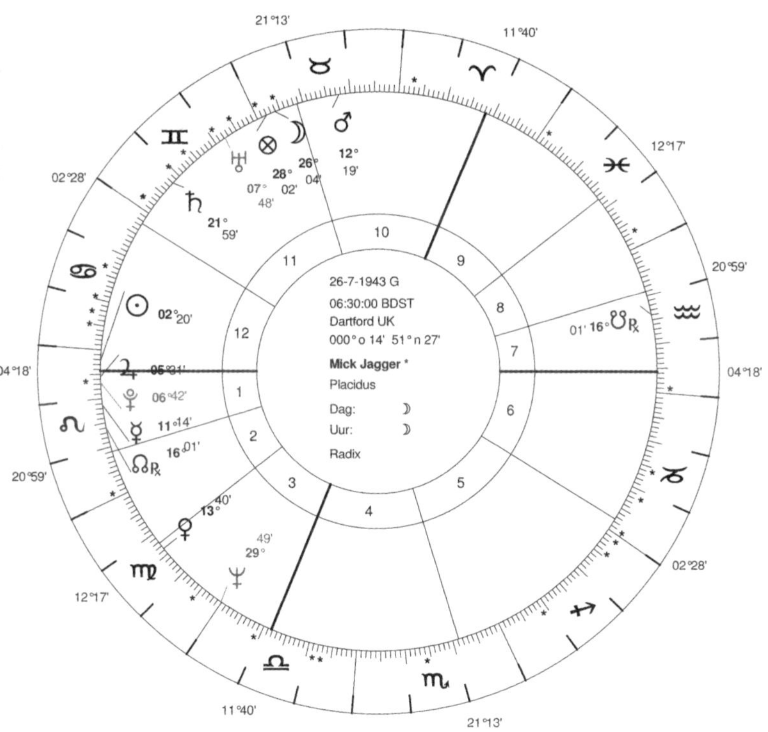

Abbildung 51: Mick Jagger

der Jupiter/Sonne-Konjunktion. Von den sieben Planetenpunkten ist der Jupiterpunkt (Aszendent plus Jupiter - Punkt der Sonne) auf der Mond/Glückspunkt-Konjunktion und wiederum durch Antiszie auf dem Aszendenten. Dieser Punkt zeigt »Hilfe von oben« an, also Erfolg oder Unterstützung, die gratis gewährt wird, dies hat sehr konkrete wie auch sehr spirituelle Bedeutungen. Es ist sehr amüsant zu sehen, dass sich der Punkt des sexuellen Verkehrs (Aszendent + Venus - Sonne) in Konjunktion mit dieser lustvollen Venus auf der dritten Hausspitze der Routinereisen befindet: eben Groupies!

Madonna – Auf dem Rücken des Löwen

Superstar und Popidol Madonna ist über 50 Jahre alt und sie ist immer noch stark. Das Horoskop zeigt ihre Kraft auf den ersten Blick wie so oft durch Planeten auf den Achsen. Mond und Merkur sind in der Nähe des Aszendenten platziert und das erklärt astrologisch ihren Künstlernamen: Die Madonna ist die mütterliche Energie des Mondes. Traditionell wird die Heilige Jungfrau immer auf einer Mondsichel stehend abgebildet, sie ist der Stern des Meeres, das bedeutet, sie reguliert symbolisch das Element Wasser und unsere Begierden, und diese Funktion ist im Wesentlichen lunar. Genau dies ist es, was Madonna macht, sie spielt mit Begierde, mit weiblicher Anziehungskraft, und dass dies eher provozierend ist, wird von dem peregrinen schwankenden Zustand des Mondes angezeigt, der von Natur aus bereits instabil ist. Die ausgelösten Reaktionen sind keine verfeinerten Gefühle, sie sind eher ein bisschen roh und einfach.

Die Konjunktion von Mond und Merkur in Jungfrau, ein Zeichen, das traditionell »fähig zu sprechen« ist, ist natürlich sehr positiv für die Ausdruckskraft und das Denken, obwohl Merkurs Rückläufigkeit einige Schwierigkeiten verursachen wird. In der Tat gibt es einige Diskussionen über die gesangliche Qualität ihrer Stimme und sie scheint sich dabei selbst nicht sicher zu sein. Die Rückläufigkeit schwächt gerade ab, das ist tatsächlich so, aber es gibt jede Menge vom Mond kommende Kompensation, Merkurs essenzielle Würde und Stärke der ganzen Konstellation, sodass dies nicht mehr als ein kleines Problem ist. Da der Mond der allgemeine Signifikator des Volkes ist und Merkur

Handel bedeutet, gibt ihr das tiefe Einsichten in die Entwicklung von Trends, die kommerziell verwertet werden können.

Der sehr wichtige Mond auf dem Aszendenten ist auf dem Stern *Zosma*, dem Rücken des Löwen. Dies verleiht dem Mond eine Menge Ehrgeiz und Unabhängigkeit, keiner darf auf dem Rücken eines Löwen reiten, und die klassischen Texte betonen die negativen Auswirkungen des Sterns. Schamlosigkeit, Selbstsucht und unmoralisches Verhalten sind zitierte Schlüsselwörter für *Zosma*, der eine Saturn/Venusnatur hat, und da beide Planeten keine Würde im Horoskop besitzen, genauso wie der Mond auf ihm, manifestieren sich diese weniger angenehmen Seiten deutlich. Madonna ist auf der Bühne sicherlich schamlos und sie ist der Boss, sie hat die Kontrolle über die ganze Show. Man versuche nicht, sie in irgendeiner Weise zu übergehen, der Löwe wird seine Zähne zeigen.

Indem wir uns das Mondhaus anschauen, kann die Wirkung des Mondes noch deutlicher vorhergesagt werden, es ist ein Haus, das von zwei Sternen in der Konstellation beherrscht wird, von denen der eine *Zosma* ist. In der vedischen Tradition ist einer der Namen der »zweite Rote« und andere Bilder sind »der kleine Feigenbaum« und »Lingam und Phallus«. Die Bedeutungen von Freude und Erotik sind klar und unter den Schlüsselwörtern werden nicht nur Musiker, Entertainer und Sänger erwähnt, sondern auch Beziehungen und Sexualtherapeuten. So gesehen gibt das Mondhaus unschätzbare Zusatzinformationen. Dieses erotische Element wird deutlich durch den Einfluss von *Zosma* und dem Haus des Mondes, der einer der zwei wichtigsten Planeten im Horoskop ist.

Bei einem solchen Erfolg, kann man eigentlich einige Planeten oder Achsen auf königlichen Sternen erwarten – und in der Tat steht der große Wohltäter Jupiter auf dem extrem expansiven nördlichen Mondknoten auf dem königlichen *Spica* im zweiten Haus des Geldes. Das ist für eine finanzielle Situation sehr schön, umso mehr, da Jupiter der allgemeine Signifikator von Wohlstand ist, obwohl Jupiter sich durch Antiszie in Opposition mit Merkur und in der Nähe des Deszendenten befindet. Jupiter, der immer noch den sehr wohltätigen Einfluss von *Spica* in seinem Spiegelpunkt besitzt, ist auch Herrscher von Haus sieben, und Merkur ist Herrscher von Haus eins. Dies zeigt also angespannte Beziehungen durch Opposition, aber das ist durch die stark schützende Energie von *Spica* nicht sehr dramatisch. *Spica* ist sehr mächtig und sie wird ein gutes Ergebnis sicherstellen, wenn dem nicht durch andere sehr einflussreiche Positionen wie im Fall von Prinzessin Diana widersprochen wird.

Madonna war mehrere Male verheiratet, aber im Hinblick auf ihren Status als Megastar ist dies nicht so schlimm, es gibt etliche Superstars, deren Liebesleben extrem zerstörerisch und dramatisch ist. Die Sonne ist im zwölften Haus, aber sie hat eine Menge essenzielle Würde in ihrem eigenen Zeichen und steht in engem Sextil mit dem starken Wohltäter Jupiter. Dieser Aspekt mit einem starken Faktor bietet eine Flucht aus der Isolation des zwölften Hauses für die Sonne und das ist wiederum gut für Beziehungen, da Jupiter Herrscher von sieben und die Sonne der allgemeine Signifikator von Männern ist. Jupiter befindet sich in sehr starker gegenseitiger Rezeption durch Erhöhung und Zeichen mit Saturn, Herrscher von fünf über Freude, Sexualität und Kreativität, und unterstützt ebenfalls den Jupiter in seiner Rolle als Signifikator für Geld. So gesehen bringen Sex und Spaß Geld ein und Saturn zeigt die dunkleren Seiten der von ihr produzierten erotischen Show. Die freimütige Tendenz, Religion zu provozieren, indem sie religiöse Symbole mit Sex mischt, wird durch Mars in Vernichtung im neunten Haus der Religion im engen Trigon mit dem Mond, ihrem Madonna-Planeten, verursacht.

Der Glückspunkt, der die Wünsche ihrer Seele in der Welt anzeigt, befindet sich auf dem Stern *Labrum*, der mit der Geschichte der Krähe in Verbindung gebracht wird, die ihre Mission aufgibt, weil das Gras im nächsten Feld grüner ist. Aber es ist auch der Gralsbecher des Suchens nach himmlischer Schönheit in materiellem Schmutz. Der Gralsbecher ist ein sehr spirituelles Symbol, auf einer »niederen« Ebene ist er jedoch mit weiblicher Sexualität verbunden, da er ein sehr empfängliches Symbol ist, und mythisch-symbolische Bilder wirken auf vielen Ebenen. Dies verweist auf eines der auffälligsten Merkmale Madonnas, nämlich ihre Fähigkeit, sich selbst immer wieder neu zu erfinden, sie ist die ultimative »Gestaltswandlerin«. Der Glückspunkt auf *Labrum* zeigt, dass sie immer weiter zu etwas noch Attraktiverem auf der Suche nach Schönheit gelangen möchte. Dies wird von Merkur, dem Planeten der vielen Formen und Herrscher des zehnten Hauses disponiert, der ein Quadrat auf den MC wirft. Diese Anlage ist auch gut für Geld, da der Glückspunkt, einer der traditionellen finanziellen Signifikatoren, stark im ersten Haus ist und weiter durch diese Disposition gestärkt wird. Mit den zwei höchst unbeständigen Planeten Mond und Merkur, Herrscher von Haus zehn, in einem veränderlichen von Merkur disponierten Zeichen am Aszendenten, ist es kein Wunder, dass wir hier eine »Gestaltwandlerin« bekommen haben.

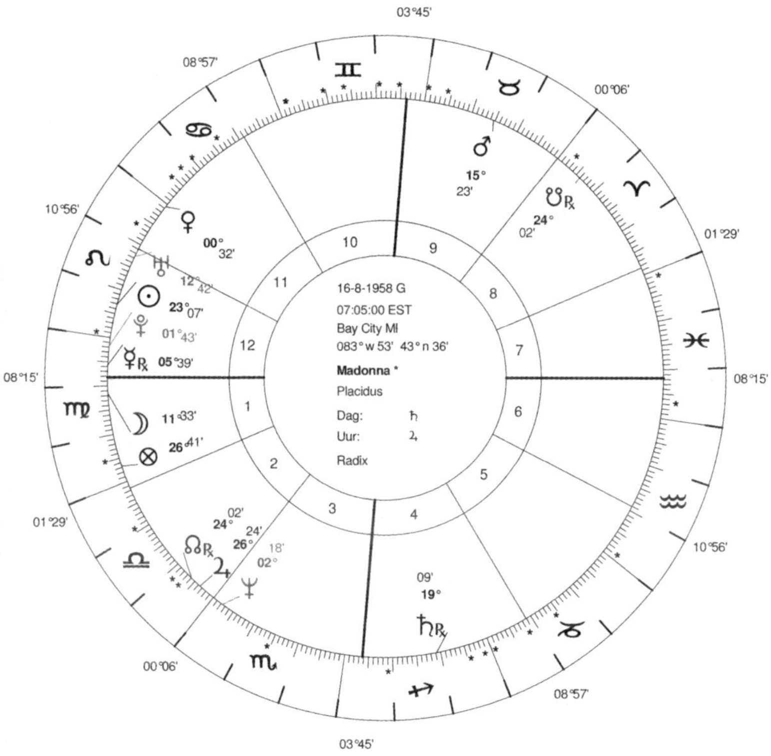

Abbildung 52: Madonna

Edith Piaf – Feuer!

Einige Horoskope sind so klar und der Fall von Edith Piaf ist dafür ein gutes Beispiel. Es ist offensichtlich, dass dieser Mensch kein sehr friedliches Leben haben wird. Da das Temperament sehr stark cholerisch (feurig) ist, handelt es sich um eine Person, die kämpfen wird, sie wird sagen, was sie denkt, und sie wird gehört werden. Bei einem feurigen Temperament ist der Zustand von Mars immer äußerst wichtig, da ein Planet eine Kraft ist, die das Potenzial der elementaren Energien der Zeichen strukturiert und organisiert und diese Energien auf unsere irdische Welt weiterleitet. Je besser der Zustand dieses Planeten ist, umso besser wird der Geborene in der Lage sein, seine Aufgabe zu erfüllen. Das ist der Hauptgrund, warum sich die klassische Astrologie hauptsächlich auf die Planeten konzentriert und nicht auf die Zeichen wie die moderne Astrologie. Zeichen machen Angelegenheiten noch nicht sehr konkret.

Und um was für eine Art von Mars handelt es sich hier! Der Feuerplanet hat nicht zu viel essenzielle Würde in den letzten Graden von Löwe, Würde durch »Gesicht« und Würde der »Grenze« sind nicht stark, aber dies ist besser als gar nichts. Der Teil des Zodiaks, in dem Mars platziert ist, wird ungezähmt oder wild genannt, diese Bedeutung wird traditionell dem ganzen Zeichen Löwe zugerechnet und dem zweiten Teil – dem instinktiv niederen Pferde-Teil – des Schützen. Die Praxis bestätigt, dass diese Idee richtig ist, rohe animalische Energien sind in diesen Teilen des Zodiaks konzentriert und darüber hinaus befindet sich dieser Mars auf *Regulus*, dem Herzen des Löwen, was einen großen Erfolg verleiht, aber auch brennenden Ehrgeiz. Die Tötung des Löwen, das Opfer blinden Ehrgeizes, ist die richtige Antwort auf die mehr negativen Eigenschaften und Gefahren, die Regulus mit sich bringt.

Die Beherrschung durch Mars vervollständigt das Bild. Der Feuerplanet ist Herrscher des ersten Hauses, steht also für Piaf selbst, und Herrscher über Haus fünf (Kreativität). Es ist so extrem viel Feuer mit im Spiel, dass es nicht viel »Süßes« bei ihren künstlerischen Kreationen geben wird. Mars ist in Konjunktion mit dem arabischen Punkt des Ruhms (Formel: Aszendent + Jupiter - Sonne in Taghoroskopen, und die umgekehrte Formel bei Nacht wie in diesem Fall: Aszendent +

Sonne - Jupiter), zeigt an, wofür man bekannt oder berüchtigt ist, und außerdem befindet sich Mars in einer positiven gegenseitigen Rezeption durch Triplizität, mit diesem sehr starken Jupiter im vierten Haus. Das verbindet Mars (als Piafs Kreativität) mit diesem sehr wohltätigen Jupiter in Fische, Herrscher von vier über Wurzeln und Tradition, denn das Chanson ist nicht der modernste Stil der Musik.

Piafs bekanntestes Chanson ist so martialisch und cholerisch wie überhaupt möglich: »Non, je regrette rien«, warum sollte ein Choleriker jemals etwas bedauern, er zog sein Messer, wenn es notwendig war, und es macht keinen Sinn, noch mal darüber zu sprechen. Dieses Chanson hatte auch seine politische und patriotische Seite, da Piaf es den Soldaten der Fremdenlegion widmete, die sich während des Krieges in Algerien die Hände schmutzig gemacht hatten. Hier können wir einen sehr konkreten Ausdruck von Mars (Soldaten) im neunten Haus (Ausland) als Herrscher von fünf (ein Lied) auf Regulus (großer Ruhm) mit dem Glückspunkt und in gegenseitiger Rezeption mit Jupiter, Herrscher von vier, sehen, was die Wurzeln und damit auch das Heimatland anzeigt.

Die Wichtigkeit von Mars wird durch die Position des Glückspunkts unterstrichen, den Wunsch der Seele, der anzeigt, was wir wirklich und tiefgründig wollen von diesem irdischen Leben, er ist im fünften Haus, von Mars disponiert und in engem Trigon mit ihm. Sie möchte also wirklich kriegerische »Fünftes-Haus-Sachen« machen, und da Mars der allgemeine Signifikator der Sexualität ist und ebenfalls das fünfte Haus von allen möglichen Arten der Freuden beherrscht, können wir hier deutlich ihren Ruf als Verschlingerin von Männern erkennen. Um Sexualität im Horoskop zu deuten, sollte das Temperament unabhängig vom Zustand des fünften Hauses ebenfalls immer mit berücksichtigt werden. Ein kalter und trockener Melancholiker, der sich nicht zu gern binden mag, hat ein ziemlich anderes Sexleben im Vergleich zu Individuen, die randvoll mit Feuer sind wie Edith Piaf. Das Übermaß an Feuer muss seinen Weg aus dem System heraus finden, sonst wird es stecken bleiben und kann psychologische oder sogar physische Probleme verursachen.

Für Liebe und Beziehungen ist eine cholerische Person natürlich nicht zu harmonisch, aber der Zustand des siebten Hauses fügt zu diesen Schwierigkeiten noch etwas hinzu, ein extrem bösartiger *Algol* befindet sich auf Piafs Deszendenten. Mit *Algol* laufen die Dinge schief, weil die Schlangenhaare der Begierde die rationale Kontrolle, die durch den Kopf symbolisiert wird, vollkommen dominieren, und so ist Chaos das Resultat. Wie bereits erwähnt ist *Algol* ein widerliches Monster, aber es nimmt auch die Form einer verführerischen, schönen Frau an, was das Befolgen von instinktiven Impulsen so unwiderstehlich attraktiv macht. Aber die Realität ist nicht schön, da immer Chaos das Resultat ist, wie es in Piafs Leben auch der Fall war. Das Einzige, was geholfen hätte, wäre den Kopf des Monsters abzuschneiden, das schmerzvolle Opfer der intensiven Begierde für andere. Es ist Perseus' Schwert der Unterscheidung, das hier geschwungen werden muss: Was ist wirklich lohnenswert und was sollte weggeworfen werden? Auch der instabile Mond, Planet des Wandels, im siebenten Haus auf den Plejaden, den weinenden Schwestern, und im damit verbundenen Mondhaus des Messers, macht die Angelegenheit für Beziehungen keineswegs besser.

In einer weiteren Analyse der Karriere erweist sich Mars sogar als noch stärker, er steht auch in einem engen Trigon mit Merkur, Herrscher von zehn, verbrannt und auf dem mit Blindheit assoziierten Stern *Acumen*. Es ist eine bekannte Tatsache, dass das Auftreten auf der Bühne für Piaf ein Höllenjob war, da sie vor ihren Bühnenauftritten trotz ihres feurigen Charakters äußerst nervös war. Merkur, der Planet der Nerven und Herrscher von zehn über öffentliche Ereignisse, ist in Vernichtung sehr schwach und verbrannt auf einem nebulösen blind machenden Stern. Sobald Piaf im Rampenlicht (Sonne) erscheint, ist ihre Fähigkeit zu denken und zu sprechen (Merkur) ernsthaft geschwächt (Verbrennung und Vernichtung); deshalb hatte Piaf in der Tat einige astrologische Gründe, nervös zu sein! Es ist ihr kriegerischer Kampfgeist und dieser brennende ehrgeizige *Regulus*, die sie dazu brachten, trotz ihres Lampenfiebers auf die Bühne zu gehen, das stolze Herz des Löwen erlaubt keine Nervosität, die es demütigt.

Auf dem Aszendenten gibt es einen weiteren Stern der ersten Magnitude, *Agena*, das rechte Vorderbein des Kentauren Pholus. Obwohl Agena als das rechte Bein eine positivere Bedeutung als das linke Bein *Bungula* hat, spielt abermals das Thema einer starken Spannung zwischen Triebleben und bewusster Kontrolle hier eine große Rolle.

Pholus wird durch einen mit Gift der Hydra getränkten Pfeil getötet, ein Symbol der Begierde, und auf diese Weise wird er Opfer seiner Neugier. In Piafs Leben und Arbeit ist der schmerzhafte Ausdruck des feurigen Trieblebens zentral, es ist ein Versuch, über destruktive Emotionen hinaus zu gelangen, indem sie in künstlerische Formen gebracht werden, aber es gibt offensichtlich die Gefahr in ihrem unruhigen Leben, dass das Gift der Hydra zum Schluss die »bessere Seite« von ihr bekommt.

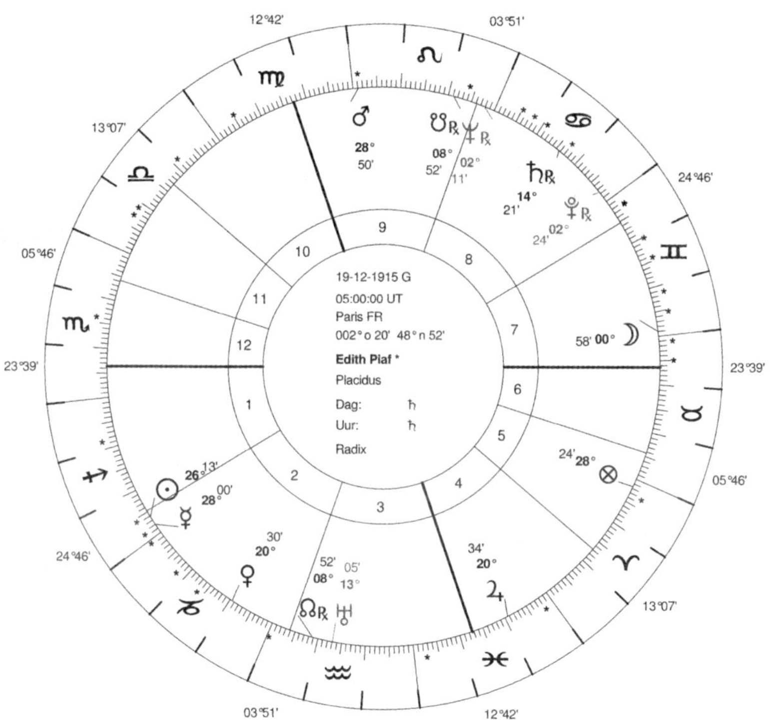

Abbildung 53: Edith Piaf

Marilyn Monroe – Die gefesselte Prinzessin

Im positivsten Haus im Horoskop von Marilyn Monroe, dem elften, kann ihr Erfolg sofort entdeckt werden. Die Sonne steht in diesem Haus in Konjunktion mit Merkur auf *Aldebaran*, dem sinnlichen roten Auge des Bullen, einem der absolut herausragenden königlichen Sterne, eine sehr gute Position, um großartigen Erfolg zu erlangen. Das elfte Haus steht nicht für die Karriere selbst, sondern es sind die Vorteile, die man dadurch oder durch die Gunst des Königs erhält, und es wird hier klar angezeigt, warum es so viele mächtige Männer in ihrem Leben gab. Die Sonne ist der allgemeine Signifikator von Königen und ist im elften Haus eingebunden, nicht nur durch ihre Stellung, sondern auch durch eine Konjunktion mit Merkur, Herrscher von Haus elf.

Merkur ist sehr stark gestellt, da er nicht wirklich verbrannt ist trotz der Nähe zur Sonne, denn die Konjunktion findet in Merkurs eigenem Zeichen Zwillinge statt. Dies macht Merkur stark genug, sich kraftvoll durch die Verbrennung zu manifestieren. In der Tat bekommt der Merkur die volle Unterstützung der Sonne auf dem königlichen *Aldebaran*, da diese Art von Verbrennung als eine gegenseitige Rezeption betrachtet werden kann. Die Sonne kontrolliert Merkur durch ihre Strahlen, aber andersherum kontrolliert Merkur die Sonne durch Disposition. Dies alles geschieht im merkurialen Luftzeichen Zwillinge, das gemäß der Tradition »stimmhaft« ist und in der Tat hatte Monroe eine Stimme, eine königliche, sinnliche Aldebaran-Stimme.

Im siebten Haus finden wir zwei peregrine Planeten, Mond und Jupiter, keiner von beiden ist ein Planet von Abgrenzung und Stabilität, also ist dies nicht zu vielversprechend für Beziehungen. Zusätzlich wird das siebte Haus von einem schwachen und rückläufigen Saturn beherrscht, der den Mond im siebenten Haus aspektiert, was auch nicht sehr hilfreich sein wird, um liebevolle Beziehungen aufzubauen. Saturn befindet sich auch auf dem Stern *Unukalhai*, den man als das Schlangenherz betrachten kann, und diese Kombination bringt unangenehme Erfahrungen mit ziemlich zweifelhaften Männern mit sich. Der Herrscher des siebten Hauses zeigt, welche Art von Partnern mehr oder weniger automatisch in unser Leben kommt, wie auch die Themen, die immer unsere Liebesbeziehungen beschreiben.

Sehr angemessen für das ultimative Sexsymbol »Monroe« ist der Herrscher von zehn über Karriere, denn Venus ist in Widder in Vernichtung, was laut Tradition sehr sexy macht. Dies ist keine Venus, die sich korrekt verhalten wird und innerhalb von vorgegebenen Grenzen bleiben wird, wie es Venus in Waage tun würde. Der Lustaspekt wird sehr in den Vordergrund kommen und die Platzierung von Venus auf dem Stern *Mirach*, einem der beiden Sterne von reiner venusartiger Natur, stärkt natürlich diese verführerische Art noch mehr. *Mirach* ist ein Stern im Gürtel der Prinzessin Andromeda, die an einen Felsen gekettet und von einem Wal bedroht wurde, der von Poseidon geschickt worden war, um sie zu verschlingen.

Bei dem Seemonster handelt es sich natürlich symbolisch um die Begierdenatur, und die Prinzessin ist die Seele, die versucht, dem sich nähernden abscheulichen Wal zu entkommen, darum singt sie so wunderschön, sie sehnt sich nach dem Prinzen auf dem fliegenden Pferd, der sie retten und befreien wird. Andromeda ist die Jungfrau in Bedrängnis, ein altes kraftvolles Thema, das viele Männer triggern wird, wer möchte nicht Perseus sein? Andromeda ist eine reine Venuskonstellation und ist sehr stark mit den Künsten verbunden, von denen das Venus-Planetensymbol die Essenz zeigt, der Kreis des Geistes auf dem Kreuz der Materie, was Ordnung und Harmonie in materiellen Formen schafft. Das ist die Essenz von Schönheit, es ist das göttliche Licht, das durch die materiellen Formen scheint. In Monroes Fall manifestiert sich diese Venusenergie jedoch mehr als Lust als in ernsthafter künstlerischer Weise, der Planet der Schönheit und Liebe ist in seiner Vernichtung und wird stark durch die impulsive Hitze von Mars beherrscht.

Auffällig ist natürlich, dass Venus sich direkt am Ende von Widder befindet, kurz davor, ins eigene Zeichen einzutreten, sie wird sicherlich etwas mit »ihrer Venus« machen wollen! In der Progression wird der Planet für eine lange Zeit essenziell sehr stark sein. Das bedeutet keineswegs, dass die Vernichtung von Venus in ihrer Geburtsposition nicht mehr gültig ist, aber es zeigt, dass das Geburtspotenzial besser zum Vorschein kommt, solange Venus sich in der Progression in Stier befindet. Im weiteren Verlauf werden sich Veränderungen der Würde durch Eintritt in eine »Grenze« oder unmittelbar direkt in ein neues Zeichen sehr deutlich im Leben manifestieren. Der einzige Aspekt, den diese wichtige Venus (Herrscher von zehn) macht, ist ein enges Sextil mit Jupiter (Herrscher von fünf über erotische Freuden) auf einer Achse in einem Luftzeichen – sehr angemessen für eine Schauspielerin, deren bekanntestes Bild das Kleid ist, das durch den Luftstrom eines Ventilators hochgeweht worden ist. Um zu zeigen, wie präzise die arabischen Punkte funktionieren, nehmen wir den Punkt des Ruhms (Aszendent + Jupiter - Sonne, in Nachthoroskopen umgekehrt), der sich genau auf dieser Venus befindet, die von einem luftigen, erotischen Jupiter aspektiert wird!

Marilyn Monroe hatte auch eine sehr starke dunkle Seite, nämlich ihre Abhängigkeit von Pillen und Alkohol, von der gesagt wird, dass dies sie schließlich zu ihrem Selbstmord brachte. Der südliche Mond-

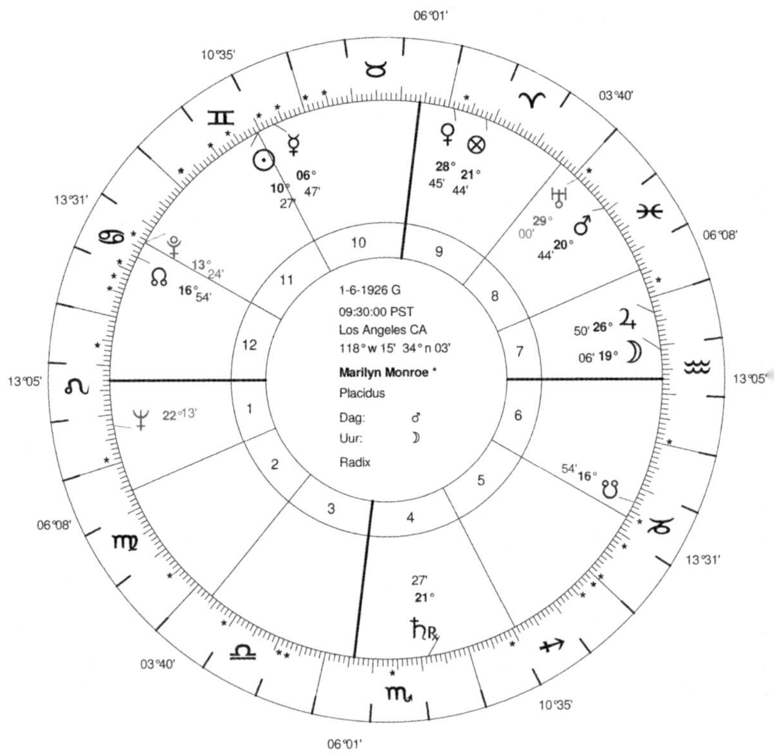

Abbildung 54: Marilyn Monroe

knoten, der immer ein Punkt von extremen Problemen, Verletzlichkeit und Leiden ist, befindet sich auf der Hausspitze sechs der Krankheit, und der Herrscher des sechsten Hauses ist ein schwacher peregriner Saturn, der Planet von Depressionen, welcher wiederum auf dem elenden Herz der Schlange steht. Saturn beeinflusst Emotionen und Denken sehr, da er den emotionalen Mond aspektiert, der zugleich auch Herrscher von Haus zwölf (Selbstzerstörung) ist, platziert in einem Saturnzeichen, und überdies ist Merkur in der Triplizität von Saturn. Es sind nicht gerade heitere Positionen, hinter dem sorgfältig entwickelten »Blond-und-sexy-Venus-in-Widder-Image« gibt es eine andere eher dunkle Realität.

Aus einer medizinisch-astrologischen Perspektive müsste man den Einfluss Saturns bekämpfen, dies könnte man machen, indem man ein homöopathisches Bleipräparat in einer hohen Potenz verabreicht. Blei ist das Metall von Saturn. Der große Übeltäter wird ebenfalls von einem mäßig starken Mars in seiner Triplizität in Fische disponiert, den er auch aspektiert. Alles, was mit Mars verbunden ist, könnte dazu dienen, den zerstörerischen Einfluss von Saturn zu heilen. Mars beherrscht das neunte Haus der Religion, wo wir auch die Sehnsucht ihrer Seele, den Glückspunkt, finden, daher hätte spirituelle Entwicklung ihr Leben vor der durch Saturn angezeigten Verzweiflung retten können.

Wieder ist das Mondhaus fast schockierend, es ist das Haus des Delfins, das mit Musik und Reichtum verbunden ist, es repräsentiert den Dichter Arion von Lesbos, der sich selbst tötete, indem er über Bord sprang, um seinen Entführern zu entkommen.

Nikola Tesla – Im Bann des Sankt-Elms-Feuers

Es gibt ein Detail im Horoskop des großen Erfinders Nikola Tesla, der viele elektrische Anwendungen entwickelte und seiner Zeit sehr unglaublich voraus war, die sofort ins Auge fällt: Alle Planeten befinden sich mit Ausnahme von Jupiter unter dem Horizont, der jedoch im schwächenden zwölften Haus platziert ist. So ist dies jemand, der viele Schwierigkeiten damit haben wird, sich der Welt zu zeigen, er ist nicht sichtbar, bleibt unter dem Horizont, und diese Unsichtbarkeit wird durch die Schwäche von Saturn, Herrscher von zehn in Vernichtung, weiter verstärkt. Mit Blick auf seine außerordentlichen Leistungen auf dem Gebiet der Elektrizität war das in der Tat der Fall, Tesla bekam nicht die Anerkennung, die er sehr wohl verdient hätte. Es gibt viele Menschen, die weit weniger erreichten und nicht einmal in seinem Schatten hätten stehen können, aber viel berühmter geworden sind als Tesla. Das illustriert den Unterschied zwischen essenzieller und akzidenteller Würde, zwischen Qualität und Kraft.

Die Sonne als der einzige Achsenplanet zieht auch Aufmerksamkeit auf sich, sie befindet sich dicht am IC, sie ist der Planet mit der stärksten akzidentellen Würde und der stärksten Manifestationskraft in der Welt. Natürlich ist der IC nicht die optimale Platzierung für Erfolg, es ist schließlich der tiefste Punkt im Horoskop und verbunden mit der Mitternacht in Opposition zum MC. Wirklich gut für die Karriere sind Planeten in der Nähe vom MC oder am Aszendenten. Sogar ein starker Planet auf dem Deszendenten hat seine Nachteile, trotz einer Achsenbetonung, weil er im Haus der Gegner und nicht wirklich im eigenen steht. Die Sonne auf dem IC, das Licht, das am tiefsten Punkt in Teslas Horoskop scheint, ist trotzdem mehr als angemessen für jemanden, der hauptsächlich für mit Elektrizität und Beleuchtung verbundene Tätigkeiten bekannt ist!

Alles dreht sich um Energie, das wird durch das enge Quadrat von Sonne mit Mars, dem allgemeinen Signifikator von Energie, und Venus, Herrscher von Haus eins, unterstrichen. Deshalb ist Tesla selbst mit diesem Quadrat von Energie und Licht auch stark involviert. Der Herrscher von eins ist verbrannt, d.h. er wird stark vom größeren Licht absorbiert. Die Position von Mars auf dem südlichen Mondknoten ist bemerkenswert, der absteigende südliche Mondknoten stärkt die Idee von »herabkommender« Energie, was auch von der Sonne auf dem IC angedeutet wird. Mars ist schwach gestellt, in seiner Vernichtung, aber er befindet sich direkt auf *Spica*, einem einflussreichen beschützenden Stern. Der Glückspunkt, sein Seelenwunsch, ist auf Hausspitze fünf der kreativen Produkte und Herrscher von Haus fünf ist wiederum die Sonne auf dem IC. Tesla entwarf und baute viele seiner Erfindungen selbst, Merkur (Herrscher von drei auf Hausspitze drei) ist stark im eigenen Zeichen, das zeigt, er hatte die technischen und praktischen Talente, um so etwas zu tun.

Auf eine sehr faszinierende Weise verweist die Platzierung der Sonne auf *Castor*, die sterbliche Hälfte der berühmten Zwillinge Castor und Pollux, auf zahlreiche wichtige Dinge in seinem Leben. In der Tat ist diese Platzierung der Sonne auf dem sterblichen Zwilling fast unglaublich – wie so oft, wenn man mit Fixsternen arbeitet. Das große schockierende Ereignis in Teslas Leben war der vorzeitige Tod seines Bruders! Denn sein Bruder wurde als das eigentliche Genie der beiden angesehen, und in der Tat ist sein Bruder sehr stark vertreten als Merkur, Herrscher von Haus drei (Geschwister), genau auf der Hausspitze drei, doch er ist kurz davor, die Stärke seines eigenen Zeichens zu verlassen und dann wird er bald gegen diesen schrecklichen Saturn in Vernichtung in Krebs rennen. Sein ganzes Leben hatte Tesla ein Gefühl von Schuld und meinte, dass er verpflichtet sei, das zu tun, wozu sein schlauerer toter Bruder nicht mehr in der Lage gewesen war.

Eine weitere Analyse dieser Sonne auf *Castor* bringt erstaunliche Einsichten. Castor und Pollux sind nicht nur das sterbliche/unsterbliche Zwillingspaar, sie sind traditionell auch mit dem Sankt-Elms-Feuer verbunden, einem Lichtphänomen, das um Schiffsmasten herum oder an anderen hohen Punkten erscheint, kurz bevor ein Blitz einschlägt, also eine Entladung von Elektrizität. Damit haben wir etwas ziemlich Erstaunliches hier entdeckt, nicht nur sind der vorzeitige Tod seines Bruders und Teslas elektrische Forschung durch denselben Mythos »verursacht«. Es ist ebenfalls deutlich geworden, warum das Sankt-Elms-Feuer, das traditionell als eine Manifestation von Castor und Pollux gesehen wird, mit »hoher Spannung« verbunden wird.

Castor und Pollux sind nicht nur Beschützer der Seeleute, was die Assoziation mit dem Sankt-Elms-Feuer an Schiffsmasten erklärt, sie geben ganz allgemein ein Bild der Polarität von komplementären kosmischen Energieströmen. Im Osten wird dies auch Yin und Yang genannt, im Westen ist es in der traditionellen Alchemie bekannt als Sulphur (Schwefel) und Mercurius (Quecksilber). Ein weiteres Bild dieser grundlegenden Polarität ist der berühmte Hermesstab, den zwei Schlangen umwinden, der die Expansion- und Kontraktionskräfte zeigt, die den gesamten Kosmos im Gleichgewicht halten und aufbauen. Im Wesentlichen geht es bei Castor und Pollux um eine angespannte Polarität von entgegengesetzten Kräften, was ihre

Namensgebung für das Sankt-Elms-Feuer und die Verbindung zur Elektrizität erklärt. Tesla beschäftigte sich, ohne es zu merken, mit der wesentlichen Polarität zwischen Sulphur und Mercurius, was der Ausgangspunkt seiner Genialität war.

Der Mythos Zwillinge hat sehr unterschiedliche Schichten, einerseits sehr konkrete, aber gleichzeitig auch psychologische und kosmologische, er bezieht sich auch auf die Kombination von Wissen und Handeln: Das »Indiana Jones«-Motiv, das sehr passend für einen Erfinder ist, der in einem gewissen Sinne die solar-theoretische Inspiration in lunar-praktischen Formen ausdrückt. Es ist die gleiche dynamische Spannung der beiden polaren Energieströme und es erklärt, warum eins

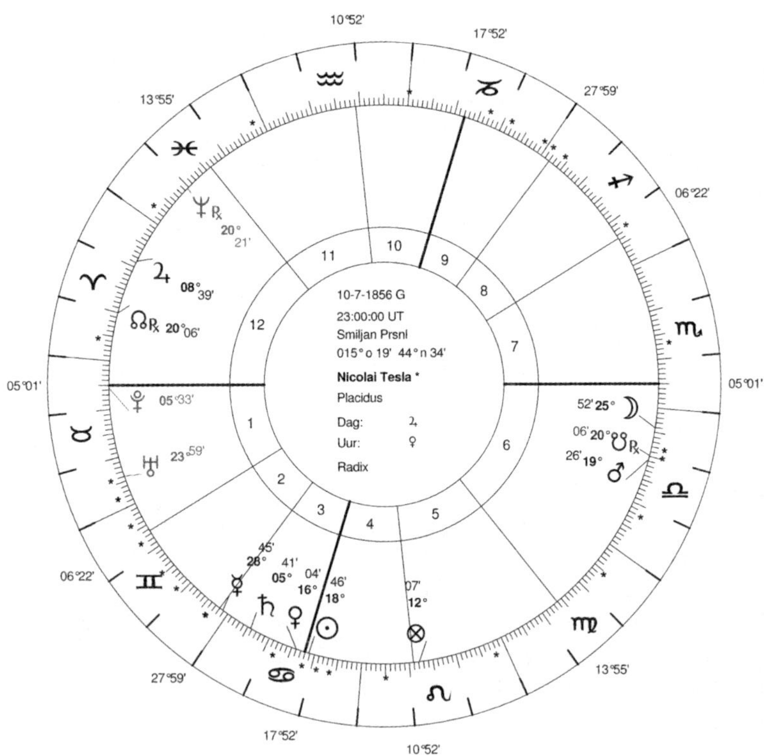

Abbildung 55: Nikola Tesla

der Schlüsselwörter für die Zwillinge Zweideutigkeit oder Doppelnatur ist, hoch und tief, idealistisch und sehr praktisch. Dies wird außerdem durch die Planetennatur der beiden Sterne dargestellt. Für Castor ist es der pragmatische Merkur, für Pollux ist es der feurige Mars. Wie konkret Sterne sein können, wird durch die Tatsache gezeigt, dass Teslas Bruder von einem Pferd getötet wurde und Castor und Pollux sind ja Dompteure von Pferden. Das ist nicht zu überbieten!

Die anderen Sterne im Horoskop passen in dieses Bild, auf dem MC befindet sich *Deneb Okab*, ein Stern im Adler, der hochfliegen möchte, um zu sehen, wie der Himmel konstruiert ist. Dies steht für all diese Stahltürme und die elektrischen Stromleitungen, die Tesla baute. Merkur, Herrscher von drei auf Hausspitze drei, der sterbende Bruder ist auf *Beteigeuze*, einem sehr einflussreichen Erfolgsstern im Orion, mit dem starken Beigeschmack, dass es nicht lange andauern wird.

Das Mondhaus ist wieder die beeindruckende Krone auf der Arbeit, es ist das Haus der Jungfrau, beherrscht von *Spica*, dem universellen Architekten, der direkt durch den Schleier der Materie hindurchschaut und deshalb die Fähigkeit besitzt, materielle Formen erscheinen zu lassen.

Heinrich VIII. – Das Auge des Stiers

Der charismatische englische König Heinrich VIII. wird immer für seine sechs Ehen und seine harte Hand bekannt bleiben, mit der er sich seiner Frauen – geköpft oder nicht geköpft – entledigte, die dem Thron keinen Nachfolger schenken konnten. Das Horoskop zeigt dieses Thema sehr deutlich: Venus, der allgemeine Signifikator von Frauen, befindet sich hoch oben im zehnten Haus und in Konjunktion mit dem Glückspunkt und dem südlichen Mondknoten (die gespaltene Schlange!). Sogar wenn wir nichts über diese Person gewusst hätten, hätten wir gesehen, dass extreme Schwierigkeiten (südlicher Mondknoten) mit Frauen (Venus) ein wichtiges Thema in seinem Leben (erhöhte Position) gewesen sein müssen. Mit den biografischen Informationen kann dies detaillierter gemacht werden, aber das grundlegende Thema kann auch ohne dies erkannt werden.

Obwohl die Mondknoten keine Fixsterne sind, sind ihre Auswirkungen stark mit dem symbolisch-mythischen Hintergrund der Schlange verbunden. Die Schlange ist das große Symbol der grundlegenden Dualität des Lebens, die Trennung des Erschaffenen vom Schöpfer, im scharfen Kontrast zur ursprünglichen Einheit, die dem Zustand der Dualität vorausgegangen ist. Das ist der Grund, warum wir die Schlange im Garten Eden auf dem Baum der Erkenntnis von Gut und Böse finden, diese Antithese führt zum Verlust der Einheit, die Schlange steht am Anfang des von Gott getrennten Lebens, der Quelle von allem. Das erklärt auch, warum die Auswirkung der Mondknoten immer als so extrem angesehen werden, repräsentieren sie doch die ursprüngliche Lebenskraft. In der Tradition der Druiden wird dies durch das Symbol der Schlange dargestellt, die das Weltenei aus ihrem Maul hervorbringt, deshalb wird aus der Dualität (Schlange) unsere Welt geboren (Ei).

Der nördliche Mondknoten ist der Kopf des Drachens, (bzw. der Schlange) und es ist offensichtlich, dass dies der Punkt ist, an dem die Schlange der Dualität sich als unstillbares Verlangen für die Angelegenheiten dieser Welt und einen unbegrenzten Ehrgeiz manifestiert. Der Schwanz des Drachens ist der Kontrapunkt, hier werden einem Dinge auf eine extreme Art und Weise weggenommen. Im Horoskop von Heinrich ist die Venus als Herrscher von zehn in Konjunktion mit dem bösartigen Schwanz des Drachens, deshalb wird er im öffentlichen Leben Probleme mit Frauen haben, die mit extremen Einschränkungen einhergehen. Der Kopf des Drachens spielt auch eine Rolle im vierten Haus von Familie, Tradition und Dynastie, er verleiht den Drang, einen männlichen Nachkommen zu bekommen, damit die Dynastie fortbesteht. Dies war bei allen Eheschwierigkeiten sehr wichtig, aber der südliche Mondknoten wird mehr durch die Konjunktion mit Venus betont, und diese Konjunktion ist in der Tat sehr deutlich in seinem Leben zu sehen. Die Opposition zwischen Herrscher von Haus eins (Heinrich selbst) und Saturn, Herrscher von Haus fünf über Kinder, ist ein weiteres Indiz für Probleme mit Nachkommen.

Diese Konstellation auf dem südlichen Mondknoten dominiert sein Horoskop und sein Leben befindet sich ebenfalls auf dem einflussreichen königlichen Stern *Aldebaran*, dem roten Auge des Stiers. Dieser Stern ist mit dem Mythos der Prinzessin Europa verbunden, die vom als verkleideter Stier auftretenden Zeus, dem König der Götter, auf die Insel Kreta entführt wurde. Diese Symbolik ist natürlich sehr passend. König Heinrich macht dasselbe, er entführt Frauen, und wenn sie ihm folgen, werden sie sich bald auf dem gefährlichen Ausgangstor des südlichen Mondknotens, wo sie ihren Kopf verlieren können, wiederfinden. Ein guter Astrologe würde diesen Frauen auf jeden Fall raten, sich nicht mit diesem Mann einzulassen! Die Tatsache, dass Ehe und Beziehungen nicht die sanftesten Bereiche in Heinrichs Lebens sein werden, wird wieder durch den Herrscher von Haus sieben, den expansiven Jupiter in Vernichtung in Zwillinge in engem Quadrat mit Mars, Herrscher von Haus neun (Planet der Disharmonie), betont, der dem Herrscher von Haus sieben ebenfalls durch negative Rezeption schadet.

Zur gleichen Zeit zeigt dieser Aspekt, dass Heinrich VIII. die »Kirche von England« von Rom loslöste. Einer seiner Gründe hierfür war Roms Weigerung, Heinrich eine Scheidung zu gestatten, was deutlich von dem Quadrat zwischen den Herrschern von sieben und neun angezeigt wird. Die Sonne, der allgemeine Signifikator von Königen, ist zwischen *Castor* und *Pollux* platziert, und tatsächlich, Heinrich wurde schon in jungen Jahren König, als sein älterer Bruder plötzlich und ziemlich unerwartet starb. Dieser Zwillinge-Mythos deutet auf eine Doppelnatur, einen Kontrast zwischen einem sehr irdischen Hang zu Taten und einer mehr kultivierten Natur, und in der Tat konnte Heinrich sehr grob, aber zur gleichen Zeit auch ein Mann von Kultur sein, der die Künste und Wissenschaften unterstützte. Er war ein talentierter Musiker und Schriftsteller, was teilweise durch diese dominierende hochgestellte Venus angezeigt wurde, aber auch und mehr noch durch Saturn, Herrscher von Haus fünf der Kreativität, sehr stark gestellt in seinem eigenen Zeichen Wassermann.

Der MC ist auf *Prima Hyadum*, dem Hauptstern der Hyaden, einem Nebel von sieben Sternen platziert, die den Plejaden sehr ähnlich sehen. In der Mythologie sind die Hyaden tatsächlich die Halbschwestern der Plejaden und mit einem ähnlichen Thema von Tränen und Enttäuschung assoziiert. Die Hyaden pflegten den Gott des Weins, Bacchus, als Säugling, aber trotz ihrer guten Pflege wuchs er zu einem unverbesserlichen Trinker heran, alles dreht sich hier um Vorsätze, die schiefgehen. Dies entspricht buchstäblich dem gut bekannten Bild von

Heinrich als faulem altem König, der sich vor allem mit seinen Mätressen und mit Essen beschäftigte, fast wörtlich. Der vielversprechende und kräftige junge König endete als altes fettes Wrack, das als ein skrupelloser Mörder in die Geschichte eingehen sollte.

Die Hyaden sowie die Plejaden bestehen aus sieben Sternen, die in eine nebelhafte Wolke eingebettet sind, und dies verbindet die Sterngruppen nicht nur miteinander, sondern auch mit der Symbolik des Poles. Der Pol ist traditionell mit Gott verbunden, da er die Achse ist, um die herum sich alles dreht, es ist das regulierende Prinzip. Nahe dem Pol befindet sich die Konstellation des Großen Bären, der ebenfalls aus sieben Sternen besteht und kaum zu verfehlen ist, wenn

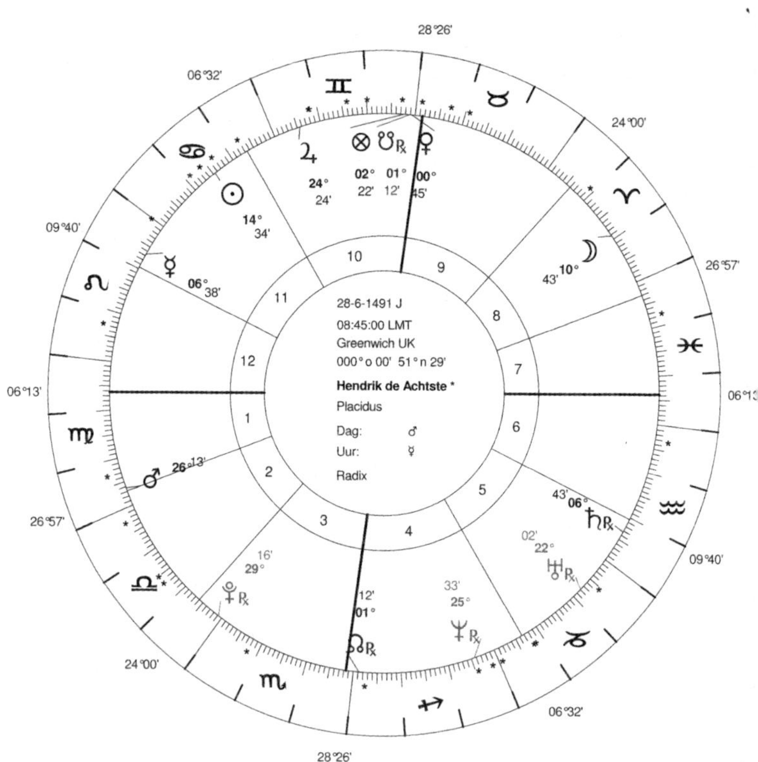

Abbildung 56: Heinrich VIII.

man hochschaut. Diese Sterne repräsentieren die sieben Weisen, ihre Weisheit wird durch die Nähe zum göttlichen Pol dargestellt. Die Plejaden und die Hyaden können als gefallenes Bild dieser Weisen angesehen werden, da ihre Ehefrauen (die Plejaden) verführt wurden und von ihrer hohen Position in der Nähe des Pols zu einem gewöhnlichen Platz im Zodiak herunterfielen. Das ist der tiefere Grund, warum beide Sternengruppen mit Dingen, die schieflaufen, und mit Enttäuschungen assoziiert werden. Dies wird weiter durch die Tatsache unterstrichen, dass der Vater der Plejaden und Hyaden Atlas ist, ein Titan, ein irdischer Riese, und damit ein Gegner der Götter.

Hiermit ist klar, dass es eine gute Idee ist, sich als letzten Schritt in der Deutung des Horoskops das Mondhaus anzuschauen, weil die Mondhäuser immer ein Teil des gesamten Lebensmusters abbilden. In Heinrichs Fall ist der Mond im letzten Mondhaus des Zyklus platziert, dem Mondhaus der Fische, assoziiert mit Zeit und Straßen, und es besteht auch eine spirituelle Neigung. Mit Herrscher von Haus neun in einem solch schlechten Zustand ist spirituelle Entwicklung nicht sehr wahrscheinlich, aber es gibt andere angemessenere Bedeutungen wie das Schließen des Zyklus, da Heinrich einer der historischen Personen war, die das Mittelalter durch Aufspaltung der Kirche beendeten, und das Thema der Ehe ist ebenfalls stark mit diesem Haus verbunden.

Fünf mundane Fälle

Fixsterne sind in der Mundanastrologie noch unverzichtbarer als in der Geburtsastrologie. Die unten beschriebenen Fälle sind nur als erklärende Beispiele gedacht; eine systematische vollständige Erörterung klassischer Mundantechniken fällt nicht in den Rahmen dieses Buches. In der Mundanastrologie, die traditionell als die höchste Form unserer himmlischen Kunst betrachtet wird, funktionieren Fixsterne etwas anders als bei der Geburtsastrologie, es geht hier ja um kollektive Themen. Im Gegensatz zu einer einzelnen Person hat eine kollektive Einheit kein Bewusstsein und das mythische Thema wird auf eine sehr direkte Weise zum Tragen kommen, was Zusammenhänge sehr deutlich macht.

Hurricane Katrina und New Orleans

Eines der wichtigsten Instrumente in der Mundanastrologie ist das Horsokop für den Widder-Ingress, welches für die Hauptstadt eines Landes und für den präzisen Moment, in dem die Sonne in den Widder eintritt, berechnet wird. Ein Ingress kann als ein Solarhoroskop eines Landes betrachtet werden, es zeigt in Kombination mit anderen relevanten Mundanhoroskopen, was mit einem Land im kommenden Jahr geschehen wird. Genau wie in der Geburtsastrologie ist nicht jedes Ingress-Horoskop interessant, sie mögen eventuell für mehrere Jahre nicht viel Erwähnenswertes zeigen. Aber wenn dann plötzlich in einem Ingress-Horoskop *Algol* auf dem MC oder auf Saturn in Vernichtung bei einer Achse steht, bedeutet dies, dass etwas geschehen wird. Das wird auch ein Anzeichen dafür sein, dass eine weitere Erforschung des Jahres im Rahmen von anderen relevanten Mundanhoroskopen wie Finsternissen und großen Konjunktionen nötig sein wird, um eine Vorstellung zu bekommen, was sich ereignen wird.

Ein gutes Beispiel dafür ist der Widder-Ingress für die Vereinigten Staaten, berechnet für die Hauptstadt Washington DC auf das Jahr 2005, und ein kurzer Blick auf dieses Horoskop genügt, um ernsthaft bestürzt zu sein. Fast direkt auf dem IC steht ein extrem ungünstiger und rückläufiger Saturn in Vernichtung im Krebs, ein deutliches Bild für eine feste Struktur, die zusammenbrechen wird. Das wird ein Schock für die ganze Nation sein, da Saturn so viel akzidentelle (und ungünstige) Würde auf einer Achse hat. Der Zusammenbruch wird durch die Tatsache betont, dass Saturn in diesem Ingresshoroskop Herrscher von Haus zehn ist. Man kann es sich so vorstellen, als ob er von seiner hohen Position am MC zum tiefsten Punkt des Horoskops am IC gefallen wäre. Diese Art von Horoskop verweist immer auf große Katastrophen, denn sicherlich wird sich nicht jeder Tornado oder jede Überschwemmung auf der Skala eines nationalen Ingress-Horoskops zeigen.

Wegen seiner dominanten Position auf dem IC wird Saturn manchmal der Herrscher des Jahres genannt, und seine Platzierung auf *Castor*, dem sterbenden Bruder, ist natürlich nicht wirklich positiv zu bewerten. Die wässrige Natur des Krebses deutet auf die Möglichkeit hin, dass Wasser beteiligt sein könnte. Falls es sich um eine Naturkatastrophe handeln sollte, dürfte eine Überflutung wahrscheinlich sein, aber man kann im Horoskop nicht unmittelbar zwischen Natur- und anderen Katastrophen unterscheiden. Saturn in Krebs könnte für vieles stehen, es könnte ebenfalls das Ergebnis eines Terroranschlags sein. Es gibt jedoch mehr Anzeichen für eine Flutkatastrophe, da sich auf dem Aszendenten der merkwürdige apokryphe Stern *Mira* im Wal befindet, ein Stern, der nicht in den traditionellen Texten erwähnt wird. Er ist wie *Algol* ein Stern, dessen Licht beständig schwächer wird und dann wieder aufflammt, wie eine permanente Finsternis, was natürlich sehr bösartig wäre. Auch das Seemonster steht in starkem Zusammenhang mit Katastrophen durch Wasser, mit überflutetem Land. Das wird auch

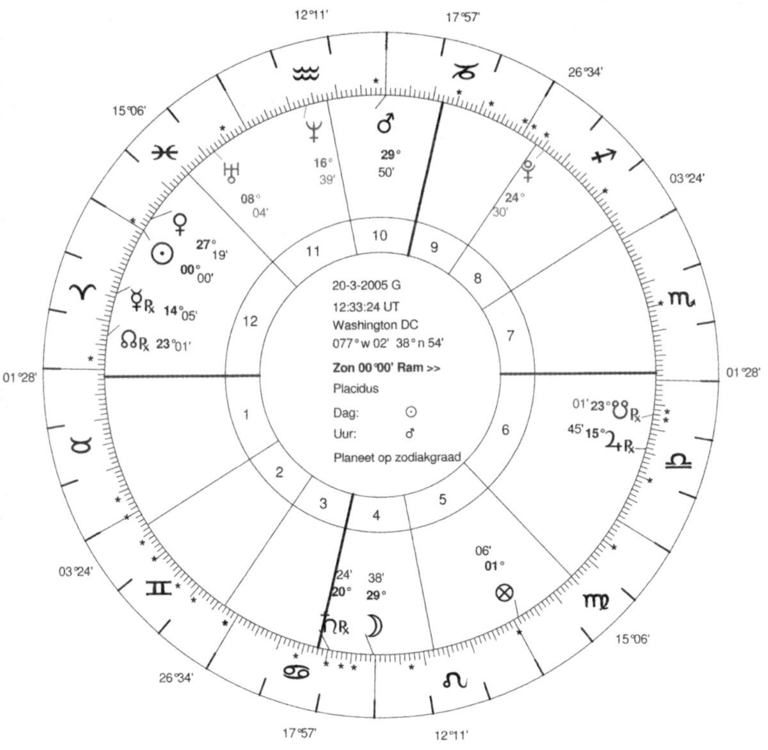

Abbildung 57: Ingress-Horoskop 20.3.2005, Washington DC

durch den in der Nähe stehenden Stern *Mirach*, der ein Teil von Andromeda ist, der Prinzessin auf dem Fels, die in den Wellen vom Wal bedroht wird, erneut gezeigt.

So gibt es einige zusätzliche Hinweise für eine Überflutung und weitere Spannungen werden im Ingress-Horoskop durch die Opposition zwischen Mars und Mond angezeigt. Mars ist auf einem kleineren Stern im Adler platziert und auf dem MC finden wir *Wega*, den hellen Hauptstern in der Leier. Dies scheint so lange nicht allzu beunruhigend zu sein, bis man begreift, dass die Leier und der Adler auch Geier sind, die hochfliegen (Adler) und herunterkommen (Leier), was uns nun ein ziemlich anderes Bild vermittelt. Besonders *Wega* hat eine dunklere Seite, die in den Texten nicht deutlich erwähnt wird. Natürlich müssen diese Anzeichen immer in Zusammenhang mit den Aussagen im Horoskop bewertet werden, ein Teil hiervon ist auch Venus, die über Haus eins im Ingress-Horoskop herrscht, die sich aber zugleich im zwölften Haus des Elends befindet und kurz davor ist, in ihre Vernichtung einzutreten, ebenfalls ein sehr bedrohlicher Hinweis. Es war am 29. August, als die Deiche brachen und New Orleans katastrophal überflutet wurde, während der Zyklon Katrina durchzog.

Das Horoskop der Stadt New Orleans, die aufgrund ihrer entspannten südlichen Atmosphäre, ihrer kreativen Musikszene und ihres extravaganten Karnevals auch »The Big Easy« genannt wird, gibt ebenfalls beunruhigende Hinweise. Mit Jupiter im Krebs in Erhöhung ist astrologisch sofort klar, wie die Stadt zu ihrem Spitznamen kam, aber sogar dieser sehr sympathische Jupiter hat seine Schattenseiten im Horoskop. Er beherrscht das sechste Haus des Unglücks und steht im engen Quadrat mit einem rückläufigen Saturn, der auch in seiner Erhöhung stark ist, aber nichtsdestoweniger von Jupiter durch eine negative Rezeption geschädigt wird. Mit dem Wissen, dass Deiche erforderlich sind, um die Stadt vor dem umgebenden Wasser zu schützen, bekommt dieser Aspekt eine bedrohlichere Natur, besonders weil Jupiter im Krebs sich in einer Menge von sich schnell bewegenden Wasser befindet und Saturn durch seine Rückläufigkeit geschwächt ist.

Venus auf dem MC ist für die musikalische Kreativität verantwortlich, sie befindet sich auf dem Stern *Alpheratz* in Andromeda, einer Konstellation, die stark mit den Künsten verbunden ist, aber deren Geschichte auch an das zerstörerische Seemonster gebunden ist. Diese dunklere Seite tritt stärker in den Vordergrund, weil auch Venus in ihrer Vernichtung und in hochgestellter Position ist. Dies bedeutet, sie hat beträchtlichen Einfluss auf das Horoskop und damit auf die Stadt und dies wird sicherlich weniger angenehme Auswirkungen haben. Saturn, Herrscher des Jahres 2005 im Ingress-Horoskop der USA (20°24 Krebs) und Hauptursache der Schwierigkeiten, befindet sich direkt auf dem Aszendenten des Horoskops von New Orleans. Daher werden die Auswirkungen der zusammenbrechenden Saturnstruktur im durch Krebs beeinflussten Wasser besonders in dieser Stadt zuschlagen. Natürlich haben wir den enormen Vorteil, dass wir heute wissen, wo es passiert ist, aber es ist sehr wichtig zu begreifen, dass Mundanastrologie immer aus der Perspektive des ortsansässigen (Hof)-Astrologen ausgeführt wird.

Als niederländischer Hofastrologe würde man seine Zeit nicht damit verbringen, alle Stadthoroskope der USA durchzugehen, um ausfindig zu machen, wo die vom Ingress-Horoskop von 2005 angezeigte Katastrophe stattfinden könnte. Aber wenn man der Astrologe für New Orleans wäre, würde man sicherlich einen Blick auf die Synastrie zwischen dem beunruhigenden nationalen Ingress und dem Gründungshoroskop der Stadt werfen, was man dann mit dem Wissen über die Situation vor Ort verbinden würde. Auf diese Weise funktioniert Mundanastrologie, es ist nicht erforderlich, eine Vorhersage für die gesamte Welt zu machen und die Plätze zu erwähnen, an denen die nächsten Erdbeben oder Überschwemmungen zuschlagen werden. Es genügt, zu prüfen, ob das Land oder die Stadt, in der man lebt, in diesem Jahr sicher ist. Hierbei handelt es sich um einen machbaren und effektiven astrologischen Rahmen. Was in Burma passiert, ist überhaupt nicht unser Anliegen, wenn wir in New Orleans leben.

Natürlich wären die *Sekundärprogressionen in* dem Horoskop der Stadt zur Zeit der Überschwemmung ebenfalls wichtig, und es gibt ein deutliches Anzeichen, dass etwas Dramatisches passieren wird, weil es einen progressiven Neumond geben wird. Da der Mond Herrscher von eins ist, der somit für die Stadt selbst steht, wird die Auswirkung dieses Neumonds sogar kraftvoller sein als gewöhnlich. Zur selben Zeit steht der progressive MC in Quadrat/Opposition zum Saturn/Jupiter-Quadrat, was das Potenzial für Überschwemmungen und das Brechen der Deiche repräsentiert. Erwähnenswert ist, dass der progressive Jupiter, obwohl er langsam läuft, in der Jungfrau extrem schwach und rückläufig ist. Dazu können noch die Hinweise des Solarhoroskops hinzugefügt werden. Der Solar-Aszendent ist auf dem gefürchteten *Antares*, dem Stern des Todes. Der Radix-Saturn, Herrscher von Haus acht, ist im Solarhoroskop im achten Haus direkt auf dem »Geburts-Aszendenten« der Stadt, und durch Antiszie befindet sich die schlecht gestellte Venus im Wal auf dem Solar-MC.

Um den genauen Zeitpunkt zu finden, wann im Laufe des Jahres die Katastrophe stattfinden wird, können *Lunare* benutzt werden, und ein Lunar- bzw. Mondwiederkehr-Horoskop ist gewöhnlich nicht zu subtil. Wenn etwas passiert, wird es den Monat des Ereignisses deut-

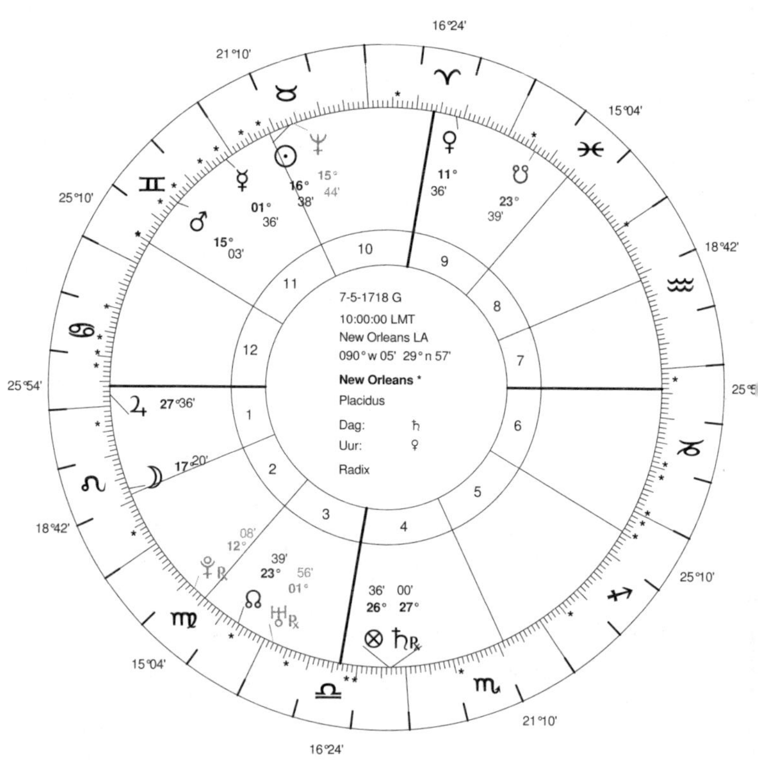

Abbildung 58: Gründungshoroskop New Orleans

lich anzeigen, und so ist es auch in diesem Fall. Die Mondwiederkehr des 5. August deutet auf die Katastrophe hin, sie hat vier Planeten im zwölften Haus, die den Lunar-Jupiter, Herrscher des Todes auf dem bösartigen südlichen Mondknoten, aspektieren. Ein sehr schädlicher Mars in Vernichtung steht zudem direkt auf dem Lunar-Aszendenten durch Antiszie. Im allerletzten Teil der Analyse kommen *Transite* mit hinzu und nur dann. Sie können nicht viel mehr als den Tag anzeigen, an dem etwas geschieht und immer im Rahmen der Vorhersage von Faktoren in einem größeren Zusammenhang. Am 29. August transitiert Venus über den südlichen Mondknoten auf dem Stadt-MC und steht im Quadrat zum Transitmond, während der Transit-MC auf den Stadt-Saturn trifft. Ein Ortsastrologe, der den Wetterberichten gefolgt und diese Horoskope analysiert hätte, wäre vielleicht in der Lage gewesen, die Stadt rechtzeitig zu verlassen. Es ist wichtig zu beachten, dass bei all diesen Überlegungen das zugrunde liegende Horoskop immer das schicksalhafte Ingress-Horoskop der USA für 2005 ist.

Eine schwarze Elektion – Die Krönung von König Birendra

Nepal ist eines der wenigen Länder in unseren Tagen, in denen Astrologie wirklich geschätzt wird, und die königliche Familie konsultiert ihre Astrologen, wenn eine wichtige Entscheidung getroffen werden soll oder irgendein wichtiges Ereignis geplant wird. Das Horoskop der Krönung des nepalesischen Königs Birendra ist deshalb sehr wahrscheinlich eine Elektion, aber eine sehr merkwürdige. Vielleicht wurde der König von seinen Astrologen getäuscht, indem sie mit Absicht ein sehr problematisches Horoskop auswählten, oder vielleicht hatten diese Astrologen keine Ahnung davon, was sie taten. Jeder Astrologe mit nur etwas Wissen hätte diese Elektion einer Krönung sofort zurückgewiesen, da es bei Weitem zu viele offensichtliche Nachteile gibt. Zugegeben, Mars, Herrscher von eins, ist in der Tat im zehnten Haus stark gestellt, aber diese Kraft wird ernsthaft durch seine Position auf *Terebellum* untergraben, einem schwachen Stern der sechsten Magnitude, der nichtsdestoweniger mit schicksalhaften Ereignissen verbunden ist. Gegenüber dem MC, natürlich am auffälligsten Ort von Kraft im Horoskop, steht ein extrem schwierig gestellter Saturn, Herrscher von zehn, in Vernichtung und rückläufig auf dem gewaltigen *Sirius* im »Großen Hund«. Ein Teil seiner Familie (Saturn, Herrscher von zehn) wird sich auf eine brutale Weise gegen ihn wenden: Der König wurde zusammen mit einigen Mitgliedern seiner Familie von seinem eigenen Sohn abgeschlachtet. Dies wird sehr deutlich durch den Mond auf der fünften Hausspitze der Kinder auf dem schrecklichen *Praesepe*-Sternhaufen, der »Ausatmung angehäufter Leichen« anzeigt, oder auch als der zweite Algol betrachtet werden kann. Und als ob dies noch nicht genug wäre, steht Mars durch Antiszie auf dem nördlichen Mondknoten, was verstärkend wirkt, jedoch ist der nördliche Mondknoten ebenfalls auf *Antares*, dem berüchtigten Todesstern im Haus acht des Todes. Außerdem finden wir auf dem Aszendenten den grässlichen Stern *Baten Kaitos* in der Konstellation des Seemonsters, einer der sehr wenigen Sterne mit einer reinen Saturnnatur, der auch mit Chaos, Gewalt und Unfällen assoziiert wird.

Die helle *Wega* ist auf dem MC und dieser Stern wird häufig auf eine sehr positive Art und Weise beschrieben, aber die Leier ist ebenfalls der fallende Geier und es wäre nicht das erste Mal, dass der Hauptstern des absteigenden Geiers seine eher finstere Seite zeigt. Sicherlich gibt es in einem so katastrophal schwachen Horoskop wie dieser »Elektion« dazu mehr Gelegenheit. Ein Geier wird herunterkommen, um sich von Leichen zu ernähren, und wenn der gesamte Zusammenhang des Horoskops und die Situation es erlaubt, kann man dies wörtlich nehmen. Das zeigt, wie falsch es ist, Interpretationen von Sternen in Computerprogrammen oder Texten zu verwenden, ohne wirklich darüber nachzudenken. Alle diese negativen Anzeichen werden durch den sehr bösartigen Nebel *Manubrium* im Gesicht des Schützen verstärkt, der sich 16 Bogenminuten vom MC befindet, denn dieser Nebel zeigt auf einen Pfeil, der in die falsche Richtung einschlägt.

Die Sonne als allgemeiner Signifikator von königlicher Herrschaft sollte in einer Krönungs-Elektion stark gestellt sein, und in der Tat ist sie auf dem hellen *Deneb*, dem sehr positiven Hauptstern im Schwan, aber dieser schöne Vogel ist kaum ein Abbild einer starken Regierung und eher mit künstlerischen Aktivitäten verbunden. Das ist nicht das, was man als König braucht, und darüber hinaus wird die Sonne in der Progression bald in das sehr schwächende zwölfte Haus eintreten.

Jupiter ist in diesem Horoskop essenziell sehr stark gestellt und steht im Sextil mit Mars, Herrscher von eins im zehnten Haus. Doch Jupiters wohltätiger Einfluss wird sehr dadurch geschwächt, dass er im Haus von Unglück und Selbstzerstörung steht. Der Elektions-Astrologe hätte auf eine sehr einfache Art und Weise erheblich Besseres zuwege bringen können, indem er die Sonne in eine starke Stellung auf dem Aszendenten platziert hätte. Dieser tödliche Saturn wäre dann nicht auf dem IC gewesen und der kraftvolle Jupiter wäre Herrscher von eins ohne *Baten Kaitos* auf dem Aszendenten gewesen. Dies sieht dann viel besser aus, und es hätte schon genügt, die Krönung um eine Stunde aufzuschieben – es ist im Grunde nicht sehr kompliziert.

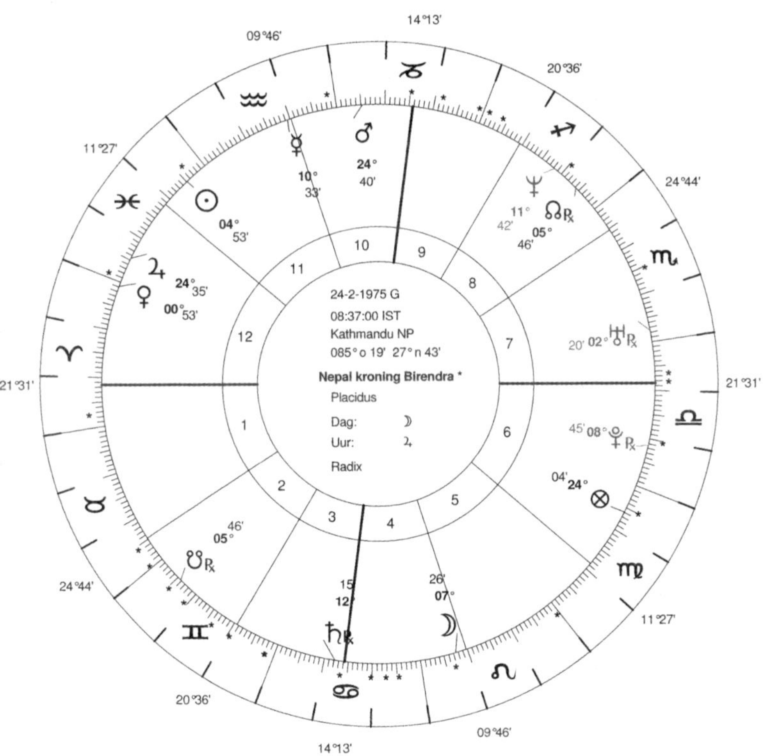

Abbildung 59: Krönung König Birendra

Könnte dies ein Fall von schwarzer Astrologie sein, ein Elektionshoroskop, das bewusst gewählt wurde, um dem König zu schaden? Es klingt unwahrscheinlich, aber die alternative Erklärung kann nur sein, dass die Hofastrologen nicht wussten, was sie überhaupt taten, und deshalb sofort hätten entlassen werden müssen. Die Zeit, zu der das Schicksal zuschlug, kann man deutlich in den auf der Grundlage des Gründungshoroskops berechneten Sekundär-Progressionen sehen: Als Kronprinz Dipendra seine Familie am 1. Juni 2001 brutal ermordete, bewegte sich gerade der progressive Aszendent über Algol, der Mond war in Opposition mit Mars auf dem schicksalhaften *Terebellum* und der progressive IC war im bösartigen *Praesepe*-Sternhaufen. Es kann sogar so sein, dass die Zeit des Blutvergießens von den Gegnern des Königs unter Zuhilfenahme der Astrologie gewählt worden war; wenn die daran beteiligten Parteien Astrologie wirklich ernst nehmen, ist dies sicherlich eine Möglichkeit.

Die Krisenkonjunktion

Das Horoskop, welches den Ausgangpunkt für die schwere Finanzkrise abbildet, die vor allem in Europa trifft, zeigt wieder einmal, dass man in der Mundanastrologie nicht ohne Fixsterne auskommt. Dieses Horoskop der Großen Konjunktion von Jupiter und Saturn (»GK« – für Brüssel berechnet) deckt einen Zeitraum von 20 Jahren (2000-2020) ab. Der Grad der Großen Konjunktion ist exakt auf *Algol* auf der achten Hausspitze (Tod, Ende und das Geld von anderen). Allein die Tatsache, dass in Europa sechs von sieben Planeten in und bei diesem Haus platziert sind, zeigt, dass es Schwierigkeiten geben wird – nur der Mond ist weg vom achten Haus zu finden. Es ist zu beachten, dass, wenn wir die Methode anwenden, äußere Planeten als eine Art von »Fixsterne« zu benutzen, kein solcher Planet in diesem Horoskop aktiv ist, der Orbis von Pluto mit Sonne und Mars ist zu weit auseinander. Dies bedeutet jedoch nicht, dass sie niemals wichtig sind, es gibt gute Beispiele in der Mundanastrologie, in denen sie deutlich von Belang sind, solange man sie als sternartige Faktoren und nicht als Planeten auf derselben Ebene wie die sieben klassischen Planeten einbezieht.

Natürlich wird der Grad der Großen Konjunktion überall auf der Welt auf *Algol* sein, es ist eine weltweite Krise, aber nur in Europa kommt er auf die achte Hausspitze, und dies macht Europa zum Fokuspunkt der Krise. Auch nur in Europa fällt die Antiszie der Großen Konjunktion direkt auf den MC, auf den Grad des bösartigen *südlichen Asellus* und sehr nahe bei *Praesepe*! So haben wir die Kombination einer dramatischen Enthauptung von *Algol* und des erschütternden Chaos im »Herz des Krebses«, eine ziemlich finsteres Paar, denn sie sind die bösartigsten Sterne am Himmel. Es ist klar, dass die Krise sich auf Europa konzentriert, weil das für Washington berechnete Horoskop der Großen Konjunktion nur *Algol* am MC hat, was zwar auch übel ist, aber nicht so sehr wie *Algol* und *Praesepe* im Verbund. Obwohl also die Krise in den USA begonnen hat, wird sie dort nicht so ernsthafte Folgen haben wie in Europa, und China wird am besten wegkommen, da für Peking der Grad der Großen Konjunktion auf *Algol* mitten im dritten Haus steht und nicht auf einer Achse ist. Wie es also einem Land ergeht, ist nicht wirklich ein Ergebnis von Politik, sondern es ist andersherum: Politik ist das Ergebnis von Astrologie.

Die genauen Positionen *der Esel* und ihrer Krippe *Praesepe* führen zu einigen Fragen von eher technischer Natur. Der MC ist auf 9.19 Grad Löwe, der *südliche Esel* auf 8.43 Grad, der *nördliche Esel* auf 7.22 Grad und *Praesepe* selbst auf 7.12 Grad mit der Antiszie der Saturn-Jupiter-Konjunktion auf 7.12 Grad Löwe. Die Position einer Antiszie eines Planeten bringt immer den Einfluss des Sterns an seiner ursprünglichen Position mit sich, aber als Schattenpunkt wird er nicht die Natur des Sterns übernehmen, auf dem er an der neuen Position ist. Der Grad der Antiszie der Großen Konjunktion auf dem MC wird also ähnlich *Algol* und nicht ähnlich *Praesepe* sein. Das mildert jedoch die bösartige Auswirkungen nicht sehr ab, da die Antiszie der Großen Konjunktion in Konjunktion mit dem MC innerhalb des üblichen Orbis ist, es handelt sich also um eine Art von verdoppeltem Einfluss von *Algol*.

Aber auf welchem Stern ist der MC? Wenn wir uns die Sache rein technisch ansehen, ist er dem *südlichen Esel* am nächsten, aber für einen einflussreichen und nebulösen Sternenhaufen wie *Praesepe* könnte man sicher einen etwas größeren Orbis als den üblichen von 1° benutzen, umso mehr, da alles auf einer Achse geschieht. Die Lösung ist in diesem Fall, dass die gesamte Esel/Krippen-Zone in Löwe 7-9 sehr ungünstig ist. In Anhang 1 werden die Schlüsselwörter für die Esel aufgeführt, und sie sind nicht viel sanfter als die traditionellen Schlüsselwörter für Praesepe selbst. Die gesamte Konstellation ist mit chaotischen, satanischen (Esel!) Kräften, die zu Tod, Erschütterung, Verzerrungen der Wahrheit, Zwietracht und dramatischem Unglück führen, verbunden. Ihre Auswirkungen kann man in der ganzen Eselzone spüren, aber die leere Krippe auf 7.12 Grad ist der Konzentrationspunkt – je näher man kommt, desto dramatischem wird es. Es gibt weitere Beispiele von Sternen, die sehr nah beieinander und Teil desselben Mythos sind, in diesem Fall kann man auch den Mythos als die zentrale Erzählung nehmen und die individuellen Sterne mehr als Akzentuierungen sehen.

Die anderen Planetenposition im Horoskop der Großen Konjunktion sehen auch nicht gerade hoffnungsvoll aus. Herrscher von eins ist Venus auf den *Hyaden*, der nebelartigen Sternengruppe, die gute Absichten vereitelt, es sind die Halbschwestern der traurigen Plejaden. Die Hyaden waren die Ammen des Bacchus und trotz der in seine Erziehung investierten Energie konnten sie ihn nicht vom Trinken fernhalten, was ziemlich genau der Krise der EU entspricht. Durch Antiszie steht Venus auf dem nördlichen Mondknoten, der die Situation nur verschlechtert, da der nördliche Mondknoten eine extreme Natur hat und dem Faktor, der auf ihm steht – negativ oder positiv –, viel mehr Kraft gibt. Der Mond aspektiert Venus durch ein Sextil und ist der einzige Planet, der nicht im achten Haus steht, sich aber auf *Difda* befindet, einem reinen Saturnstern in der Konstellation des Wals, der mit erzwungenem Wandel, Unglück und Selbstzerstörung durch brutale Gewalt verbunden ist.

Mars ist Herrscher des zweiten Hauses des Geldes, peregrin und steht schwach gestellt im achten Haus auf *Rigel*, einem einflussreichen Sternen der ersten Magnitude im Orion, dem Jäger, der Erfolg verleiht, aber dieser Erfolg wird nicht von Dauer sein. *Rigel* ist der linke Fuß des arroganten Jägers, der nach zu vielen Erfolgen übermütig wurde und durch den Stachel des Skorpions tödlich verletzt wurde, was in diesem Zusammenhang sehr passend zu sein scheint. Hat irgendjemand in Europa jemals gedacht, dass ein derartiger Niedergang und eine Krise dieser Art kommen könnte? Die Sonne, Herrscher von zehn, ist auf *Aldebaran*, dem roten Stierauge, und einem Stern von großem materiellem Erfolg, der als einer der wenigen positiven Punkte in diesem

Horoskop gesehen werden könnte, obwohl er nicht sehr stark ist, und als rein kriegerischer Stern nicht gerade die Harmonie verbessert.

Das Mondhaus ist die Krönung auf der Arbeit, es ist das Mondhaus des Flügels, das zweite Mondhaus des Pegasus. Der zentrale Punkt in diesem Mythos ist die Geschichte von Bellerophon, der versucht hatte, den Olymp aus eigener Initiative zu erreichen und dramatisch auf die Erde herabfiel. Im Gegensatz zum ersten Pegasus-Mondhaus des Falls, welcher diesem hier vorangeht, gibt es neben dem Thema des Falls eine starke spirituelle Bedeutung, denn es hat damit zu tun, materiellen Erfolg für höhere Werte hinter sich zu lassen. Das macht Sinn, so kann man die Deutung eines Horoskops schrittweise auf verschiedenen Hinweisen aufbauen, bis alles an seine richtige Stelle fällt. Aber damit dies geschieht, muss man wissen, was in dem persönlichen Leben des Klienten vor sich geht – oder bei der Mundanastrologie, was die politischen und wirtschaftlichen Entwicklungen in dem Teil der Welt sind, für den man Horoskope erstellt.

Das Horoskop der Großen Konjunktion zeigt also, dass zwischen 2000 und 2020 einige sehr schmerzvolle und unangenehme Ereignisse stattfinden werden, besonders in Europa. Es gibt mehrere Methoden in der Mundanastrologie, um zu bestimmen, auf welche Jahre die Krise sich konzentrieren wird, man könnte zum Beispiel die Progressionen und Wiederkehrhoroskope in den Horoskopen der EU, wie z.B. das Horoskop der »Römischen Verträge«, analysieren. Was auch funktioniert, ist das Horoskop der Großen Konjunktion als eine Art Geburtshoroskop für den 20-Jahre-Zeitabschnitt zu nehmen und dann die auf Grundlage der Großen Konjunktion berechneten Solare anzuschauen. Die ersten deutlichen Anzeichen der Wirtschaftskrise manifestierten sich in 2008, und in der Tat fällt der Aszendent in diesem Solar, erstellt auf das Horoskop der Großen Konjunktion von 2000 als Ausgangspunkt, genau auf den MC der Großen Konjunktion, der mit *Algol* und *Praesepe* verbunden ist, den hauptsächlichen Faktoren für die Krise – wie oben besprochen – und es hat dann noch einen sehr schlimmen Saturn in Vernichtung im ersten Haus. Das Solar von 2012 sieht mit der Sonne auf dem südlichen Mondknoten auch schmerzhaft aus, 2013 ist immer noch nicht gerade beruhigend mit einer untergehenden Sonne, vier Planeten im siebenten Haus, dem Deszendenten auf dem Herrscher von Haus eins des Horoskops der Großen Konjunktion, der auf den *Hyaden* steht, dem Mond auf dem Südknoten und Mars in Vernichtung auf Hausspitze acht des Todes. Im Solar von 2014 ist der Neumond auf *Aldebaran*; alles in allem sieht es ein bisschen besser aus, und das könnte schließlich auf einen bescheidenen Neuanfang hinweisen. Das Solar 2015 sieht wieder ein wenig problematischer aus. Durch Antizie fällt ein verbrannter Mars-Merkur (Herr von Haus zwölf) in Konjunktion genau exakt auf den Aszendenten – auf dem jedoch auch die Venus in Konjunktion steht. Also es wird Auseinandersetzungen (Mars) und Elend (Herr zwölf) in einer schwierigen Situation (Verbrennung) geben, was aber was gemäßigt wird durch Venus. Die Mars-Merkur-Sonne-Konjunktion wird sich kräftig auswirken, weil diese auf dem Königsstern *Aldebaran* steht.

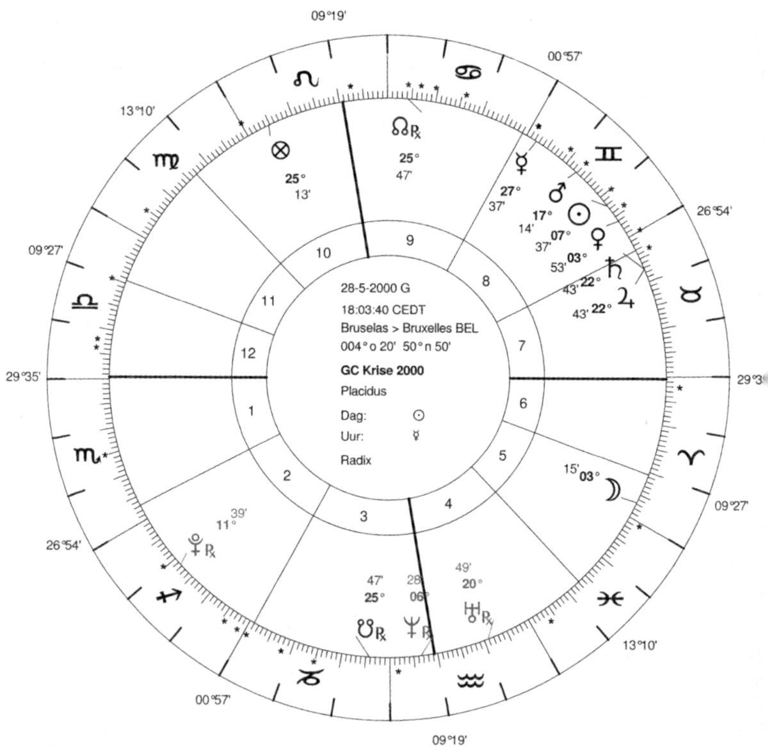

Abbildung 60: Die Große Konjunktion vom 20.5.2000 (Brüssel)

Der Schiffbruch der Titanic

Bei der Untersuchung von Horoskopen, die in Zusammenhang mit Schiffen und Schiffbrüchen stehen, wäre es natürlich schön, eine Art Geburtshoroskop für ein Schiff zu erstellen. In einigen Fällen ist der Zeitpunkt, zu dem das Schiff zu Wasser gelassen wurde, bekannt, und oft kennen wir die Abfahrtszeit eines Schiffes, bevor eine Katastrophe eintrat. Diese Horoskope zeigen sicherlich einige astrologisch interessante Einzelheiten, aber es scheint besser zu sein, denselben Trick, den wir bei Menschen, deren Geburtszeit unbekannt ist, anwenden und mit dem Tag der Kiellegung (die Zeit des Sonnenaufgangs) zu starten. Für viele Schiffe ist diese Information im Internet erhältlich, und diese Strategie, die von dem Astrologen John Frawley vorgeschlagen wurde, funktioniert gut genug, wie das Beispiel der Titanic im Folgenden zeigen wird.

Der Ausgangspunkt für eine astrologische Untersuchung der Titanic ist das Horoskop des Tages der Kiellegung. Das geschah in Belfast am 31. März 1909, die Sonne geht um 5:42:20 Uhr auf. Dieses Horoskop kann als das Geburtshoroskop der Titanic betrachtet werden, aber natürlich würden wir die exakte Zeit anstatt der allgemeineren Sonnenaufgangszeit bevorzugen, die nur eine Art von Tageshoroskop zulässt. Aber da wir diese Zeit nicht kennen, muss dieses Horoskop dafür herhalten und, falls diese Methode tatsächlich funktionieren sollte, muss es wirklich sehr klar sein, da es sich um einen Schiffbruch von historischem Ausmaß handelt. Deshalb können wir erwarten, dass einige Sterne im *Wal (Cetus)* und in der *Andromeda* sowie auch einige einflussreiche Übeltäter eine wichtige Rolle spielen.

Das vorgeschlagene Datum ist zielgenau, da das daraus sich ergebende Sonnenaufgangshoroskop mehr als bedrohlich ist, ganz bestimmt, wenn wir es mit einem Schiff zu tun haben. Um das Schiff sicher über Wasser zu halten, benötigen wir einen gut gestellten und starken Saturn, aber in diesem Horoskop ist Saturn in Vernichtung in Widder in Konjunktion mit der Sonne, die überdies auf dem Aszendenten steht. Dieser kritische Saturn ist auch Herrscher von Haus zwei, das Dinge anzeigt, die man macht, um sich selber zu schaden. Die berüchtigten wasserdichten Schotten, die das Schiff unsinkbar machen sollten, waren so schlecht konstruiert, dass sie im Notfall nicht funktionierten.

Diese ungenügenden Schotten waren dazu gedacht, den viel teureren doppelten Schiffsrumpf zu ersetzen, der bis dahin immer beim Schiffsbau benutzt, aber jetzt als veraltet angesehen wurde. Das alles passt sehr gut zu Saturn, dem Planeten von Haut und Schutz in Vernichtung, der der Herrscher des zwölften Hauses ist. Es ist die eigene Blödheit, die die Schwierigkeiten verursacht.

Eine weitere sehr auffällige Sache ist der extrem schwache Merkur in Vernichtung in Fische, der auch noch im Fall ist. Er ist der Herrscher des dritten Hauses und fällt direkt durch Antiszie auf den Deszendenten. Dies sind die Rettungsboote, von denen es einfach nicht genug gab. Die meisten Opfer forderte das kalte Wasser, hätte es genügend Rettungsboote gegeben, wäre die Zahl der Todesfälle bei Weitem geringer gewesen, so gesehen spielt dieser sehr schwache und bösartige Herrscher von Haus drei eine sehr wichtige Rolle in diesem Drama, wie es auch seine Achsenposition anzeigt. Der Deszendent steht ebenfalls auf einem bösartigen Stern – nämlich *Vindemiatrix*, der mit arroganter Überschätzung eigener Kräfte assoziiert wird. Mit der Vorstellung, man hätte das Wissen für etwas, das man aber in Wirklichkeit noch nicht hat. Mars, Herrscher von eins, ist in seiner Erhöhung, es wurde eine Menge von diesem Wunder menschlicher Genialität erwartet, aber Mars steht auch auf dem schicksalhaften Stern *Terebellum*.

Der Mond steht im Trigon zum Aszendenten und befindet sich auf dem *südlichen Esel*, einem der Esel, auf denen die Götter in ihrem Krieg gegen die Titanen ritten, damit haben wir den Namen des Schiffes. Dieser Esel ist Teil der bösartigen Praesepe-Zone und ist als »Ruheplatz« bekannt, das ist nicht gerade etwas, was man im Horoskop eines Schiffes sehen möchte. In der Nähe des Aszendenten gibt es viele Sterne in Andromeda, dem Mädchen der Seele, welches das Seemonster Cetus (oder der Wal) verschlingen wird. Es war der schlecht gelaunte Meeresgott Poseidon, der den Wal schickte, weil Andromedas Mutter Kassiopeia geprahlt hatte, dass ihre Tochter schöner wäre als die Dienerinnen Poseidons. Man hätte die Erbauer der Titanic über ihr unsinkbares Baby reden hören sollen, es war eine eklatante Provokation des mächtigen Meeresgottes.

Saturn, der auch Herrscher von Haus zehn ist, befindet sich auf *Alpheratz*, Andromedas Kopf, und auf dem Aszendenten finden wir *Deneb Algenubi*, einen Stern im Schwanz des Seemonsters. Herrscher von

Haus sieben ist Venus in Vernichtung im zwölften Haus des Elends auf *Difda*, ebenfalls ein Stern im Schwanz. Als Herrscher von Haus sieben steht Venus für die Passagiere, so als ob es die Partner oder Kunden des Schiffes wären, und diese sind in sehr schlechtem Zustand abgebildet. Diese ganze Betonung des Schwanzes des Seemonsters bezieht sich direkt auf das Bild vom Heck der Titanic, das aus den Wellen hervorragte, und auf die Tatsache, dass die Musik spielte, als das Seemonster hereinkam. Dies wird durch Andromedas Beteiligung angezeigt, eine stark mit den Künsten verbundene Konstellation. So können mythische Themen auch auf eine sehr konkrete Weise wirken wie dieses Beispiel zeigt. Die Sterne haben sehr unterschiedliche Ebenen der Interpretation, sicherlich nicht nur eine spirituelle!

Der Bau des Schiffes hätte wegen der vielen Gefahren sofort gestoppt werden müssen! Das Horoskop stöhnt geradezu vor Elend und dies ist sehr bedrohlich für ein Schiff. Sogar das Solar, das auf diesem Sonnenaufgangshoroskop basiert, ist sehr effektiv, so beweist diese Methode deutlich, dass sie mehr als nur sehr kreativ ist. In diesem Solar befindet sich der Solar-Mars und »Geburts-Herrscher« von eins genau auf der Hausspitze acht des Todes, seine Antiszie ist auf dem IC (»dort unten«) des Geburts-(Sonnenaufgang)-Horoskops, und der Solar-Aszendent ist direkt auf der Spitze von Haus acht des Sonnenaufgang-(Geburts-Horoskops). Der Mond ist in Erhöhung als Solar-Herrscher von Haus acht und fällt durch Antiszie auf den elenden Saturn im Sonnenaufgang-Horoskop. Der Solar-Deszendent, der die Passagiere oder Gäste repräsentiert, ist auf dem mörderischen Stern *Algol* auf der Antiszie des Sonnenaufgang-Mondes auf dem Ruheplatz. Nun, das ist beängstigend, lassen Sie uns diese wunderbare Reise nach Amerika verschieben, sogar jetzt, obwohl die Tickets so günstig sind.

Sogar das auf dem Sonnenaufgang-Horoskop der Titanic basierende Lunar, kurz vor dem Schiffbruch, ist deutlich. Venus, Lunar-Herrscher sieben, ist auf dem Deszendenten auf *Algol* und dieser ist durch Antiszie wiederum mit dem Sonnenaufgang-Mond verbunden. Der Lunar-Aszendent fällt wie der Solar-Aszendent auf die Sonnenaufgang-Hausspitze acht. Ja, diese Technik funktioniert wirklich, nicht nur gibt das Geburtshoroskop der Titanic angemessene gefährliche Hinweise, auch die Solar/Lunar-Horoskope lassen wenig Raum für Zweifel. Sie enthalten die benötigte Klarheit, man muss nicht erst die Anzeichen für

Tod aus ihnen »herauspressen«. Dies ist wundervoll, da es ein vollständiges neues Gebiet der astrologischen Forschung eröffnet, sogar ohne genauen Zeitpunkt der Ereignisse. Das kann man selbstverständlich auch auf die Luft- und Raumfahrt erweitern.

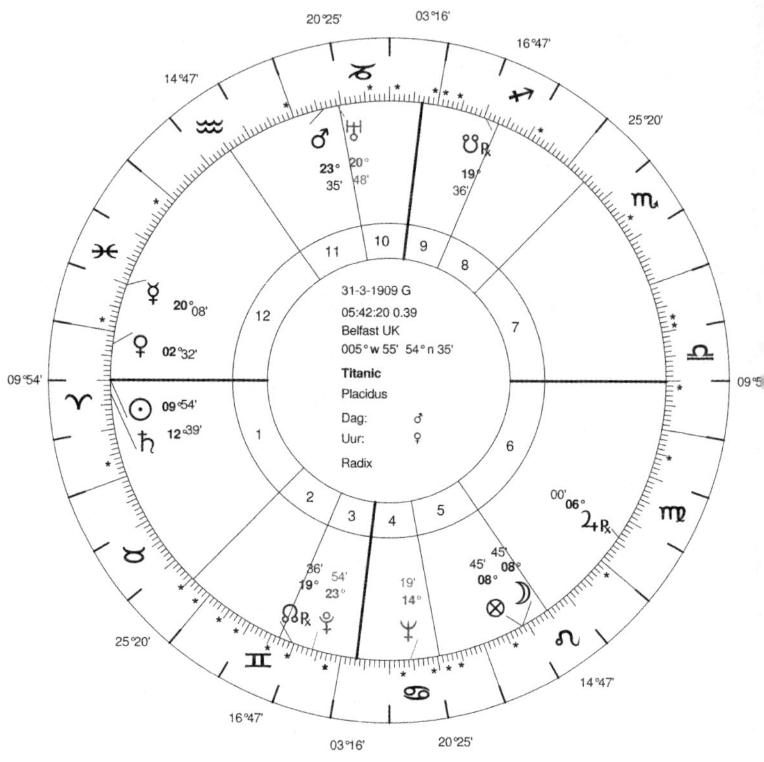

Abbildung 61: Kiellegung der Titanic

Es wäre interessant, einen Blick auf das »Geburts«-Horoskop der Olympic, der Schwester der Titanic, zu werfen und beide Horoskope miteinander zu vergleichen. Der Bau der Olympic begann neun Monate früher in derselben Schiffswerft in Belfast. Dieses Horoskop sieht sicherlich nicht sehr schön aus, mit dem südlichen Mondknoten direkt auf dem Aszendenten, mit dem bösartigen Stern für Blindheit *Aculeus* und Saturn in Vernichtung durch Antiszie in Konjunktion mit dem Mond. Auf der fünften Fahrt der Olympic ereignete sich ein ernster Unfall und die Passagiere konnten durch Rettungsboote gerettet werden. Aber das war alles, die Olympic hat nicht diese Anhäufung von ungünstigen Faktoren, wie wir es im Horoskop der Titanic gesehen haben. Bei der Olympic gibt es nicht das Übermaß an Seemonster, deshalb wird Poseidon nicht eingreifen. Nach dem Unglück der Titanic wurde die Olympic technisch umgebaut und verbessert, sie diente noch viele Jahre ohne Probleme.

Es ist jedoch auffällig, wie das dritte Haus im Horoskop der Olympic verletzt ist. Saturn in Vernichtung im Widder ist in der Nähe der Hausspitze drei auf *Difda*, dem Schwanz des Seemonsters, zusammen mit dem Mond, der den Punkt durch eine Konjunktion in Antiszie unterstreicht. Mars, Herrscher von drei, ist selbst sehr stark in seinem eigenen Zeichen Skorpion, aber er ist direkt auf der *südlichen Waagschale*, der linken Klaue des Skorpions, einem sehr einflussreichen königlichen Stern mit eher bösartiger Natur. Die Olympic hat also eine berühmte Schwester, die in ernste Schwierigkeiten geraten wird. Sogar das auf dem Geburtshoroskop der Olympic basierende Solar für das Jahr des Schiffbruchs der Titanic hat Mars, den Herrscher von drei, rückläufig auf *Algol* stehen und den Todesstern *Antares* auf der Hausspitze von drei! So wird der Tod des Schwesterschiffs deutlich im Horoskop der Olympic angezeigt. Würden Sie das glauben? Dies ist einer jener Momente schierer Ehrfurcht für den Kosmos und es klärt die letztendliche Motivation hinter Astrologie, indem sich »wie oben, so unten« zeigt, um es den Menschen näherzubringen, damit man nicht die Illusion hegt, dass man sein eigenes Leben oder seine Geschichte lenkt. Eine Erfahrung, die einen demütig werden lässt. Übrigens würde man die Astrologie hier nicht brauchen, um zu wählen, ob man auf der Olympic oder der Titanic fahren würde: *Nomen est omen*.

Wie in jedem Horoskop kann man die arabischen Punkte benutzen, um zusätzliche Informationen zu einer Interpretation eines Basis-Horoskops hinzuzufügen. Für ein Schiff wäre der Punkt der Reise auf dem Wasser einer der sachdienlichsten Hinweise. Die bemerkenswerte Formel ist dafür: Aszendent + 15° Krebs - Saturn, was symbolisch als Schutz und Trockenheit erklärt werden kann, von Saturn in der Mitte des kardinalen Wassers des Krebs angeboten. Dieser Punkt ist auf 12.14 Grad Krebs im Sonnenaufgang-Horoskop der Titanic, auf dem sehr hellen und gewaltsamen Stern *Sirius*, aber auch in Konjunktion mit Neptun oder besser dem sternartigen Faktor Poseidon, der mit dramatischen Überschwemmungen verbunden ist! Der Punkt befindet sich ebenfalls im engen Quadrat mit diesem schrecklichen Saturn auf dem Aszendenten, der die nicht wirklich wasserdichten Schotten repräsentiert.

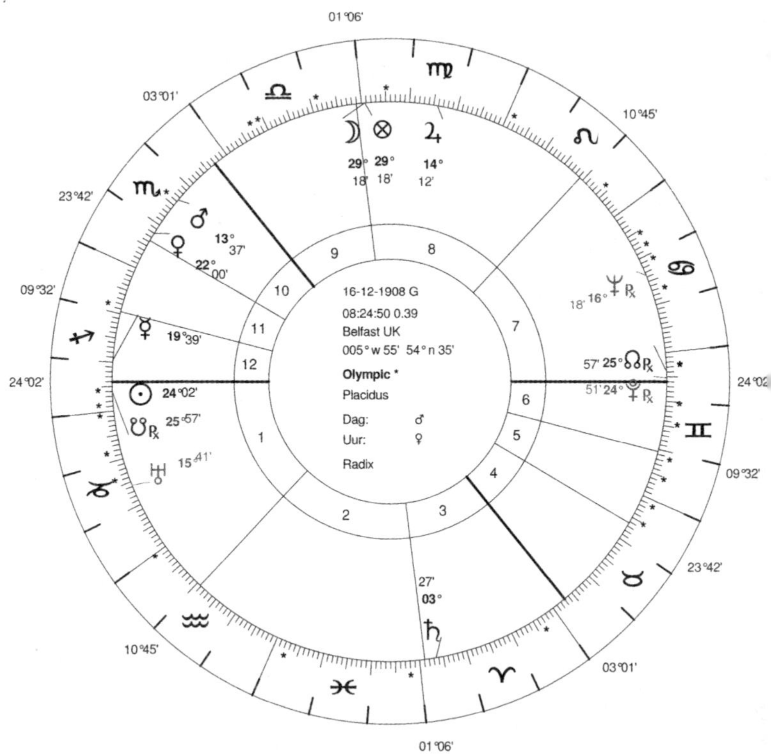

Abbildung 62: Kiellegung Olympic

Schlüsselbegriffe für jeden Stern

Diese Liste dient lediglich dazu, die Auswirkungen eines Sterns auf das Leben zu verdeutlichen. Kochbuch-Astrologie oder deren klassische Form, die Aphorismenastrologie, in der kurze Horoskopinterpretationsregeln zitiert werden, sollte immer gemieden werden. Schlüsselwörter können bloß einen kleinen Teil eines viel größeren, vollständigeren Bildes sein, und obwohl sie helfen, dieses Bild und das Verständnis eines jeden einzelnen Sterns zu verdeutlichen, können sie nicht als Fertigtexte verwendet werden.

Diese Liste ist in gewisser Hinsicht eine Adaption der Schlüsselwörter aus dem Buch »Fixsterne. Bedeutung und Konstellationen im Horoskop« des sehr bekannten Buches von Vivian Robson. Dieses Werk enthält eine Menge interessanter Informationen, bietet aber keine effiziente praktische Methode, um mit den Fixsternen zu arbeiten. Es ist deshalb wichtig, diese Schlüsselwörter nicht zu wörtlich zu nehmen, nicht jeder Stern wird einen umbringen, ins Gefängnis bringen oder erblinden lassen. Es ist offensichtlich, dass es darum geht, die Sterne in den meisten Fällen auf eine symbolischere Art und Weise zu interpretieren.

Ein gutes Beispiel dafür wie dies funktioniert, ist das südliche Horn des Bullen *Al Hecka*. Der Bulle ist sinnlich und wild und das Horn ist nicht der friedvollste Teil seines Körpers. Die südliche Seite ist die dunklere, deshalb werden Schlüsselwörter wie Unfälle, Ausschweifungen und Gewalt angegeben, um dem Verständnis den letzten konkreten Schliff zu geben. In 75 % der Fälle ist es leicht zu sehen, warum bestimmte Schlüsselwörter für einen Stern erwähnt werden (die Planetennatur, die Essenz seiner Mythologie und der Sternname). Es ist das Viertel der Fälle, die nicht klar sind, die wirklich interessant sind und zu weiteren Gedanken über den Stern und seine Natur anregen.

Achernar (12.29 Fische) – Erfolg in öffentlichen Ämtern, Wohltätigkeit, Religion, Gefahr der widerrechtlichen Aneignung, Überschätzung der eigenen Kräfte.

Acrux (12.02 Skorpion) – religiöse Wohltätigkeit, zeremoniell, Gerechtigkeit, Magie, Rätsel.

Acubens (13.46 Löwe) – Böswilligkeit, Gift, Lügen, Verbrechen.

Aculeus (25.54 Schütze) – Blindheit.

Acumen (28.42 Schütze) – Blindheit.

Adhafera (27.44 Löwe, der Scheiterhaufen) – Selbstmord, Gift, ätzende Säuren, explosive Flüssigkeiten, flüssiges Feuer, Lügen, Diebstahl.

Agena (23.57 Skorpion) – Stellung, Freundschaft, Veredelung, Moral, Gesundheit, Ehre.

Mit Sonne: geistige Aktivität, Unbesonnenheit, Erfolg, viele Freundschaften.
Mit Mond: Sarkasmus, herbe Rede, starke Leidenschaften.
Mit Merkur: große geistige Fähigkeiten, Sarkasmus, Sprechen, Schreiben, Eintreten für die breiten Massen.
Mit Venus: poetische, starke Leidenschaften, übereilte Freundschaften mit Frauen.
Mit Mars: juristische Autorität, Ehren als Sprecher oder Schreiber, große geistige und physische Kräfte.
Mit Jupiter: intellektueller Erfolg, juristische oder kirchliche Autorität, berufliche Ehren.
Mit Saturn: nachdenklich, schlau, Verbindung zu Ärzten, heilende Kräfte, kurz angebundenes Verhalten, Okkultismus, häusliche Disharmonie durch Eifersucht.

Albireo (1.25 Wassermann, das Lied des sterbenden Schwans) – attraktive Erscheinung, ordentlich, liebenswerter Charakter, wohltätig in Verzweiflung.

Alcyone (00.10 Zwillinge, die Zentrale, der Grundstein) – Liebe, Ansehen, Blindheit durch Fieber, Pocken und Unfälle im Gesicht, siehe auch Plejaden.

Aldeberan (9.58 Zwillinge, der Folgende) – Intelligenz, Ehre, Eloquenz, Standhaftigkeit, Integrität, Popularität, Mut, Wildheit, Aufruhr, verantwortungsvolle Position, öffentliche Ehren, Zunahme von Macht und Wohlstand durch andere, aber der Nutzen bleibt selten bestehen, Gefahr durch Gewalt und Krankheit.

Mit Sonne, Mond am Medium Coeli oder am Aszendenten: große Ehre durch Gewalt mit Schwierigkeiten und Opfern.

Am Medium Coeli: Ehren, Bevorzugung, gutes Schicksal, Begünstigungen durch Frauen.

Mit Sonne: enorme Energie, Durchhaltevermögen, große materielle Ehren mit der Gefahr sie wieder zu verlieren, Gefahr durch Streit und Gesetz, Ehren und Reichtümer enden im Ruin und Ungnade, anfällig für Krankheiten, Fieber und gewaltsamen Tod; auch mit Mars: schädliche Fieber.

Mit Mond: günstig für geschäftliche Ehren und Kredite, aber Gefahr für Unheil, günstig für häusliche, religiöse und öffentliche Angelegenheiten, Gefahr eines grausamen Todes.

Mit Merkur: beeinträchtigt Gesundheit und häusliche Angelegenheiten, Bekanntheit durch merkurartige Angelegenheiten, materieller Gewinn, viele gelehrte Freunde.

Mit Venus: Ehren durch Literatur, Musik oder Kunst, kreative Fähigkeiten, günstig für Gesundheit und Heirat.

Mit Mars: große militärische Beförderungen, verbunden mit großer Gefahr, anfällig für Unfälle, Fieber und gewaltsamen Tod.

Mit Jupiter: große geistliche Ehren und hohe militärische Beförderungen.

Mit Saturn: großes Elend, seltsamer Verstand, große Bösartigkeit, Sarkasmus, Eloquenz, gutes Gedächtnis, wissbegieriger und zurückgezogener Charakter, juristische Fähigkeiten, häuslicher und materieller Erfolg, Verlust durch merkurartige Freunde.

Algenib (9.20 Widder, Pegasus, der Flügel) – schlechter Ruf und Schande, Gewalt, Unglück, der Bettler.

Mit Sonne: geistige Störungen, Fieber und Krankheit, Gefahr für Unfälle.
Mit Mond: Unehren, Verlust durch Skandale, Exil oder gezwungen zu flüchten, Krankheiten, Schwierigkeiten durch Schreiben.
Mit Merkur: hitziges Gemüt, geistige Störungen, Erfolg bei rechtlichen oder anderen Streitigkeiten.
Mit Venus: großzügig, stolz, hitziges Gemüt, schlechte Moral, schlechte Gewohnheiten, wie zum Beispiel zu trinken; günstig für finanzielle Angelegenheiten.
Mit Mars: schneller Geist und Körper, Lügen, Diebstahl, Gefahr für Unfälle.
Mit Jupiter: Heuchelei, finanzieller Erfolg, wirkliche oder vorgegebene religiöse Begeisterung.
Mit Saturn: viele Feinde, Erfolg, geheime Hilfe von mächtigen Freunden und einflussreichen Verwandten, schlechte Moral.

Algenubi (20.52 Löwe, derjenige, der zerreißt) – aufgeblasenen, mutig, kühn, grausam, herzlos, roher und destruktiver Charakter, künstlerische Wertschätzung, kraftvoller Ausdruck.

Algol (26.21 Stier, aufgetürmte Leichen, der Kopf des Dämons) – Unglück, Gewalt, Enthauptung, Erhängen, Hinrichtung, Massenausschreitungen, verbissener und gewaltvoller Charakter, Tod, bezaubernde Anziehungskraft und große verführerische Schönheit.

Am Medium Coeli: Mord, plötzlicher Tod, geköpft werden, Unheil, auch mit Sonne, Mond oder Jupiter: Sieg in Kriegen.
Mit Sonne: gewaltvoller Tod, schwere Krankheit.
Mit Mond: gewaltvoller Tod, schwere Krankheit.
Mit Mars: Mord, Tod.

Algorab (13.37 Waage, die Krähe) – Zerstörungswut, Boshaftigkeit, Grausamkeit, Lügen, Plünderung.

Al Hecka (24.58 Zwillinge, der Fahrer) – Gewalt, Boshaftigkeit, Unfälle.

Mit Sonne: verdächtig, reserviert, lernbegierig, ungünstig für Gesundheit (speziell die Lungen), Eignung für militärische Unternehmungen und Listen mit Gefahr des Hinterhalts und der Täuschung.
Mit Mond: streiten, schlechte Gewohnheiten und schlechte Gesellschaft, Verderbtheit.
Mit Merkur: voreiliger Charakter, Selbstbezogenheit, Gier, Verschwendung, rechtliche und geschäftliche Schwierigkeiten, schlechte Gesundheit, häusliche Schwierigkeiten, Trennung von Ehefrau oder Kindern, niedere Begleiter, Verlust von Reichtum, Armut.
Mit Venus: unglücklich, niedere Begleitung, schlechte Umgebung.
Mit Mars: böse Begleitung, schlechte Gewohnheiten, sexuelle Schwierigkeiten, Leiden von Mars-Venus-Natur.
Mit Jupiter: Heuchelei, Verschwendung, geschäftliche Verluste und Schande.
Mit Saturn: unkontrollierte Leidenschaften, trinken, Ausschweifungen, perverses Genie, kluger Schriftsteller unerwünschter Literatur, luxuriöse Umgebung, aber wenig Reichtum, am Ende des Lebens isoliert oder inhaftiert, häusliches Unglück, Unfälle, wenn zusätzlich durch Mars verletzt.

Alhena (9.04 Krebs, das eingebrannte Mal) – Ansehen in Kunst, anfällig für Unfälle, die die Füße beeinträchtigen.

Mit Sonne: Stolz, Liebe zur Bequemlichkeit, Luxus, Vergnügen.
Mit Mond: gute Gesundheit, Ehre, Reichtümer, Vergnügen und Gesellschaft, häusliche Unterstützung.
Mit Merkur: Beliebtheit, Unterstützung vom anderen Geschlecht, musikalische und künstlerische Fähigkeiten, aber wenig Ruhm, häusliche Harmonie, Geschäfte werden negativ durch Vergnügen und Gesellschaft beeinflusst.
Mit Venus: materielle Ausrichtung, Liebe zu Kleidung, Vergnügen und Schmeichelei, künstlerische und musikalische Fähigkeiten.

Mit Mars: oberflächlicher Charakter, Hang zu Vergnügungen, Bequemlichkeit, Luxus, Schmuck, Großspurigkeit.

Mit Jupiter: gesellschaftlicher Aufstieg und Erfolg, philosophischer Geist, Hang zur Prahlerei.

Mit Saturn: vorsichtig, reserviert, lernbegierig, bedeutend in Wissenschaft oder Kunst, etwas häusliche Uneinigkeit, Krankheit der Kinder, unerwartete Verluste, aber Möglichkeit zu Reichtum, Krankheit am Ende des Lebens.

Al Jabha (28.04 Löwe, die Stirn) – viele Gefahren, Verluste, Gewalt, maßlos.

Almach (14.24 Stier) – Humor, hohes Ansehen, künstlerische Fähigkeiten.

Alnilam (23.38 Zwillinge, Gürtel) – flüchtige öffentliche Ehren.

Mit Sonne: hastig, eigensinnig, mürrisch. *Wenn auch am Medium Coeli*: militärische Beförderungen und Gewinn.

Mit Mond: viele plötzliche und unerwartete Verluste und Wendungen, viel Hilfe von Freunden, Krankheiten der Familie.

Mit Merkur: hastig, aufbrausendes Gemüt, Streitereien mit Verbündeten, häusliche Disharmonie durch eigene Handlungen.

Mit Venus: Schwierigkeiten durch Liebesbeziehungen, Skandale, Feinde unter Frauen.

Mit Mars: Streitereien, Verluste durch Gerichtsprozesse, häusliche Disharmonie, schlechte Gesundheit, gewaltsamer Tod.

Mit Jupiter: juristische oder kirchliche Beförderungen, aber mit der Gefahr der Ungnade, Verluste durch Spekulationen, Schwierigkeiten durch Verwandte und Auslandsangelegenheiten.

Mit Saturn: höflich, häusliche Disharmonie, verlässt das Heim früh, erfolgreich, aber viele unerwartete Verluste, günstig für Gesundheit.

Alphard (27.27 Löwe, das Herz der Hydra) – Weisheit, musikalische und künstlerische Wertschätzung, Wissen um die menschliche

Natur, starke Leidenschaften, Mangel an Selbstkontrolle, Unmoral, rebellierende Taten und plötzlicher Tod durch Ertrinken, Gift und Ersticken.

Auf dem Aszendenten: viele Schwierigkeiten, Angst, Sorgen und Verluste in Verbindung mit Grundbesitz und Immobilien, abhängig von Frauen und Maßlosigkeit.
Mit Sonne: Macht und Autorität, aber Leiden durch eigene Handlungen und von Feinden, Verlust von Stellung und Ehre, von Feinden überwältigt werden.
Mit Mond: Begierden, Lüsternheit, Lasterhaftigkeit und Verschwendungslust; Versagen in Projekten, aber finanzielle Hilfe oft von Verwandten; schlechtes Schicksal in Bezug auf Ehefrau oder Mutter, eventuell Ungnade und Ruin, Gefahr eines Todes durch Ersticken.
Mit Merkur: Schwierigkeiten durch Veröffentlichungen, ungünstig für Heirat, Leiden durch eine leidenschaftliche Bindung, die den Kurs des Lebens vollkommen verändert.
Mit Venus: leidenschaftliche Bindung opponiert durch Verwandte, attraktiv und vom anderen Geschlecht bewundert, günstig für Gewinn, Sorgen durch Liebesaffären (bei Frauen).
Mit Mars: Schwierigkeiten und Skandale durch Liebesbeziehungen, Anhaftung an verheiratete Person, ungünstig für Geburten; wenn es sich um eine Frau handelt, anfällig für Fehlgeburten und Tod zusammen mit dem Tod des Kindes, Gefahr von ernsthaften Unfällen; wenn die Lichter beeinträchtigt sind, Gefahr des Todes durch Ertrinken und Gift.
Mit Jupiter: starke Leidenschaften, günstig für Gewinn, Sympathie zu Witwen oder Witwern, anfällig für Ungnade, rechtliche Schwierigkeiten und Gerichtsurteile.
Mit Saturn: starke Leidenschaften, aber kühl, vorsichtig und langsam in Bezug auf Wut, geheime und kurze Liebesaffären von kurzer Dauer, ungünstig für Gewinn, häusliche Disharmonie, Gefahr eines Gifttodes.

Alphecca (12.28 Skorpion) – Ehre, Ansehen, poetische und künstlerische Fähigkeiten.

Mit Sonne: aktiver und brillanter Geist, selbstsüchtig, unterliegt einem Skandal, der die Stellung aber nicht beeinflusst.

Mit Mond: öffentliche Ehre und Ansehen, leidet durch das Gesetz, Partner und Nachbarn, Schwierigkeiten durch hinterhältige Geschäfte von Feinden, aber triumphiert am Ende über diese; schlecht für Liebesbeziehungen, einige vertrauenswürdige Freunde, von Venus- und Merkurmenschen hoch geachtet.

Mit Merkur: Der Geist ist aktiver als der Körper, träge, Unterstützung von Freunden, verschwenderisch, aber sparsam mit kleinen Dingen, Verlust durch Feinde.

Mit Venus: günstig für Liebesbeziehungen, Unterstützung von Freunden, künstlerischer und musikalischer Geschmack.

Mit Mars: aktiver Geist, besserer Schriftsteller als Redner, ungünstig für Gewinn.

Mit Jupiter: Ehre und Würde, künstlerische Fähigkeiten, Vorteile durch kirchliche Angelegenheiten, günstig für materiellen Gewinn.

Mit Saturn: wissbegierig, beliebt, wirtschaftlich aber arm, Vorteile durch ältere Freunde, starke, aber gut kontrollierte Leidenschaften, schlechte Gesundheit, Enttäuschungen in der Liebe, aber Heirat über dem eigenem Stand; wenige Kinder, aber zu ihnen harmonisch verbunden.

Alpheratz (14.29 Widder) – Unabhängigkeit, Freiheit, Liebe, Reichtümer, Ehre, scharfer Verstand.

Mit Sonne: Ehre, Beförderungen und Gefälligkeiten von anderen.

Mit Mond: energetisch, durchhaltend, Ehre, Wohlstand, viele gute Freunde, geschäftlicher Erfolg.

Mit Merkur: aktiver Geist, Begünstigungen durch Richter, Anwälte oder Geistliche, Pionierarbeit, durch die Bekanntheit erreicht wird; wird beschuldigt, eigennützige Motive zu haben; schreibt über Wissenschaft, Religion oder Philosophie.

Mit Venus: gepflegte und ordentliche Erscheinung, ruhiges Leben, gute Gesundheit, liebt Vergnügungen und Gesellschaft, erfolgreich in Spekulationen.

Mit Mars: scharfer Verstand, energisch, geschäftlicher Erfolg durch eigene Bemühungen.

Mit Jupiter: philosophischer und religiöser Geist, Begünstigungen durch Fachleute, kirchliche Ehren und Würden, günstig für Gewinn.

Mit Saturn: offen und umgänglich, aber unglücklich, strebt nach Beliebtheit; täuscht für geschäftliche Zwecke vor, religiös zu sein; Begünstigungen durch Geistliche und Anwälte, Wahrscheinlichkeit für Wohlstand, häusliche Harmonie, anfällig für Krankheiten des Kopfes und Tumore, die letztendlich den Tod verursachen.

Al Pherg (26.59 Widder, der Kopf des Typhon) – vorbereitet sein, Beharrlichkeit, Entschlossenheit, letztendlicher Erfolg, schicksalhaft, eine letzte Chance, schreckliche Stimme.

Altair (1.57 Wassermann, der Vogel des Jupiter) – kühn, mutig, selbstbewusst, tapfer, unnachgiebig, ehrgeiziges und aufgeschlossenes Wesen, großer und plötzlicher, aber vorübergehender Wohlstand, Position mit Befehlsgewalt, macht den Geborenen des Blutvergießens schuldig, Gefahr durch Reptilien.

Mit Sonne: öffentliche Ehren, Berühmtheit, Begünstigungen durch Vorgesetzte, viele Freunde, einige Neider, die Schwierigkeiten durch Veröffentlichungen verursachen, einige Krankheiten und Verluste, Gefahr durch Bisse von giftigen Tieren.

Mit Mond: Interesse an ungewöhnlichen und alten Entdeckungen, Enttäuschung und Verlust durch Eigentum und Gewinn, in gewissem Maße Profit und Beförderung, Freunde werden zu Feinden, Schwierigkeiten durch Unternehmen oder öffentliche Affären, Schwierigkeiten durch oder Unglück hinsichtlich Kindern.

Mit Merkur: viele Schwierigkeiten, Unglück, ungewöhnliche Erfahrungen, Enttäuschungen auf langen Reisen, schlecht für Partnerschaft, Verlust eines Verwandten unter seltsamen Bedingungen.

Mit Venus: ungünstig für Liebesbeziehungen, Reiz an Ungewöhnlichem und Sonderbarem, schlecht für Kinder und Gewinn, Verluste durch Freunde.

Mit Mars: Scharfer Verstand, Schwierigkeiten durch Freunde, Gesellschaft und Begleitung, aber am Ende doch Gewinn, Kampf um die Wahrheit.

Mit Jupiter: tatsächlicher oder vorgegebener religiöser Eifer, Heuchelei, Schwierigkeiten durch rechtliche und kirchliche Angelegenheiten und mit Verwandten, schlecht für Gewinn, Enttäuschung bezüglich Erbschaften.

Mit Saturn: Sorgen und Enttäuschungen, geistige Störungen, die Behandlung in einer Anstalt oder einem Krankenhaus benötigen mit wahrscheinlichem Tod dort, Trennung von Familie und Eltern, Gefahr eines Unfalls, der die Unfähigkeit mit sich bringt zu arbeiten oder lebenslange Beeinträchtigungen.

Antares (9.56 Schütze, der Rivale des Mars, das Herz des Skorpions) – Bösartigkeit, Zerstörungswut, Aufgeschlossenheit, Toleranz, schlimme Vorahnungen, Gefahr für Todesfälle, Leichtsinn, starke Gier, eigensinnig, selbstzerstörerisch durch eigene Sturheit.

Am Aszendenten: Reichtümer und Ehren, Gewalt, Krankheit, Vorzüge sind selten von Dauer.

Am Medium Coeli: Ehren, Beförderungen, gutes Schicksal.

Mit Sonne: vorgetäuschte Religion, unecht, unehrlich, Ehren und Reichtümer enden im Ruin und Ungnade, militärische Beförderungen, Gefahr des Verrats, selbst begangene oder erlittene Gewalt, Fieber und Krankheiten, Verletzungen des rechten Auges, gewaltsamer Tod.

Mit Mond: beliebt, aufgeschlossener Geist, interessiert an Philosophie, Wissenschaft oder Metaphysik, anfällig dafür, religiöse Ansichten zu wechseln, einflussreiche Freunde, günstig für Geschäfte und häusliche Angelegenheiten, engagiert sich für lokale Angelegenheiten, große Macht, Ehre und Wohlstand, aber die Vorzüge erweisen sich eventuell nicht von Dauer, Gefahr durch Gewalt, Krankheit, Ertrinken oder Ermordung.

Mit Merkur: misstrauisch, beschuldigt Freunde zu Unrecht, unbeliebt, benutzt kirchlichen Einfluss für Geschäfte, Geld wird langsam und mit vielen Schwierigkeiten erlangt, Gefahr durch Krankheiten für den Geborenen und seine Familie, Tod eines Verwandten zu Hause oder unterwegs.

Mit Venus: unecht, unehrlich, energiegeladen und fähig, aber selbstsüchtig, ungünstig für Gewinn und Gesundheit.

Mit Mars: schädliche Gewohnheiten, die das Leben enorm beeinflussen, Streitigkeiten mit Freunden und Verwandten, kaum günstig für Gewinn.

Mit Jupiter: großer religiöser Eifer, tatsächlich oder vorgetäuscht, kirchliche Beförderungen, Tendenz zur Heuchelei, Begünstigungen durch Verwandte.

Mit Saturn: materialistisch, unehrlich durch Bedingungen, die durch die Umgebung verursacht wurden, religiöse Heuchelei, viele Enttäuschungen, Verlust durch Streitigkeiten und rechtliche Angelegenheiten, Schwierigkeiten durch Feinde, häufiges Versagen, Hindernisse durch Verwandte, ungünstig für häusliche Angelegenheiten, viele Krankheiten und Leiden für bzw. von Kindern.

Arcturus (24.22 Waage, der Bärenschützer, der Herrscher) – Reichtümer, Ehren, berühmt, Entschlusskraft, Selbstbestimmung und Wohlstand durch Navigation und Reisen.

Am Aszendenten: gutes Schicksal mit vielen Sorgen und Ängsten durch eigene Dummheiten.

Am Medium Coeli: hohes Regierungsamt, großer Profit und guter Ruf; wenn mit einem der Lichter oder Jupiter zusammen, großes Vermögen und Ehren.

Mit Sonne: Erfolg durch langsames und geduldiges Voranschreiten, Freunde im Klerus, günstig für Gewinn und günstig für Verhandlungen mit der Öffentlichkeit und mit Anwälten.

Mit Mond: neue Freunde, geschäftlicher Erfolg, gutes Urteilsvermögen, häusliche Harmonie.

Mit Merkur: nüchtern, sachlich, tüchtig, beliebt, zur Religiosität neigend, etwas verschwenderisch, aber wohlsituiert, Hilfe durch Freunde, eine Stellung in einem großen Unternehmen oder erhält eine Beförderung unter Leitung, günstig für Gesundheit und häusliche Angelegenheiten.

Mit Venus: beliebt, Geschenke und Gefälligkeiten von Freunden, einige falsche Freunde des eigenen Geschlechts.

Mit Mars: beliebt, viele Freunde, beträchtlicher Gewinn, aber behält den Besitz aufgrund von Verschwendung nicht.

Mit Jupiter: Vorteile durch gerichtliche und kirchliche Angelegenheiten, einflussreiche Position, Gefahr der Heuchelei, Gewinn durch Auslandsangelegenheiten oder Schifffahrt.

Mit Saturn: ehrlich, egoistisch, dazu geneigt gemein zu sein, gewieft in Geschäften, materialistisch, günstig für Gewinn, Spekulationen und häusliche Angelegenheiten, aber frühe Schwierigkeiten im verheirateten Leben; günstig für Kinder, aber Unstimmigkeiten mit einem der Kinder.

Armus (15.22 Wassermann) – unsympathisch, unangenehm, Instabilität, Schamlosigkeit, nörgeln, ein schwieriger und streitsüchtiger Charakter.

Ascella (13.48 Steinbock) – gutes Schicksal und Glück.

Mit Sonne: gutes Schicksal, andauerndes Glück.

Mit Mond: neue einflussreiche Freunde, wertvolle Geschenke, Liebe von respektablen Frauen.

Aselli (die Esel) – Pflege und Verantwortung, wohltätig und pflegend, Gefahr eines gewaltvollen Todes, ernste Unfälle und Beulen.

Am Aszendenten: schweres Fieber, schlechte Augen, Blindheit des linken Auges, Verletzungen durch wilde Tiere, Streitereien, üble Nachrede durch niedere Frauen oder ordinäre Personen, militärische Beförderungen.

Am Medium Coeli: Ungnade und Ruin, oft ein gewaltsamer Tod.

Gemeinsam mit Sonne: Schläge, Stiche, ernste Unfälle, Schießereien, Schiffsunglücke, geköpft und gehängt werden, Ermordung, heftiges Fieber, Gefahr durch Feuer, Ungnade und Gefangenschaft.

Gemeinsam mit Mond: entzündliches Fieber, Schmerzen im Kopf, Blindheit.

Asellus Borealis (nördlicher Esel, Balaams Esel) – Geduld, Begünstigung, Mut, heroische herausfordernde Führer.

Mit Sonne: günstig für Handel mit öffentlichen und einflussreichen Personen, geschäftlicher Erfolg.

Mit Mond: günstig für materiellen Erfolg, Ehren durch öffentliche Stellungen, Hilfe von Freunden, günstig für Gewinn, Gefahr von Unfällen am Kopf, Fieber, entzündliche Leiden, Herzschwäche.
Mit Merkur: Macht und Autorität nach vielen Schwierigkeiten, wenig Gewinn, zahlreiche Ausgaben, Verlust durch Veröffentlichungen, Hypotheken und Schuldscheine.
Mit Venus: stolz, rechthaberisch, Hilfe von einem einflussreichen Freund, günstig für Gewinn.
Mit Mars: mutig, großzügig, edel, gerecht, Macht und Autorität.
Mit Jupiter: großer Gewinn und einflussreiche Stellung, Begünstigungen durch kirchliche Personen und Gewinn durch geistliche Angelegenheiten, Vorteile durch Affären.
Mit Saturn: in gewisser Hinsicht egozentrisch und selbstsüchtig, Verlust durch Feinde, hohes öffentliches Amt, aber schließlich Ruhestand mit öffentlicher Zensur, günstig für Gewinn, unnachgiebiger Charakter, häusliche Disharmonie verursacht durch Antipathie zwischen einem der Kinder und dem Geborenen oder dem Partner.

Asellus Australis (südlicher Esel, die Eselstute, ein Ruheplatz, das Ende)

Mit Sonne: ungünstig für Verhandlungen mit der Öffentlichkeit und einflussreichen Menschen, Schwierigkeiten mit Geschäften.
Mit Mond: Krankheiten, mangelhaftes Seh-, Hör- oder Sprechvermögen, schlecht für Geschäftsangelegenheiten, Verlust von Freunden und Schwierigkeiten durch Feinde.
Mit Merkur: mentale Schwierigkeiten, viel Sorgen und Enttäuschungen, Verlust durch Feuer von wertvollen Papieren, schlecht für Erfolg trotz der Hilfe von Freunden, Schwierigkeiten entstanden durch Kinder.
Mit Venus: Schwierigkeiten durch Freunde, ungünstig für Liebe und Heirat, Feindseligkeiten von Frauen, zu eingenommen von Vergnügungen und Gesellschaft.
Mit Mars: Energie, Mut, Courage, falsch angewendete Macht, wenig Erfolg, öffentliches Missfallen.
Mit Jupiter: gesetzliche und kirchliche Schwierigkeiten, Heuchelei, Unehrlichkeit, falsche Freunde, Gefahr der Gefangenschaft.

Mit Saturn: nicht vertrauenswürdig, unehrenhaft, schlechte Moral, schlechte Gewohnheiten, entstanden während Kindheit und Jugend.

Baten Kaitos (22.08 Widder, der Bauch des Wals) – Zwangsdeportation, Veränderung oder Auswanderung, Unglück durch Gewalt oder Unfälle, Schiffbruch, aber auch Rettung, Stürze und Schläge.

Bellatrix (21.07 Zwillinge, schnelles Zerstören, die weibliche Kriegerin) – große militärische oder zivile Ehren, aber Gefahr der plötzlichen Unehre, bekannt, Wohlstand, bedeutsame Freunde und anfällig für Unfälle, die Blindheit und Ruin verursachen; wenn hervorstechend im Horoskop einer Frau: geschwätzig, zänkisch, schrill klingend, harte und scharfe Stimme.

Am Medium Coeli: Streitereien, Hass, begangener oder erlittener Betrug, Fälschung, Schwindel, Falschgeld und Eidbrüche.
Mit Sonne: schwankend, wechselhaft, geschäftlich unentschlossen, technisches Talent, Reichtümer und Ehren, endet aber im Ruin, Blindheit durch Unfall, Gebrechen und schwere Krankheiten, Fieber oder ein gewaltvoller Tod.
Mit Mond: Luxus, Begierden, vergeblicher Ehrgeiz, Verschwendung, Ruin, Blindheit durch Unfall, Gebrechen und schwere Krankheiten, Fieber oder ein gewaltvoller Tod.
Mit Merkur: militärischer Erfolg, günstig für Freundschaften und gesellschaftliche Angelegenheiten.
Mit Venus: viel Leid durch Liebesbeziehungen aufgrund von nicht zurückgehaltenen Gefühlen.
Mit Mars: Kraft, Energie, Erfolg als Soldat, Chirurg oder Metallarbeiter, anfällig für Unfälle.
Mit Jupiter: philosophischer und religiöser Geist, Heuchelei, eventuell fanatisch, juristische Bedeutsamkeit und große Ehre, aber Gefahr der Verleumdung.
Mit Saturn: zurückgezogenes und lernbegieriges Leben, reserviert, nachdenklich, ungünstig für Gewinn aufgrund von mangelndem Interesse, Armut am Ende des Lebens, oft einsam, aber wenn verheiratet, stirbt der Partner meist früh, keine Kinder.

Beteigeuze (28.56 Zwillinge, die Achselhöhle des Riesen) – militärische Ehren, Beförderungen und Wohlstand.

Am Medium Coeli: großes militärisches Geschick, Befehlsgewalt, Erfindungen, Einfallsreichtum, dient der Vollendung der Künste und Wissenschaften.
Mit Sonne: Interesse und Talent für okkulte und mystische Themen, akute Erkrankungen, Fieber, Ehren und Beförderungen, die im Ruin enden.
Mit Mond: aktiver Geist, starker Wille, turbulent, rebellisch bei Beschränkungen, militärischer Erfolg, aber leidet unter Streitereien mit Vorgesetzten, Wahrscheinlichkeit großer Macht, Ehre und Wohlstand.
Mit Merkur: ernsthaft, lernbegierig, wissenschaftlich und literarisch, ungünstig für Gewinn; berühmt durch Metallgravierungen.
Mit Venus: etwas zurückhaltend und reserviert, großes handwerkliches Talent für feine Verzierungen.
Mit Mars: vorsichtig, reserviert, gute Führung und Organisationen, Ehren und Beförderungen in militärischen Angelegenheiten.
Mit Jupiter: ernsthafter und wissbegieriger Verstand, gewieft und profitabel in geschäftlichen Verhandlungen, große kirchliche oder juristische Ehren.
Mit Saturn: gewieft, schlau und gerissen, arglistige Täuschungen, verräterisch in Bezug auf Freunde, ereignisreiches Leben mit vielen Höhen und Tiefen, schließlich ja Wohlstand mit einem bisschen Komfort, ungünstig für häusliche Angelegenheiten.

Bos (5.18 Wassermann) – in Konjunktion mit Merkur ein kluger und durchdringender Verstand.

Bungula (29.38 Skorpion) – Wohltätigkeit, Kultiviertheit, Ehrenposition, Freunde.

Mit Sonne: neidisch, egozentrisch, langsam, aber einigermaßen erfolgreicher Fortschritt, viele Feinde, Verlust des Erbes.
Mit Mond: beliebt, viele Freunde, diplomatisch, geheime schlechte Gewohnheiten, exzessives Trinken, in Streitereien involviert, aber geht erfolgreich daraus hervor.

Mit Merkur: wankelmütig, schwankend, findet Fehler, schwierig zufriedenzustellen, guter Intellekt, geschäftlicher Erfolg, Schwierigkeiten in häuslichen Angelegenheiten durch Feinde, Krankheit der Familie, enttäuschte Ambitionen.

Mit Venus: beliebt, künstlerisches und musikalisches Talent, Unterstützung von Freunden, Gefahr durch Liebesaffären.

Mit Mars: physische Ausdauer, beträchtliche mentale Kraft, Redner oder Schriftsteller, wenig Prominenz.

Mit Jupiter: große kirchliche oder juristische Ehren und Beförderungen, interessiert an Ritualen, Erfolg im Ausland, günstig für Gewinn.

Mit Saturn: lernbegierig, gelehrt, belesen, materialistisch, selbstsüchtig, günstig für Gewinn, Ansammeln von Geld, Eigentum und Vermächtnisse, obgleich nicht ohne Streitereien, günstig für Heirat, aber nicht ohne häusliche Schwierigkeiten, das älteste Kind ist eventuell in frühen Lebensjahren von Leid beeinträchtigt.

Canopus (15.08 Krebs) – Frömmigkeit, Konservatismus, weit gefächertes und umfassendes Wissen, Reisen und pädagogische Tätigkeit, Wandel vom Bösen zum Guten.

Am Medium Coeli: großer Ruhm, Berühmtheit und Wohlstand, Würde und Autorität durch die Hilfe eines alten Geistlichen oder einer einflussreichen Person.

Mit Sonne: häusliche Beeinträchtigungen, Schwierigkeiten mit Vater oder Eltern, finanzieller Verlust, Gefahr durch Unfälle, Beulen und Fieber, ungünstiges Lebensende.

Mit Mond: Erfolg in Kriegsangelegenheiten als Soldat, Chirurg oder Metallarbeiter.

Mit Merkur: hastig, eigenwillig, engstirnig, starrsinnig, Redner oder Schriftsteller zu unbeliebten Themen, Kritik erregend; Schwierigkeiten und Verluste durch häusliche Angelegenheiten, Partner oder Recht.

Mit Venus: emotional, einfühlsam, engstirnig, starke Leidenschaften; Skandal durch eine Intrige, durch die der Ruf leidet; öffentliche Schande, schlecht für Gewinn.

Mit Mars: grausam, übellaunig, neidisch, eifersüchtig.

Mit Jupiter: großer Stolz, benutzt Religion für Geschäftszwecke, Reisen, Ehren und Beförderungen, aber keine Anerkennung wegen öffentlicher Unzufriedenheit.

Mit Saturn: unzufrieden, missmutig, okkulte Interessen, ungünstig für Ruf und häusliche Angelegenheiten, wenig Prominenz, kann aber Gutes tun.

Capella (22.02 Zwillinge, kleine Ziege) – Ehre, Reichtum, Ansehen, eine öffentliche Stellung des Vertrauens und bedeutende Freunde, gewissenhaft, ängstlich, furchtsam, wissbegierig, liebt Wissen und ganz besonders Neuheiten.

Am Medium Coeli: Beziehungen zu und Beförderungen durch Militär, Marine oder Kirche; wenn ebenfalls mit Sonne, Mond oder Jupiter: üppiges Vermögen und große Ehren.

Mit Sonne: schwankend, wechselhaft, zu geschwätzig, schnelle Rede, falsch verstanden und kritisiert, militärische Ehren und Wohlstand.

Mit Mond: wissbegierig, geschwätzig, indiskrete Rede, sarkastisch, streitlustig, viele Reisen, häusliche Disharmonie, Gefahr für das Sehvermögen, anfällig für Unfälle.

Mit Merkur: unangenehme Erfahrungen, rechtliche Schritte wegen Schriften und Erfolg nach vielen Schwierigkeiten.

Mit Venus: literarische und poetische Fähigkeiten, ungünstig für Gewinn.

Mit Mars: intellektuell, gelehrt, verschwendet sein Talent für niedere Themen.

Mit Jupiter: juristische oder kirchliche Verbindungen, Verleumdung und Kritik, zu begeistert oder eifrig, viele Reisen, Schwierigkeiten mit Verwandten.

Mit Saturn: klug, ordentlich, liebt Luxus, viele schädliche Gewohnheiten, verdient viel Geld, behält es aber nicht, Schwierigkeiten mit dem anderen Geschlecht und mit häuslicher Harmonie, schlechte Gesundheit am Ende des Lebens und Beeinträchtigungen an Armen, Beinen oder Augen führen zu Bewegungseinschränkung.

Caphir (10.18 Waage, ein Versöhnungsangebot, der Unterwürfige) – höflich, raffiniert und liebenswerter Charakter mit prophetischen Instinkten.

Mit Sonne: in eine Intrige verwickelt sein, einige Schwierigkeiten von kurzer Dauer, die den Geborenen in einer unangenehmen Position zurücklassen.
Mit Mond: populär, geschäftliche Sorgen, häusliche Disharmonie und Scheidung, schlechte Gesundheit.
Mit Merkur: rechtliche Schwierigkeiten, Kritik, viele Sorgen, geschäftliche Schwierigkeiten, die überwunden werden, Krankheit, verliert den Respekt von Kollegen.
Mit Venus: ungünstig für Gewinn, erheblicher Skandal aus leidenschaftlicher Liebesbeziehung.
Mit Mars: Verlust durch Gerichtsprozesse und durch Feuer oder Sturm, Schwierigkeiten mit dem anderen Geschlecht, Ehepartner und der Öffentlichkeit.
Mit Jupiter: Schwierigkeiten durch Rechtsfragen oder mit der Kirche, Erbstreitigkeiten, häusliche Disharmonie durch Intrige und daraus folgendem Skandal.
Mit Saturn: intelligent, lerneifrig, früh im Leben Probleme zu Hause, anfällig für Freiheitsstrafen oder Ausführung für die Verbrechen von anderen, vor allem im zwölften Haus, leidet durch die Verschwörung von Freunden und Verwandten, häusliche Disharmonie, kränkliche Kinder, zerrüttetes Elternhaus, Tod im Gefängnis.

Capulus (24.20 Stier, Perseus‘ Schwerthand) – Blindheit, defektes Sehvermögen.

Castor (20.25 Krebs, ein noch kommender Herrscher) – Unterscheidung, scharfer Verstand, Erfolg in Recht und Verlagswesen, viele Reisen, Vorliebe für Pferde, plötzlicher Ruhm und Ehre, aber oft gefolgt von Verlust von Vermögen und Schande, Krankheit, Schwierigkeiten, großes Elend, spitzbübisch, anfällig für Gewalt.

Mit Sonne: Berühmtheit in okkulten Dingen, Regierungsarbeit, die sich mit Außenpolitik beschäftigt, schwere Unfälle, Schläge, Stiche, Schießen, Schiffbruch, Verletzungen im Gesicht, Blindheit,

Krankheit, heftiges Fieber, böse Gesinnung, Vergewaltigung und Mord, begangen oder erlitten, Freiheitsstrafe, Verbannung, Enthauptung.

Mit Mond: schüchtern, sensibel, Mangel an Vertrauen, okkultes Interesse und psychische Fähigkeiten, Blindheit, Verletzungen im Gesicht, Schande, Stiche, Wunden, Gefängnis.

Mit Merkur: bemerkenswerte psychische Kräfte, verbunden mit Kritik und Spott, aber schließlich Berühmtheit, ungünstig für Gewinn.

Mit Venus: seltsames und merkwürdiges Leben, viele extreme Höhen und Tiefen, ungünstig für die Ehe.

Mit Mars: böse Gesinnung, viele Reisen, zielloses Leben, viele Höhen und Tiefen.

Mit Jupiter: philosophische und okkulte Interessen, Verlust durch Gesetz, Spekulation und Reisen, Gefahr durch Gerichtsurteile.

Mit Saturn: ängstlich, misstrauisch, exzentrisch, ursprünglicher Geist, aber Schwierigkeiten im Ausdruck, besserer Schriftsteller als Sprecher, beträchtliche geistige Kräfte, liebt Details, Vorurteile gegen beliebte, weitverbreitete Meinung, ungünstig für die Ehe, eigenartige häusliche Bedingungen, frühe Krankheit von Kindern, Gewinn am Ende des Lebens durch harte Arbeit.

Castra (20.20 Wassermann) – zerstörerisches, bösartiges, unkontrollierbares Temperament.

Copula (25.13 Jungfrau) – günstig für Beziehungen, starke Leidenschaften, Blindheit, mangelnde Sehkraft, Hindernisse, Enttäuschungen.

Dabih (4.13 Wassermann)

Mit Sonne: reserviert, argwöhnisch, misstrauisch, Verlust durch Freunde, verantwortliche öffentliche Vertrauensposition und Autorität.

Mit Mond: geschäftlich erfolgreich, aber zieht sich mit angeschlagenem Ruf zurück, günstig für die Gesundheit, einflussreiche Position, aber realisiert kaum Ambitionen, Schwierigkeiten durch das andere Geschlecht, verdient Kritik und Tadel.

Mit Merkur: reserviert, misstrauisch, neidisch, egozentrisch, herausragende Stellung im öffentlichen Leben oder Unternehmen, günstig für Gewinn, schlecht für häusliche Angelegenheiten, seltsame oder eigenartige Bedingungen zu Hause.

Mit Venus: geheime Liebesaffären, Trauer und Enttäuschung, leicht in die Irre geführt, Feindschaft von Frauen.

Mit Mars: großer Ehrgeiz, Energie, hohe Position, dabei aber Gefahr des Umschwungs, häusliche Disharmonie.

Mit Jupiter: Heuchelei, Unehrlichkeit, hohe rechtliche oder kirchliche Beförderungen, aber schließlich Schande.

Mit Saturn: Melancholie, lerneifrig, unruhig und nervös, Einsiedler, Schriftsteller, häuft Reichtum auf geizige Art und Weise an, lebt oft allein, aber wenn verheiratet Gefahr von Trennung und Scheidung, in großen Kummer eingehüllt, langes Leben.

Deneb Okab – (23.49 Steinbock, der Schwanz des Adlers) – Fähigkeit zu befehlen, Liberalität, Erfolg im Krieg und Wohltätigkeit.

Deneb (Adige) – (5.30 Fische, der Schwanz des Schwans) – kluger Verstand, geniale Art, schnell im Lernen.

Deneb Algedi – (23.34 Wassermann, der Schwanz der Ziege) – Wohltätigkeit und Destruktivität, Trauer und Glück, Leben und Tod.

Am Medium Coeli: große Glorie, Ruhm, Reichtum, Würde und Autorität durch die Hilfe eines alten Geistlichen oder einer einflussreichen Person.

Mit der Sonne: Verlust durch falsche Freunde, hohe Stellung, aber am Ende Schande und Ruin, Verlust von Geld oder Eigentum, Krankheit, Sorgen durch Kinder.

Mit Mond: große Schwierigkeiten in allem, Erfolg nach langer geduldiger Arbeit, aber schließlich Verlust der Stellung.

Mit Merkur: Melancholie, Aufgabe, einsam, ungepflegt oder zerlumpt, Student der Natur, Wissenschaft oder Philosophie, beschäftigt mit dem Fangen von Tieren, Reptilien, Schlangen oder giftigen Käfern, die dem Geborenen nicht schaden.

Mit Venus: manche geheime Sehnsucht, die nie befriedigt wird, häusliche oder familiäre Schwierigkeiten.

Mit Mars: Gefahr von Feinden, Unfälle, Ehre und Beförderung, aber viele Streitereien und letztendlich Schande, gewaltsamer Tod.

Mit Jupiter: Enttäuschung bezüglich geheimer Wünsche, falsche Freunde, Verlust durch das Gesetz, Kirche und Verwandte.

Mit Saturn: große Macht über Tiere oder giftige Reptilien, gleichgültig gegenüber dem Studieren, Wissen um viele Naturgeheimnisse, gefürchtet, unangenehme Erscheinung und Leben, schlecht für Gewinn und Ehe, Tod und Trennung von den Eltern in der Jugend, abgeschieden am Ende des Lebens.

Denebola (21.47 Jungfrau, der Schwanz des Löwen) – schnelles Urteil, Verzweiflung, Reue, öffentliche Schande, Unglück durch die Naturelemente, Glück wandelt sich zu Wut, edel, kühn, selbst kontrolliert, großzügig, beschäftigt mit Angelegenheiten anderer Leute.

Am Aszendenten: Reichtum, Beförderungen und Glück begleitet von vielen Gefahren und Ängsten durch eigene Torheit, Vorteile bleiben selten bestehen, Schwierigkeiten und Krankheit.

Mit Sonne: Ehre und Beförderungen mit Gefahr, öffentliche Schande und endgültiger Ruin, Krankheit, Fieber, Säure, akute Leiden, Tod durch Selbstmord.

Mit Mond: Ehre und Beförderungen unter Ordinären, aber endgültige Schande und Ruin, heftige Krankheit eines lebenswichtigen Organs, Blindheit und Verletzungen an den Augen, Unfälle, Verluste durch Diener, häusliche Streitereien, zeitweilige Trennung vom Ehepartner.

Mit Merkur: viele Verluste durch Agenten oder Diener und durch Schriften, schlecht für Gewinn, Verlust eines Familienmitglieds durch eine schlimme oder ansteckende Krankheit.

Mit Venus: starke Leidenschaften, früh im Leben in die Irre geführt, ruiniert durch Liebesbeziehungen.

Mit Mars: bitter, rachsüchtig, grausam, unbeliebt, Verlust der Stellung und öffentliche Schande.

Mit Jupiter: Stolz, Heuchelei, enttäuschtes Leben, Schwierigkeiten im Ausland oder durch Verwandte, geheime Feinde, Gefahr durch Gefängnisstrafe oder Todesurteil.

Mit Saturn: kritisch, beschwert sich ständig, viele Feinde, Verlust durch Diener und Diebe, unglückliches Leben, häuslicher Kummer, leidende Frau oder Kinder geistig behindert oder missgebildet.

Deneb Kaitos, siehe Difda

Difda (2.46 Widder, Cetus, auch Deneb Kaitos, der Schwanz des Wals) – Selbstzerstörung durch brutale Gewalt, Krankheit, Schande, Unglück, zwangsweise Veränderung.

Mit Sonne: Geistesstörung, deutlich zu spürender Verlust, Unfälle wie Verbrennungen, Verbrühungen und Schnitte.
Mit Mond: Pionier, leichtsinnig, eigensinnig, Jähzorn, viele Streitereien, schlecht für Gewinn und Geschäft.
Mit Merkur: aktiver Geist, Schriftsteller oder Redner über Themen der öffentlichen Wohlfahrt, versucht, Gesetze zum Wohle der Gemeinschaft zu erlassen, günstig für Soziales.
Mit Venus: reserviert, leidenschaftlich, viele geheime Liebesaffären.
Mit Mars: leidenschaftlich, gewalttätig, unterliegt Unfällen und Verletzungen am Kopf, Fieber, Schande und Verderben durch eigene Handlungen.
Mit Jupiter: Hohe rechtliche oder kirchliche Position, aber Gefahr des Umschwungs, Verrat durch geheime Feinde, Verlust durch Spekulation.
Mit Saturn: unreiner Geist, Angst, geheimes Fehlverhalten, unharmonische Umwelt.

Dirah (5.26 Krebs) – Kraft, Energie, Leistung, Schutz.

Dorsum (13.58 Wassermann) – Unglück, mit Mars oder Sonne auch Bisse von giftigen Kreaturen.

El Nath (22.45 Zwillinge, der vor den Kopf Stoßende) – Vermögen, Eminenz, Neutralität für gut oder böse.

Mit Sonne: kirchliche Beförderungen, Ehren durch Wissenschaft, Religion oder Philosophie.

Mit Mond: Streit mit fragwürdigen Mitarbeitern, Geschäftserfolg, Umgebung schädlich durch Frau, Partner oder Verwandte.

Mit Merkur: Gunst von Vorgesetzten, aber Feindschaft von Kollegen, Aufstieg in hohe Position oder wechselt den Beruf, günstig für Gewinn, aber viele kleine Verluste, häusliche Ausgaben, oft gezwungen, eine körperlich behinderte Person zu unterstützen.

Mit Venus: günstig für Gewinn, Feinde, die machtlos sind, zu verletzen.

Mit Mars: guter Anwalt, Redner und Debattierer, schlagfertig.

Mit Jupiter: Erfolg in rechtlichen und kirchlichen Angelegenheiten, günstig für Gewinn und Erbe.

Mit Saturn: zurückhaltend, nachdenklich, schlecht gelaunt, häuft Geld an, günstig für häusliche Angelegenheiten, Gewinn durch Verwandte, kann den Start ins Leben durch ein Vermächtnis erhalten.

Ensis (23.00 Zwillinge) – Blindheit, mangelhaftes Sehvermögen, Verletzungen an den Augen, Krankheit und ein gewaltsamer Tod.

Facies (8.27 Steinbock) – Blindheit, mangelhaftes Sehvermögen, Krankheit, Unfälle, gewaltsamer Tod.

Fomalhout (4.02 Fische, das Maul der Fische) – sehr glücklich und leistungsfähig, verursacht dennoch Bosheit von erheblichem Umfang, großartige Möglichkeiten und Charakter, Wandel von einer materiellen zu einer spirituellen Ausdrucksform.

Am Aszendenten oder Medium Coeli: große und bleibende Ehren.

Mit Sonne: zerstreut, leicht durch niedere Begleiter beeinflusst, Gewinn durch Erbe, aber unproduktiv, leidet eventuell durch einige begangene Verbrechen, Gefahr durch Bisse von giftigen Kreaturen.

Mit Mond: geheime Geschäfte verursachen viel Ärger und Feindschaft, aber eventueller Gewinn nach den Schwierigkeiten.

Mit Merkur: viele Verluste und Enttäuschungen, Pech in Geschäften, besserer Diener als Meister, schreibt oder erhält geheime Briefe, Sorgen durch Verleumdung, Freiheitsstrafe oder beschädigten Ruf, häusliche Schwierigkeiten, Krankheit mit Natur des Saturns.

Mit Venus: geheime und leidenschaftliche Liebesbeziehung, einige Einschränkungen im Leben, Enttäuschungen, leicht in die Irre geführt.

Mit Mars: bösartig, leidenschaftlich, rachsüchtig, viele geheime Feinde, anfällig für Schande und Ruin, Gefahr durch Bisse von giftigen Kreaturen.

Mit Jupiter: sympathisch, karitativ, Ehre in der Kirche, Freimaurerei oder Geheimgesellschaften, viele Reisen.

Mit Saturn: Unfälle, Krankheiten mit Auswirkungen auf Lunge, Hals und Füße, Verlust durch Feinde, merkurartige Angelegenheiten, Freunde, Gruppen und Unternehmen, fälschlicherweise beschuldigt, Affären am Ende des Lebens, plötzlicher Tod und um ihre Rechte betrogene Familie.

Foramen (22.18 Waage) – Gefahr, Würde, Frömmigkeit, Zweckmäßigkeit und Raffgier, Gefahr für die Augen.

Mit Sonne: Gefahr durch Schiffbruch.

Giedi (4.02 Wassermann) – Wohltätigkeit, Opfer und Opfergaben.

Mit Sonne: eigenartige Ereignisse, unerwartete Verluste und Gewinne, manchmal großes Glück.

Mit Mond: eigenartige und unerwartete Ereignisse, exzentrisch, öffentliche Kritik, neue und einflussreiche Freunde, wertvolle Geschenke, die Liebe von anständigen Frauen, aber Schwierigkeiten und manchmal platonische Ehe.

Mit Merkur: romantisch, übersinnlich, schwankend, schlecht für Gewinn, viele Liebesbeziehungen, von denen einige schlechten Ruf verursachen, kann mit verheirateten Personen durchbrennen.

Mit Venus: viele seltsame und unerwartete Ereignisse, besondere und romantische Ehe, kann für Jahre vom Partner durch geheime staatliche oder politische Gründe getrennt werden, die noch nicht einmal der Geborene kennt.

Mit Mars: abrupt, aggressiv, viel Kritik, öffentliche Stellung.

Mit Jupiter: Regierungsposition, Beförderungen in Rechtswesen oder Kirche, Ehe im Ausland, günstig für Gewinn und Erbe.

Mit Saturn: Genie, aber durch Umstände zurückgehalten, eigenartige und okkulte frühe Umgebung, Geburt inmitten seltsamer Bedingungen, während die Mutter auf Reisen ist, häufiges und knappes Entkommen, mit der Bühne verbunden, heiratet selten, ungünstig für Gewinn.

Graffias (3.21 Schütze) – extreme Bösartigkeit, Unbarmherzigkeit, Grausamkeit, Widerwärtigkeit, Bosheit, Diebstahl, Verbrechen, Seuchen und ansteckende Krankheiten.

Am Aszendenten: Reichtum und mit Gefahr verbundene Beförderungen, Gewalt, Schwierigkeiten, Krankheit, selten bleibende Vorteile.
Mit Sonne: materialistisch, zu aktiver Geist, kirchliche Schwierigkeiten, schlechte Gesundheit, ansonsten ähnlich der Auswirkung des Aszendenten.
Mit Mond: große Macht, Ehre, Reichtum, Geschenke, Schwierigkeiten Erbe zu erhalten, materialistisch, an unbeliebten Ideen interessiert, kritisiert, Erfolg nach vielen Schwierigkeiten, ansonsten der Auswirkung am Aszendenten ähnlich.
Mit Merkur: dumpfer Geist, Schwierigkeiten beim Ausdruck oder mangelhafte Sprache, Geschenke, Schwierigkeiten beim Erhalt des Erbes, schließlich aber erfolgreich.
Mit Venus: unehrlich, Selbstsucht, energisch, fähig, günstig für Gewinn.
Mit Mars: sportlich, leidet unter Überanstrengung, geht bis zum Äußersten, aktiver Geist, günstig für Geldangelegenheiten, aber extravagant und hat viele Schulden.
Mit Jupiter: überkritisch, tatsächlicher oder vorgegebener religiöser Eifer, Hinterlassenschaften verbunden mit juristischen Schwierigkeiten.
Mit Saturn: vorsichtig, gerissen, selbstsüchtig, betrügerisch, unehrenhaft, progressive Ideen, religiös, aber heuchlerisch, stolz auf das Heim, Verlust durch Feuer oder Wasser, Gewinn durch Ehe und Partnerschaft, wenige Kinder, langes Leben.

Hamal (7.50 Stier, die Todeswunde, das folgende Horn) – Brutalität, Gewalt, Grausamkeit, vorsätzliches Verbrechen.

Mit Sonne: Zerstreuung, böse Kollegen, Verlust, Schande.

Mit Mond: geduldig, langsamer Erfolg durch harte Arbeit, Schwierigkeiten durch Liebesbeziehungen, aber günstig für die Ehe, Gewinne des Ehepartners durch Geschäfte oder Spekulation.

Mit Merkur: stumpfer Geist, viele Freunde, große Entschlossenheit, taktvoll, stark beeinflusst durch Ehepartner.

Mit Venus: gut aussehend, ruhig, neidisch, eifersüchtig, häusliche Probleme, schlechte Gesundheit des Geborenen oder der Familie.

Mit Mars: Gewalt, kriminelle Tendenzen, einflussreiche Position, aber am Ende Schande und Ruin.

Mit Jupiter: zerstreut, überkritisch, rechtliche oder kirchliche Beförderungen, Verlust durch Spekulation.

Mit Saturn: zurückhaltend, nachdenklich, kritisch, sarkastisch, materialistisch, interessiert in Geologie oder Landwirtschaft, etwas häusliches Glück, günstig für Gewinn.

Han (9.24 Schütze) – Schwierigkeiten, Schande.

Mit Sonne: Krankheit, Schande, Ruin.

Mit Mond: Schande, Ruin, Beschwerden betreffen die (Körper-)Teile, die durch Schütze beherrscht werden.

Hyaden, siehe **Prima Hyadum**

Isidis (2.44 Schütze) – plötzliche Angriffe, Bosheit, Unmoral, Schamlosigkeit.

Mit Sonne: unmoralisch, ausschweifend, niedere Mitarbeiter, viele Sorgen.

Mit Mond: reserviert, misstrauisch, schlecht für geschäftlichen Erfolg, Schande, Verlust von Pferden und Vieh.

Mit Merkur: überkritisch, böser Geist, niedere Mitarbeiter, Gefängnis, bösartige Erkrankungen, aber Chancen für eine Genesung, kriminell, Geheimnisse in Verbindung mit dem Leben oder der Abstammung, häusliche Disharmonie.

Mit Venus: ruhig, zurückhaltend, eifersüchtig, egoistisch, günstig für Gewinn.

Mit Mars: unmoralisch, kriminell, gewalttätig, schlechte Umgebung, plötzlicher oder gewaltsamer Tod.
Mit Jupiter: hinterlistig, unehrlich, ausschweifend, niedere Gefährten, Gefahr der Inhaftierung.
Mit Saturn: schwankend, starke Leidenschaften, schlechte Gewohnheiten, niedere Mitarbeiter, kann durch Familie enteignet werden, mehrere unglückliche Ehen, früher Tod des liebsten Kindes, Tod durch Tuberkulose.

Khambalia (7.00 Skorpion, die krumme Kralle) – schnelle Gewalt, Unzuverlässigkeit, Wandelbarkeit, argumentative Natur.

Labrum (26.51 Jungfrau, der Heilige Gral) – Idealität, übersinnliche Kraft, Intelligenz, Ehre und Reichtum in Schande und gereinigt zur Erlösung.

Am Aszendenten: kirchliche Beförderungen, sehr viel Glück.

Lesath (24.11 Schütze, der Stachel) – Gefahr, Verzweiflung, Unmoral, Bosheit, ätzende Gifte.

Manubrium (15.10 Steinbock) – Blindheit, Explosionen, Feuer, auflodernde Hitze, Heldentum, Mut, Auflehnung.

Markab (23.40 Fische) – Ehre, Reichtum, Glück, Gefahr durch Fieber, Schnitte, Schläge, Stiche, Feuer, gewaltsamer Tod.

Am Medium Coeli: Schande, Ruin, gewaltsamer Tod.
Mit Sonne: energisch, tatkräftig, unglücklich, vergängliche Kriegsehrungen, enttäuschte Ambitionen, Unfälle, Krankheit.
Mit Mond: Verletzungen durch Feinde, schlecht für Gewinn und häusliche Angelegenheiten, ziemlich gute Gesundheit, aber viele Unfälle.
Mit Merkur: guter Verstand, hastig und eigensinnig, schnell in der Rede, diplomatisch, fähiger Schriftsteller, kritisiert, Freunde werden zu Feinden, schlecht für Gewinn.
Mit Venus: schlechte Mitarbeiter, Trinken und andere Exzesse, schlecht für Gewinn.

Mit Mars: streitsüchtig, gewalttätig, viele Schwierigkeiten und Verluste durch merkurartige Angelegenheiten.
Mit Jupiter: Schwierigkeiten und Verlust durch Rechtsangelegenheiten, Gefahr durch Gerichtsurteile, Verbannung oder Exil.
Mit Saturn: in Armut geboren, Gefängnis oder Asyl, kann verlassen werden, hartes Leben, Freiheitsstrafen für Verbrechen, wenige Freunde, ungünstig für häusliche Angelegenheiten, Tod unter ähnlichen Bedingungen wie die Geburt.

Markeb (29.03 Jungfrau) – Frömmigkeit, ein breites Wissen, Bildungsarbeit, Reisen.

Am Aszendenten: profitable Reisen mit jupiterartigen und saturnartigen Menschen, bei denen der Geborene ernst und diskret ist, aber viele Verletzungen erleidet, die letztlich sich zum Guten wenden.

Menkalinan (0.05 Krebs, die Schulter des Wagenlenkers) – Ruin, Schande, gewaltsamer Tod.

Menkar (14.30 Stier) – Krankheit, Schande, Ruin, Verletzungen durch Tiere, Unwohlsein, Verlust von Vermögen.

Am Aszendenten: Vermächtnisse und Erbschaften mit viel Schlechtem verbunden.
Am Medium Coeli: Schande, Ruin, Gefahr durch Vieh und große Tiere.
Mit Sonne: große Schwierigkeiten, Krankheit, Halserkrankungen, Vermächtnisse und Erbschaften mit viel Bösem verbunden, Verlust von Geld, Ausfall von Ernten.
Mit Mond: psychische Angstzustände, gehasst von den Vulgären, böswillige Frauen, Gefahr durch Diebe, Krankheit des Geborenen und der Familie, Verlust des Ehepartners oder eines engen Verwandten, Streit, juristische Niederlagen, Vermächtnisse und Erbschaften mit viel Bösem verbunden.
Mit Merkur: Schwierigkeiten durch Schriften, Schwierigkeiten bei der Zahlung von Hypotheken, schlecht für Gewinn, schlechte Gesundheit des Ehepartners oder eines Verwandten, Vernichtung von Ernten.

Mit Venus: starke und unkontrollierte Leidenschaften, Eifersucht, häusliche Disharmonie und vorübergehende Trennung, schlechte Gesundheit des Ehepartners.

Mit Mars: bösartige Mitarbeiter, unmoralisch, gewalttätig, mörderisch, gewaltsamer Tod.

Mit Jupiter: betrügerisch, unehrlich, Wanderleben, Gefangenschaft, Verbannung, Gerichtsurteil.

Mit Saturn: selbstsüchtig, egoistisch, verursacht Unglück für andere, viel Krankheit, schlecht für Gewinn.

Mintaka (22.32 Zwillinge, der Gürtel des Orion) – Glück.

Mit Sonne: diskret, zurückhaltend, etwas wechselhaft.

Mit Mond: aktiv, scharf, wachsam bei geschäftlichen Angelegenheiten, öffentliche Position, viele Feinde, erfolgreicher bei geschäftlichen Angelegenheiten.

Mit Merkur: lernbegierig, liebt Abgeschiedenheit, bewusster und fixierter Geist, wenig Sympathie für oder Meinungsverschiedenheiten mit Verwandten, schlecht für Gewinn.

Mit Venus: öffentliche Stellung, Feindschaft von Frauen, Enttäuschungen in der Liebe.

Mit Mars: energisch, schnelle Auffassungsgabe, guter Redner und Debattierer, streitsüchtig, starke Leidenschaften.

Mit Jupiter: hohe Position in Rechtswesen oder Kirche, wissbegieriger und philosophischer Geist, Gewinn durch Erbe.

Mit Saturn: weitsichtig, lernbegierig, guter Menschenkenner, übersinnlich, häusliche Disharmonie, Krankheit der Familie.

Mirach (00.35 Stier, Gürtel der Andromeda) – persönliche Schönheit, ein brillanter Verstand, Liebe zur Heimat, große Hingabe, Wohltätigkeit, Vergebung, Liebe, Sieg durch Güte, Ruhm, Glück in der Ehe.

Mit Sonne: Schwierigkeiten durch das andere Geschlecht, Enttäuschungen in den Erwartungen, aber ansonsten günstig.

Mit Mond: Schwierigkeiten durch das andere Geschlecht wegen Indiskretionen, schlecht für häusliche Angelegenheiten, Ehre durch Kriegsangelegenheiten.

Mit Merkur: wechselhaft, instabil, eigenartige Ereignisse, viele Reisen und Veränderungen, wenig Erfolg.
Mit Venus: üppig, schlechte Moral, Skandal, Trinken oder Drogeneinnahme spät im Leben.
Mit Mars: schlechte Manieren, ungestüm, böse Verbindungen, eventuell Landstreicher.
Mit Jupiter: Hilfe von Frauen, Gefahr durch Skandal, viele Reisen, rechtliche oder kirchliche Schwierigkeiten.
Mit Saturn: starke Leidenschaften, Ausschweifung, mechanisches Genie, fehlgeleitete Talente.

Nashira (21.58 Wassermann) – vom Bösen überwältigt, welches sich zum Erfolg wendet, Gefahr von Tieren.

Nördliche Waagschale (19.32 Skorpion, der ausreichende Preis) – Glück, hohe Ambitionen, Wohltätigkeit, Ehre, Reichtum, dauerhaftes Glück.

Am Medium Coeli oder Aszendenten: Ehre, Beförderungen, Glück.
Mit Sonne: großes Glück, hohe Position, vorübergehende Schwierigkeiten erweisen sich schließlich als vorteilhaft.
Mit Mond: aktiver Geist, Organisationstalent, Vorteile durch Nachrichten und einflussreiche Freunde, wertvolle Geschenke, verwendet den Namen eines Freundes, um Geld zu erhalten, aber die Angelegenheit wird freundschaftlich beigelegt, hohe Position, Liebe einer ehrbaren Frau.
Mit Merkur: aktiv, wachsam, Gefälligkeiten von einflussreichen Menschen, gute Position, viel Aufwand, Vorteile durch Schriften.
Met Venus: sozialer Erfolg, Hilfe von Frauen, günstig für Liebesbeziehungen und Ehe.
Mit Mars: hohe Ambitionen, Erfolg durch Energie, einflussreiche Position, überzeugender Schriftsteller und Sprecher.
Mit Jupiter: philosophischer Geist, kirchliche oder juristische Beförderungen, fähiger Schriftsteller oder Redner, einflussreiche Freunde.
Mit Saturn: vorsichtig, zurückhaltend, lernbegierig, sparsam, analytisch, guter Chemiker oder Detektiv, guter Menschenkenner, frühe Verluste, von denen man sich nie vollständig erholt, günstig

für Gewinn und häusliche Angelegenheiten, Krankheit der Kinder in der Kindheit.

Oculus (4.51 Wassermann, das Auge) – mit Merkur: kluger und durchdringender Verstand.

Pelagus (12.33 Steinbock) – Wahrhaftigkeit, Optimismus, religiöser Geist.

Mit Sonne: einflussreiche öffentliche Position, günstig für häusliche und Familienangelegenheiten.
Mit Mond: erfolgreicher Schriftsteller für Wissenschaft, Philosophie, Bildung oder Landwirtschaft, unorthodox in Religion, besiegt Feinde, viele Freunde, Krankheit von der Natur Saturns.
Mit Merkur: hohe Regierungsposition, Kritik vom Volk, Wohlstand, Sorgen wegen Krankheit der Ehefrau oder Mutter.
Mit Venus: Herz herrscht über Kopf, Gefälligkeiten vom anderen Geschlecht, viele Freunde.
Mit Mars: reserviert, diplomatisch, starker Geist, mutig, energisch, unkompliziert, falsche Freunde, günstig für Gewinn.
Mit Jupiter: diplomatisch, philosophischer Geist, Schriftsteller, kirchliche oder juristische Beförderungen.
Mit Saturn: nachdenklich, zurückhaltend, selbstbezogen, Erfolg erst nach 50, Ehrgeiz von Feinden durchkreuzt, Gefahr von Schande, Reichtum am Ende des Lebens, Schwierigkeiten für Eltern, günstige Ehe spät im Leben, in der Regel mindestens ein Kind.

Phact (22.21 Zwillinge) – Wohltätigkeit, Hoffnung, Glück.

Plejaden (ca. 0.00 Zwillinge) – rücksichtslos, ehrgeizig, turbulent, Reisen und Fahrten, Erfolg in der Landwirtschaft durch aktive Intelligenz, Blindheit, Schande, gewaltsamer Tod, böse, Enttäuschungen.

Am Aszendenten: Blindheit, Augenentzündung, Verletzungen an Augen und Gesicht, Schande, Wunden, Stiche, Exil, Gefängnis, Krankheit, heftiges Fieber, Streit, heftige Lust, militärische Beförderungen.

Am Medium Coeli: Schande, Ruin, gewaltsamer Tod, wenn auch mit einem der Lichter: militärischer Erfolg.

Mit Sonne: Halserkrankungen, chronischer Katarrh, Blindheit, schlechte Augen, Verletzungen im Gesicht, Krankheit, Schande, böse Gesinnung, Mord, Gefängnis, Tod durch Seuchen, Schläge, Stiche, Schießereien, Enthauptung oder Schiffbruch.

Mit Mond: Verletzungen im Gesicht, Krankheit, Unglück, Wunden, Stiche, Schande, Gefängnis, Blindheit, defektes Sehvermögen.

Mit Merkur: viele Enttäuschungen, Verlust von Besitz, großer Verlust durch Rechtsstreitigkeiten, geschäftliches Versagen, Schwierigkeiten durch Kinder.

Mit Venus: unmoralisch, starke Leidenschaften, Schande durch Frauen, Krankheit, Verlust des Vermögens.

Mit Mars: viele Unfälle am Kopf, Verlust und Leiden durch Brände.

Mit Jupiter: Betrug, Heuchelei, rechtliche und kirchliche Schwierigkeiten, Verlust durch Verwandte, Verbannung oder Freiheitsstrafe.

Mit Saturn: vorsichtig, viele Krankheiten, Tumorerkrankungen, chronische Krankheit in der Familie, viele Verluste.

Polaris (28.45 Zwillinge, der Polarstern) – viele Krankheiten, Schwierigkeiten, Verlust des Vermögens, Schande und große Leiden, Vermächtnisse und Erbschaften mit viel Bösem verbunden.

Mit Sonne: viele Schwierigkeiten und Übel.

Mit Mond: gehasst von Vulgären, Feindseligkeiten von Frauen, Gefahr durch Diebe.

Polis (3.23 Steinbock) – Erfolg, hohe Ambitionen, kriegerisches Verlangen, Reitkunst, schnelle Auffassungsgabe und Dominanz.

Pollux (23.23 Krebs, Herkules) – subtil, schlau, geistreich, mutig, kühn, grausames und hastiges Wesen, Liebe zum Boxsport, ausgeprägte Bosheit, Gifte.

Am Aszendenten: schlechte Augen, Blindheit, Verletzungen im Gesicht, Krankheit, Wunden, Gefangenschaft, kurzlebige Ehren und Beförderungen.

Am Medium Coeli: Ehre und Beförderung, aber Gefahr von Schande und Ruin.

Mit Sonne: okkulte und philosophische Interessen, Schläge, Stiche, schwere Unfälle, Schießen, Schiffbruch, Mord, schwere Krankheiten und Leiden, Fieber, Magenleiden, böse Gesinnung, Reichtum und Ehre, aber am Ende Ruin, Blindheit, Kopf- und Gesichtsverletzungen, Streit, Vergewaltigung, Verbannung, Gefängnisstrafe wegen Unterschlagung, gewaltsamer Tod, Enthauptung.

Mit Mond: gehasst von Vulgären, Feindseligkeiten von Frauen, Gefahr durch Diebe, gewaltsamer Tod, Macht, Stolz, Krankheit, Unheil, Wunden, Gefangenschaft, Verletzungen im Gesicht, defektes Sehvermögen, Blindheit; *zusätzlich mit Mars:* Tod durch Ertrinken, Ersticken oder Ermordung.

Mit Merkur: unausgeglichener Geist, unbeliebter und eigenartiger Beruf, Schwierigkeiten mit dem Vater durch Verwandte oder Feinde, häusliche Disharmonie, Angst, Verlust durch Immobilien und Minen.

Mit Venus: starke und unkontrollierte Leidenschaft, Gefahr der Verführung, wenn weiblich, Verlust durch Frauen, Gefahr durch Gift.

Mit Mars: Gewalt, Mord, hohe Position, aber endgültiger Ruin, gewaltsamer Tod durch Ersticken, Ertrinken oder Mord, vor allem, wenn der Mond ebenfalls dabei ist.

Mit Jupiter: Rechtsverluste, hohe Position, aber Gefahr der Schande, Schwierigkeiten durch Verwandte, Verbannung, Gefangenschaft.

Mit Saturn: schlechte Laune, verbittert, sarkastisch, Verlust von Arm oder Bein, Verlust der Eltern oder Schwierigkeiten durch Stiefeltern, große Hilfe von einem Freund, Mangel an Bildung, plötzlicher Tod während der Berufsausübung durch Pferde oder große Tiere.

Praesepe (7.22 Löwe, die Ausatmung aufgehäufter Leichen, die Krippe, der Bienenstock, mit den Eseln als »der wolkige Punkt im Krebs«) – Krankheit, Blindheit, Schande, Abenteuer, Unverschämtheit, Ausgelassenheit, Brutalität, gewerbliche Fruchtbarkeit, Blutvergießen, Verluste, Kämpfe.

Am Aszendenten: Blindheit, besonders des linken Auges, Augenentzündungen, Verletzungen im Gesicht, Krankheit, heftiges Fieber, Wunden an Gesicht und Armen, Stiche, starke Lust, Gefängnis, Exil.

Am Medium Coeli: Schande, Ruin, gewaltsamer Tod.

Mit Sonne: üble Gesinnung, Mord, Schläge, Stiche, schwere Unfälle, Schießen, Schiffbruch, Hinrichtung, Verbannung, Gefangenschaft, heftige Erkrankungen, Fieber, Blutungen, Gerichtsprozesse, Gefahr von Tod durch Feuer, Eisen oder Steine, Gesichtsverletzungen, Wunden, schlechte Augen.

Mit Mond: Stiche, Wunden, Verletzungen im Gesicht, Krankheit, Blindheit, Augenverletzungen.

Prima Hyadum (5.59 Zwillinge, Chef der Hyaden) – Tränen, plötzliche Ereignisse, Gewalt, Wildheit, Vergiftungen, Blindheit, Wunden, Verletzungen am Kopf durch Instrumente, Waffen oder Fieber, Missgeschick, Enttäuschungen.

Am Aszendenten: Blindheit, schlechte Augen, Gesichtsverletzungen, Wunden, Stiche, Gefängnis.

Am Medium Coeli: Schande, Ruin, gewaltsamer Tod.

Mit einem der Lichter, am Medium Coeli oder am Aszendenten: Militärführer.

Mit Sonne: üble Gesinnung, Geistesstörung, Versagen beim Studieren, verwirrtes Denken, Unglück, Mord, Tod durch Schläge, Stiche, Schießereien oder Schiffbruch.

Mit Mond: taktvoll, anständige Fähigkeiten, mit dem Schreiben verbundene Schwierigkeiten, fälscht eventuell den Namen eines Arbeitgebers oder Freundes und entkommt dadurch am Ende einer Bestrafung und behält die Position, anfällig für Krankheit und Schande, Gefahr der Erblindung oder von Augenverletzungen.

Mit Merkur: schnelle Auffassungsgabe, nachtragend, hastiges Temperament, brütet über kleinen Problemen, günstig für Gewinn.

Mit Venus: viele Erfüllungen, künstlerisch, Fähigkeit zu schreiben und zu malen, starke Leidenschaften, die die Arbeit beeinflussen.

Mit Mars: abrupt, tapfer, aggressiv, mutig, Mangel an Konzentration.

Mit Jupiter: ehrgeizig, unehrlich, rechtliche Schwierigkeiten, Streit mit Verwandten, Gerichtsurteil.

Mit Saturn: zurückhaltend, vorausdenkend, alles verschlingender Leser, wissenschaftlich, Erfolg, aber wenig Prominenz, Sorgen und Belästigungen durch Verwandte.

Princeps (3.19 Skorpion, der Prinz) – eifriger, wissbegieriger und tiefgründiger Geist, Fähigkeit für Forschung.

Am Aszendenten: gutes Schicksal mit Mühen, Unzufriedenheit und Angst, eher durch eigene Unbesonnenheit als durch Umstände verursacht.

Procyon (25,57 Krebs) – Aktivität, Gewalt, plötzliche und heftige Gehässigkeit, plötzliche Beförderung durch eigene Anstrengung, Beförderung endet in Katastrophe, Gefahr von Hundebissen und Tollwut, launisch, frech, Schwindel, schwächlich, ängstlich, unglücklich, stolz, leicht verärgert, leichtsinnig, gewalttätig.

Am Aszendenten: kunstvoll, schlau, heuchlerisch, Reichtum durch Gewalt und Raub, Lust, Zügellosigkeit, Verschwendung und Ruin, militärische Beförderungen, Streitereien, Verlust im Handel oder durch Diener.

Mit der Sonne: große Hilfe von Freunden, Schenkungen und Erbschaften, wenn nicht verletzt.

Mit Mond: okkulte Interessen, ruhelos, bleibt nie lange an einem Ort, Streit mit Freunden, Partnern und Arbeitgebern.

Mit Merkur: okkulte Interessen, unbedeutende Position in der Verwaltung der Regierung, Schwierigkeiten und Skandale durch das andere Geschlecht, günstig für Gesundheit und Gewinn.

Mit Venus: viele Vorteile durch einflussreiche Freunde, die mit der Kirche verbunden sind, günstig für Gewinn.

Mit Mars: Grausamkeit, Gewalt, Skandal, Verleumdung, Schande, Ruin, Gefahr von Hundebissen.

Mit Jupiter: viele Reisen, Schwierigkeiten durch Verwandte und die Kirche oder das Gesetz, Hilfe von Freunden.

Mit Saturn: gutes Urteilsvermögen, hohe Vertrauensposition, oft in Zusammenhang mit Land, wird eventuell durch älteres Ehepaar adoptiert, von dem ein gutes Erbe erhalten wird, Vorteile durch ältere Freunde, gute Gesundheit, häusliche Harmonie, Ehe mit einem Partner höheren Standes.

Propus (9.15 Krebs) Stärke, hohes Ansehen, Erfolg.

Rasalhaque (22.37 Schütze, der Kopf des Schlangenbeschwörers) – Unglück durch Frauen, abartiger Geschmack, geistige Verkommenheit.

Mit Sonne: reserviert, nachdenklich, lernbegierig, misstrauisch, einsam, Reputation für Leichtathletik, wenig Wohlstand, kümmert sich nicht um die öffentliche Meinung.
Mit Mond: öffentliche Bekanntheit in religiösen Angelegenheiten, günstig für Gewinn.
Mit Merkur: unpopuläre Haltung, Kritik durch Religion, Philosophie oder Wissenschaft, Schwierigkeiten in der Ehe und in von anderen geförderte Streitereien, Schwierigkeiten durch das andere Geschlecht, nicht sehr gut für Gewinn.
Mit Venus: schnelle Auffassungsgabe, gebildet, vorsichtig, geheimnisvoll, misstrauisch, ungünstig für Gewinn.
Mit Mars: Schwierigkeiten durch Schriften, öffentliche Kritik im Zusammenhang mit Religion, Philosophie oder Wissenschaft, schlecht für Gewinn.
Mit Jupiter: diplomatische, religiöse oder juristische Beförderungen, aber mit etwas Kritik, günstig für Gewinn.
Mit Saturn: egoistisch, unbeliebt, entschlossen, feste Meinung, erfolgreich, etwas unehrlich, häusliche Disharmonie durch Eifersucht, Ehepartner kann Invalide sein, Verlust durch merkuriale Angelegenheiten.

Rastaban (12.07 Schütze) – Verlust von Eigentum, Gewalt, kriminelle Neigungen, Unfälle.

Mit Mond: Blindheit, Streit, Prellungen, Stiche, Schläge und Tritte von Pferden.

Regulus (29.59 Löwe, das Herz des Löwen, der kleine König) – gewalttätig, zerstörerisch, vorübergehende militärische Ehren mit letztendlichem Scheitern, Gefängnis, gewaltsamer Tod, großer Erfolg, hohe und erhabene Ideale und Kraft des Geistes, großmütig, großartig, liberal, großzügig, ehrgeizig, liebt Macht, möchte Befehle geben, temperamentvoll, unabhängig.

Am Aszendenten: große Ehre und Reichtum, aber Gewalt und Schwierigkeiten, Krankheit, Fieber, akute Erkrankungen, Vorteile selten von Dauer, großer Sieg über die Feinde, Skandal.

Am Medium Coeli: Ehre, Beförderung, Glück, hohes Regierungsamt, militärischer Erfolg; *wenn auch mit Jupiter, Sonne oder Mond:* große Ehre, großes Vermögen.

Mit Sonne: Macht, Autorität, großer Einfluss auf Freunde, Ehre und Reichtum, aber Gewalt, Schwierigkeiten und letztendlich Schande und Ruin, Krankheit, Fieber, Vorteile dauern selten an.

Mit Mond: okkulte Interessen, mächtige Freunde, Gefahr von Feinden und falschen Freunden, Gewinn durch Spekulation, öffentliche Bekanntheit, große Macht, Ehre, Vermögen, Vorteile dauern selten an, Gewalt, Ärger, Krankheit, temperamentvoll, unabhängig.

Mit Merkur: ehrenhaft, gerecht, beliebt, großzügig, von Gegnern missbraucht, Ruhm, Gewinn durch hohe Position.

Mit Venus: viele Enttäuschungen, unerwartete Ereignisse, heftige Anhaftungen, Schwierigkeiten durch Liebesaffären.

Mit Mars: Ehre, Ruhm, starker Charakter, öffentliche Bekanntheit, hohes Militärkommando.

Mit Jupiter: Ruhm, hohe Beförderung, vor allem militärischer Art, Erfolg in der Kirche.

Mit Saturn: gerecht, Freunde unter Geistlichen, Erfolg in Kirche oder Rechtswesen, gelehrt, Reichtum durch Spekulation, Firmen oder Freunde, stolz auf Haus und Familie, gute Gesundheit, Herzbeschwerden am Ende des Lebens; *wenn auch an einer Achse:* öffentliche Ehre und Ansehen.

Rigel (17.00 Zwillinge, der Fuß des Orion): Wohlwollen, Reichtum, Glück, Ehre, Ruhm, erfinderische oder mechanische Fähigkeiten.

Am Aszendenten: Glück, Beförderung, Reichtum, große und bleibende Auszeichnungen.

Am Medium Coeli: große militärische oder kirchliche Beförderungen, Wut, Ärger, Großmut, viel Gewinn durch Arbeit, psychische Angstzustände, dauerhafte Ehren.

Mit Sonne: kühn, mutig, frech, widerspenstiges Temperament, unüberlegtes Handeln, Blutvergießen, viele Feinde, großes Glück, militärischer Erfolg.

Mit Mond: viel Sorge und Enttäuschung, Verletzung von Leben und Glück, Krankheit, schlecht für Gewinn, Krankheit oder Tod von Frau oder Mutter.

Mit Merkur: bedeutende Position im Zusammenhang mit merkurartigen Angelegenheiten oder der Wissenschaft.

Mit Venus: Ehrungen oder Gefälligkeiten im mittleren Lebensalter, gute und einflussreiche Ehe vor allem für Frauen.

Mit Mars: widerspenstig, genial, beschäftigt sich mit mechanischen Dingen, große militärische Beförderungen.

Mit Jupiter: große juristische oder kirchliche Beförderungen, viele Reisen, profitiert von Außenpolitik, günstig für die Ehe.

Mit Saturn: Vorteile durch ältere Menschen, Geistliche und Rechtsanwälte, gerecht, diskriminierend, gut für Vermächtnis und Erbe, häusliche Harmonie, Gesundheit, langes Leben.

Sabik (18.08 Schütze) – Verschwendung, verlorene Energie, pervertierte Moral, Erfolg in bösen Taten.

Mit Sonne: aufrichtig, ehrenhaft, wissenschaftlich, religiöse und philosophische Interessen, unorthodox, ketzerisch, Zivilcourage, schlecht für Gewinn.

Mit Mond: geheime Feindschaft und Eifersucht, Schwierigkeiten durch Verwandte, erfolgreich, aber nicht wohlhabend, erfolgreich in der Zucht.

Mit Merkur: Verletzungen durch offene Feinde, wenig Hilfe von Freunden, geschäftliches Versagen, ziemlich gut für Gewinn, aber Rechtsverluste, Skandal durch Verwandte oder Ehepartner.

Mit Venus: musikalische und künstlerische Fähigkeiten, nicht sehr günstig für Gewinn.

Mit Mars: unorthodoxe oder häretisch religiöse Ansichten können Probleme verursachen, häusliche Harmonie, Schwierigkeiten durch Liebesaffären, schlecht für Gewinn.

Mit Jupiter: materieller Erfolg, Beförderungen in Kirche oder Rechtswesen, wird aber kritisiert, Gewinn durch große Tiere, Schwierigkeiten durch Verwandte.

Mit Saturn: fleißig, ausdauernd, wirtschaftlich, starke Leidenschaften, Schwierigkeiten durch einige aktive Indiskretion, die das ganze Leben beeinträchtigt, Schwierigkeiten und Enttäuschung in Liebesbeziehungen, geheime Hilfe von weiblichen Freunden, kann aber zu Skandal führen, Erfolg vor allem im letzten Teil des Lebens in Angelegenheiten irdischer oder schützeartiger Natur.

Sadalmelek (3.31 Fische) – Verfolgung, Rechtsstreitigkeiten, extreme und plötzliche Zerstörung, Todesstrafe.

Mit Sonne: okkulte Interessen, Berühmtheit im Okkultismus, Gewinn durch Unternehmen.

Mit Mond: Berühmtheit in okkulten Angelegenheiten, Erfolg in großen Unternehmen, günstig für Gewinn.

Mit Merkur: okkulte Interessen und Forschung, kritisiert, günstig für Freundschaft, Erfolg in großen Unternehmen, Verlust durch Diener.

Mit Venus: günstig für okkulte Forschung, Gewinn durch Freunde.

Mit Mars: Ruhm durch wissenschaftliche Entdeckungen oder Erfindungen, Vorteile bleiben nicht.

Mit Jupiter: Kirchlicher Erfolg, okkulte Interessen, kritisiert, Schwierigkeiten durch Feinde, Verlust durch Rechtsstreitigkeiten.

Mit Saturn: original, erfinderisch, übersinnlich, vorsichtig, zurückhaltend, praktisch, gutes Urteilsvermögen, Schwierigkeiten bei der Umsetzung von Ideen oder Erfindungen in die Praxis, Gewinn durch Unternehmen, Spekulation oder Angelegenheiten von bodenständiger Natur, chronische Erkrankungen von Frau und Kindern, günstig für Gewinn, langes Leben.

Sadalsuud (23.34 Wassermann) – Schwierigkeiten, Schande.

Mit Sonne: okkulte Interessen, übersinnlich, Reichtum durch das andere Geschlecht mit Rechtsstreitigkeiten, häusliche Harmonie.

Mit Mond: guter Ruf durch okkulte Angelegenheiten, Respekt von Freunden, günstig für Gewinn, eigenartige häusliche Bedingungen.

Mit Merkur: sozialer Erfolg, Gefälligkeiten vom anderen Geschlecht, aber einige vorübergehende Schwierigkeiten, Ruhestand wegen Missbrauchs der Position, plötzlicher Verlust durch Spekulation, häuslicher Kummer und Ärger.

Mit Venus: seltsame Ereignisse, romantische und eigenartige Ehe, bringt die Trennung aus Regierungs- und politischen Gründen mit sich.

Mit Mars: Schwierigkeiten durch okkulte Angelegenheiten, schlecht für Gewinn.

Mit Jupiter: Rechtsstreitigkeiten, materieller und sozialer Erfolg, Schwierigkeiten in der Ehe, kann im Ausland heiraten oder einen Ausländer.

Mit Saturn: scharfsinnig, schlau, unehrlich, unmoralisch, kalt, unsympathisch, hartherzig, schändet einen ehrenvollen Vater, hypnotischer Einfluss auf das andere Geschlecht, viele Intrigen zerstören das eigene Heim, Tod durch die Rache einer Frau.

Scheat (29.33 Fische) – extremes Unglück, Mord, Selbstmord, Ertrinken.

Mit Sonne: schlecht für Erfolg, Gefahr durch Wasser und Motoren, anfällig für Unfälle oder Ertrinken.

Mit Mond: Angst, Verlust und Gewinn von Freunden durch Kritik.

Mit Merkur: viele Unfälle und knappes Entkommen, vor allem auf dem Seeweg, viele Feinde, Schwierigkeiten durch Schriften, schlecht für die Gesundheit und häusliche Angelegenheiten.

Mit Venus: schlechte Umgebung, Leiden durch eigene Handlungen, Gefahr von Gefängnisstrafen und Beschränkungen.

Mit Mars: viele Unfälle, schlecht für Gewinn, Krankheit des Geborenen und von Verwandten.

Mit Jupiter: viele Reisen, Verluste durch Recht, Freunde und Verwandte, Gefahr von Gefängnisstrafen.

Mit Saturn: Gefahr von Tod in der Kindheit, schlecht für Gewinn und Vergnügen, häusliche Schwierigkeiten, Kälte und Verbrauch, Tod durch Ertrinken oder Unfälle.

Seginus (17.50 Waage) – subtiler Geist, Schamlosigkeit, Verlust durch Freunde und Unternehmen.

Mit Mond: Beförderung auf Umwegen, gefolgt von Schande und Ruin.

Sharatan (4.09 Stier) – Körperverletzungen, skrupellose Niederlage, Zerstörung durch Feuer, Krieg oder Erdbeben.

Sinistra (29.55 Schütze) – unmoralisch, gemein, schlampiges Wesen.

Mit Mond: lüstern, mutwillig, berüchtigt, skandalös, abhängig von Zauberei und Vergiftung.

Sirius (14.15 Krebs, der himmlische Wolf) – Ehre, Ruhm, Reichtum, Begeisterung, Treue, Hingabe, Leidenschaft und Groll, Aufseher, Verwalter, Schützer, Gefahr von Hundebissen.

Am Medium Coeli: hohes Regierungsamt, das großen Gewinn und Reputation verschafft.

Mit Sonne: Erfolg im Geschäft, mit Metallen oder anderen militärischen Angelegenheiten verbundene Berufe, häusliche Harmonie. *Wenn auch am Medium Coeli oder Aszendenten:* königliche Beförderungen.

Mit Mond: geschäftlicher Erfolg, einflussreiche Freunde des anderen Geschlechts, günstig für den Vater, gute Gesundheit, positive Veränderungen in Haus oder Geschäft.

Mit Merkur: großer geschäftlicher Erfolg, Hilfe von einflussreichen Leuten, unnötige Sorgen verbunden mit der Kirche, körperlicher Defekt durch Unfall.

Mit Venus: Leichtigkeit, Komfort, Luxus, extravagant, Gewinn durch Erbe.

Mit Mars: mutig, großzügig, militärische Beförderungen, Arbeit in Verbindung mit Metallen.

Mit Jupiter: geschäftlicher Erfolg, Reisen, Hilfe von Verwandten, kirchliche Beförderungen.

Mit Saturn: stetig, zurückhaltend, diplomatisch, gerecht, ausdauernd, hohe Position durch Freunde, günstig für zu Hause, Schenkungen und Vermächtnisse, häusliche Harmonie.

Skat (9.03 Fische) – gutes Schicksal, dauerhaftes Glück.

Mit Sonne: sensibel, emotional, übersinnlich, Kritik und Verfolgung wegen Medialität, aber Hilfe von Freunden.

Mit Mond: neue und einflussreiche Freunde verbunden mit Unternehmen, öffentliche Position, aber unbedeutend, wertvolle Geschenke, Liebe von respektablen Frauen.

Mit Merkur: besondere Ereignisse, okkulte Interessen, übersinnlich, viele Freunde.

Mit Venus: übersinnlich, okkulte Interessen, Freunde des anderen Geschlechts, günstig für Gewinn.

Mit Mars: energisch, Aufstieg durch Anstrengung, mechanische Entdeckungen oder Fähigkeiten.

Mit Jupiter: philosophisch, okkulter oder religiöser Geist, sozialer Erfolg, prominent in der Freimaurerei.

Mit Saturn: Schwierigkeiten durch das andere Geschlecht, viele Reisen und eigenartige Abenteuer, plötzliche Höhen und Tiefen, frühe Heirat, kann aber Frau verlassen oder verlassen werden, Bigamie, wird von Kindern getrennt, keine Hilfe von Freunden, schlecht für Gewinn und Gesundheit im späteren Teil des Lebens, stirbt eventuell im Armenhaus, Asyl oder Krankenhaus.

Südliche Schale (15.15 Skorpion, der unzureichende Preis, die südliche Klaue, Lucida Lancis) – Missgunst, Behinderungen, unversöhnlicher Charakter, Gewalt, Krankheit, Lügen, Verbrechen, Schande, Gefahr durch Gift.

Mit Sonne: Krankheit, Verlust im Geschäft und durch Feuer oder Spekulation, Schande, Ruin, Missgunst von Vorgesetzten, leidet durch falsche Anschuldigungen, Krankheit der Familie.

Mit Mond: Schwierigkeiten durch das andere Geschlecht, falsche Anschuldigungen, Schande, Ruin, psychische Ängste, Verlust von Angehörigen, viele Enttäuschungen, viele Erkrankungen, Krankheiten in jenen Teilen des Körpers, die durch das Zeichen regiert werden.

Mit Merkur: schlau, rachsüchtig, verräterisch, schneller Verstand, schlechte Gesundheit, schlecht für Gewinn, Schande, Armut am Ende des Lebens.

Mit Venus: schlecht für die Ehe, plötzlicher und zurückgezogener Tod, kann aufgrund von Eifersucht durch jemanden des eigenen Geschlechts vergiftet werden.

Mit Mars: bittere Streitereien, die Blutvergießen oder Tod mit sich bringen.

Mit Jupiter: Heuchelei, Betrug, Unehrlichkeit, vorgegebener religiöser Eifer für geschäftliche Zwecke, Gefahr von Gefängnisstrafen.

Mit Saturn: unehrenhaft, entflieht häufig der Verurteilung, aber leidet am Ende, eifersüchtig, aufbrausend, häusliche Disharmonie, schlecht für die Ehe, Gewinn und Hinterlassenschaften, elender Tod.

Spica (24.00 Waage, die Kornähre der Jungfrau) – Erfolg, Ruhm, Reichtum, liebliche Art, Liebe zur Kunst und Wissenschaft, Skrupellosigkeit, Unfruchtbarkeit, Ungerechtigkeit für Unschuldige.

Am Medium Coeli oder am Aszendenten: unbegrenztes Glück, Reichtum, Glück, kirchliche Beförderungen, unerwartete Auszeichnungen oder Aufstieg jenseits der Hoffnungen oder Kapazität des Geborenen.

Mit Sonne: große und dauerhafte Beförderung, herausragende Würde, enormer Reichtum, großes Glück der Eltern und Kinder des Geborenen, Hilfe von Freunden unter Geistlichen, günstig für rechtliche oder öffentliche Angelegenheiten.

Mit Mond: Gewinn durch Erfindungen, Erfolg, Reichtum und Ehre.

Mit Merkur: sauber, ordentlich, klug, scharfsinnig, Gefälligkeiten von Geistlichen und Autoritätspersonen, Gewinn durch Investitionen, verantwortungsvolle Position.

Mit Venus: Vorteile durch Freunde, sozialer Erfolg, falsche Freunde des eigenen Geschlechts.

Mit Mars: beliebt, sozialer Erfolg, gutes Urteilsvermögen, schnelle Entscheidungen, gewaltvoll im Streit, starr.

Mit Jupiter: beliebt, sozialer Erfolg, Reichtum, kirchliche Ehren und Beförderungen.

Mit Saturn: leicht misstrauisch, scharf oder rau, aber tut viel Gutes, okkulte Interessen, guter Redner, beliebt, viele Freunde, Gewinn durch Hinterlassenschaften, aber extravagant, gute Gesundheit, günstig für häusliche Angelegenheiten.

Spiculum (0.47 Steinbock) – Blindheit.

Tejat (3.34 Krebs) – Gewalt, Stolz, übertriebene Selbstsicherheit, schamlos.

Terebellum (25.58 Steinbock) – Vermögen mit Reue und Schande, gerissen, Widerwärtigkeit, käuflich, schicksalhafte Ereignisse im Zusammenhang mit Prophezeiungen.

Unukalhai (22.12 Skorpion, das Herz der Schlange) – Unmoral, Gift, Gewalt, Unfälle.

Mit Sonne: viele Streitereien und Enttäuschungen, unglückliches Leben, durch den Tod von Freunden oder der Familie stark betroffen.

Mit Mond: clever, schlechte Umgebung, Hass auf Autorität, in Intrigen und Verschwörungen involviert, verbannt, inhaftiert oder gehängt für Verbrechen, gewaltsamer Tod wahrscheinlich durch Vergiftung.

Mit Merkur: unehrenhaft, der Fälschung oder des Diebstahls von Papieren beschuldigt, schlechte Gesundheit, knappes Entkommen, Gefahr durch Bisse von giftigen Tieren.

Mit Venus: Feindschaft, Eifersucht des eigenen Geschlechts, schlecht für häusliche Angelegenheiten, günstig für Gewinn, verborgener Tod, wahrscheinlich durch Vergiftung.

Mit Mars: Gewalt, Streit, Lügen, Verbrechen, gewaltsamer Tod wahrscheinlich durch Gift.

Mit Jupiter: Heuchelei, Betrug, Verbannung, Gefängnis, Exil.

Mit Saturn: verborgener Wahnsinn, Drogenkonsument, geheimes Verbrechen und Vergiften oft ohne Grund, klug, schlau, intelligent, lernbegierig, oft Arzt oder Krankenschwester, in der Regel unverheiratet, begeht eventuell Selbstmord oder kommt ins Asyl oder Gefängnis.

Vertex (27.58 Widder) – Blindheit, Verletzungen an den Augen, Krankheit und ein gewaltsamer Tod.

Vindemiatrix (10.06 Waage, der Zauberlehrling) – Falschheit, Schande, vorzeitige Ernte, mutwilliges dummes Stehlen, Witwenschaft, Arroganz, Überschätzung der eigenen Kräfte, seiner Umwelt schaden.

Mit Sonne: Angst, Depression, unbeliebt, geschäftliches Versagen, von Gläubigern belästigt.
Mit Mond: Sorge, viele Enttäuschungen, Verlust durch Gesetz oder Schriften und Diebstahl, schlechte Gesundheit, geschäftliches Versagen.
Mit Merkur: impulsiv, zu hastig, Verlust durch Schriften und Geschäft.
Mit Venus: Schwierigkeiten durch Liebesbeziehungen, Verlust von Freunden, Gefahr von Skandal.
Mit Mars: überstürzt, eigensinnig, indiskret, energisch, Schwierigkeiten durch Gesetz, Geschäft und Freunde.
Mit Jupiter: Schwierigkeiten durch Gesetz oder Kirche, viel Kritik, viele Reisen.
Mit Saturn: vorsichtig, nachdenklich, zurückhaltend, materialistisch, scheinheilig in der Religion, Verlust durch Spekulation, Erfolg im Geschäft, geheime Schwierigkeiten mit dem Ehepartner.

Wasat (18.41 Krebs) – Gewalt, Böswilligkeit, Destruktivität, Chemikalien, Gift, Gas.

Wega (15.29 Steinbock, der fallende Geier) – Wohltätigkeit, Idealität, Hoffnung, Verfeinerung, Wandelbarkeit, ernst, nüchtern, nach außen protzig, lüstern.

Mit Sonne: kritisch, abrupt, zurückhaltend, unbeliebt, flüchtige Ehrungen, einflussreiche Position, unaufrichtige Freunde.
Mit Mond: öffentliche Schande, wahrscheinlich durch Fälschung, Verlust durch Schriften, etwas schlechte Gesundheit, Erfolg im Geschäft, Gewinn durch eine Rente oder Pension.
Mit Merkur: misstrauisch, zurückhaltend, bitter, vereitelte Ambitionen, Betrug, geheime Feinde in einflussreichen Positionen, Schwierigkeiten mit der Mutter, Verlust im Geschäft.

Mit Venus: hartherzig, kalt, geizig, schlechte Gesundheit, Hässlichkeit, Missbildung.

Mit Mars: wissenschaftliche Interessen, unpopuläre Meinungen, moralischer Mut, günstig für Gewinn.

Mit Jupiter: Verlust durch Recht, günstig für Gewinn, Gefahr der Inhaftierung.

Mit Saturn: starke Leidenschaften, rechthaberisch, ursprünglich, viele merkurartige Schwierigkeiten, Reputation leidet durch unrechtmäßige Anschuldigungen, Schwierigkeiten mit Vorgesetzten, häusliche Schwierigkeiten, wenige oder gar keine Kinder, zweite Hälfte des Lebens günstiger, plötzlicher Tod.

Yed Prior (2.28 Schütze, die linke Hand) – unmoralisch, schamlos, revolutionär.

Zaniah (5.00 Waage) – Verfeinerung, Ehre, Gemütlichkeit, Ordnung, liebenswertes Wesen.

Mit Sonne: pädagogische und eifrige Interessen, beliebt, sozialer Erfolg, viel Freude, günstig für die Ehe.

Mit Mond: Sorgen, Verluste durch rechtliche und venusartige Angelegenheiten, Schwierigkeiten durch Schriften, in die Irre geführt durch Sympathien.

Mit Merkur: musikalisches oder künstlerisches Talent, Gewinn durch Schreiben von Kurzgeschichten, beliebt, sozialer Erfolg, viele Freunde, vor allem des anderen Geschlechts.

Mit Venus: schnell im Lernen, musikalisches und künstlerisches Talent, liebt Gesellschaft, viele Freunde, günstig für Gewinn.

Mit Mars: aktiv, energisch, Verluste durch Rechtsstreitigkeiten, Schwierigkeiten durch das andere Geschlecht.

Mit Jupiter: religiöser und philosophischer Geist, sozialer Erfolg, viele Freunde.

Mit Saturn: nüchtern, fleißig, viele einflussreiche ältere Freunde, Gewinn durch alte Menschen, Großeltern und Ehe.

Zavijava (27.20 Jungfrau) – Wohltätigkeit, Charakterstärke, Kraft, kämpferische Bewegungen, Destruktivität.

Zosma (11.29 Jungfrau, der Rücken des Löwen) – Vorteile durch Schande, Selbstsucht, Egoismus, Unmoral, Gemeinheit, Melancholie, unglücklicher Geist, Angst vor Gift, unvernünftig, schamlos.

Die 48 traditionellen Konstellationen

In der heutigen Zeit, vor allem aber im 17. und 18. Jahrhundert, wurden viele neue Konstellationen erfunden. Astrologisch sind jedoch nur die 48 echten Konstellationen wichtig, da nur diese traditionellen Konstellationen ein Teil der wahren mythologischen Geschichte sind. Wir können die Pendeluhr, das Druckerbüro, das Kamel, den Ballon und den Ofen bei der Deutung getrost weglassen ohne irgendetwas Wesentliches zu verlieren.

Es gibt 48 ursprüngliche Konstellationen und von diesen sind selbstverständlich zwölf die zodiakalen Konstellationen, was bedeutet, dass sie am oder in der Nähe des Zodiaks platziert sind. Diese zwölf zodiakalen Konstellationen entsprechen namentlich den Tierkreiszeichen. Es wurde in Kapitel 2 erklärt, dass die Zeichen und die Konstellationen zwar denselben Namen tragen, sie aber etwas völlig Unterschiedliches sind. Wenn diese wichtigen Unterscheidungen in der Astrologie oder bei deren skeptischen Kritikern eindeutig getroffen würden, entstünden viele Ideen wie das berüchtigte Zeitalter des Wassermanns oder gar das »dreizehnte« Zeichen Ophiuchus erst gar nicht.

Abgesehen von den zwölf zodiakalen Konstellationen gibt es 21 Konstellationen mit einer deutlichen astrologischen Wirkung, die sich nördlich des Zodiaks befinden, diese sind kursiv gedruckt:

Andromeda – *Aquila* (Adler) – *Auriga* (Fuhrmann) – *Boötes* (Hirte) – Cassiopeia – Cepheus – *Corona Borealis* (Nördliche Krone) – *Cygnus* (Schwan) – Delphinus (Delfin) – Draco (Drache) – Equuleus (Kleines Pferd) – Hercules – *Lyra* (Leier, fallender Geier) – *Ophiuchus* (Schlangenträger) – *Pegasus* – *Perseus* – Sagitta (Bogen) – *Serpens* (Schlange) – Triangulum (Dreieck) – Ursa Major (Großer Bär) – Ursa Minor (Kleiner Bär).

Also gibt es zehn nördliche Konstellationen, die entweder zu weit vom Zodiak entfernt oder zu schwach sind, um in der praktischen Astrologie berücksichtigt zu werden. Der Delfin ist ein Sonderfall, denn er wirkt durch ein Mondhaus hindurch, aber nicht direkt durch einen Stern (obwohl einige Autoren die angeblichen Auswirkungen dieser Konstellation erwähnen).

Darüber hinaus gibt es 15 südliche Konstellationen (kursiv gedrückt = astrologisch relevant):

Ara (Altar) – *Argo Navis* (Argonautenschiff) – Canis *Major* (Großer Hund) – *Canis Minor* (Kleiner Hund) – *Centaur* – *Cetus* (Walfisch, Seemonster) – Corona Australis (Südliche Krone) – *Corvus* (Krähe) – *Crater* (Becher) – *Eridanus* (Fluss) – *Hydra* (Wasserschlange) – Lepus (Hase) – Lupus (Wolf) – *Orion* – *Piscis Australis* (Südlicher Fisch).

Es gibt vier Konstellationen in dieser Gruppe von 15, die zu schwach sind, um eine astrologische Auswirkung zu haben. Von den insgesamt 48 Konstellationen sind also 33 in der Praxis von Bedeutung.

Die Arabischen Mondhäuser mit ihren Herrschern und Grenzen

Die Informationen über die arabisch-westlichen Mondhäuser sind sehr begrenzt und es ist in der Praxis wesentlich effektiver, das in Kapitel 5 vorgestellte semi-vedische System zu benutzen. Die folgende Liste enthält die 28 ungleichen arabischen Mondhäuser mit ihren zodiakalen Graden (für das Jahr 2000) und ihre herrschenden Sterne.

Al Sharatain – 3° bis 18° Stier – Sharatan / Mesarthim, das Widderhorn
Al Butain – 18° bis 29° Stier – Botein, der Schwanz des Widders
Al Thuraiya – 29° Stier bis 10° Zwillinge – die Plejaden
Al Dabaran – 10° bis 24° Zwillinge – Aldebaran (das Auge des Bullen)
Al Haqa – 24° Zwillinge bis 9° Krebs – Meissa (in Orions Kopf)
Al Hana – 9° bis 20° Krebs – Alhena (die Füße der Zwillinge)
Al Dhira – 20° Krebs bis 7° Löwe – Castor
Al Natrah – 7° bis 18° Löwe – Praesepe
Al Tarf – 18° bis 28° Löwe – Al Tarf (im Löwen)
Al Jabbah – 28° Löwe bis 12° Jungfrau – Regulus / Al Jabbah / Adhafera
Al Zubrah – 12° bis 22° Jungfrau – Zosma / Coxa (der Rücken des Löwen)
Al Sarfah – 22° bis 27° Jungfrau – Denebola (der Schwanz des Löwen)
Al Awwa – 27° Jungfrau bis 24° Waage – Zavijava (Brust und Flügel der Jungfrau)
Al Simak – 24° Waage bis 4° Skorpion – Spica
Al Ghafr – 4° bis 15° Skorpion – Syrma (in der Jungfrau: Jota und Kappa)
Al Zubana – 15° Skorpion bis 3° Schütze – die Waagschalen
Al Iklil – 3° bis 10° Schütze – Acrab / Dschubba (der Kopf des Skorpions)

Al Qalb – 10° bis 24° Schütze – Antares (das Herz des Skorpions)
Al Shaulah – 24° Schütze bis 13° Steinbock – Shaula / Lesath (der Stachel des Skorpions)
Al Naaim – 13° bis 16° Steinbock – Nunki (Pfeil, Bogen und Vorderbein des Schützen)
Al Baldah – 16° Steinbock bis 4° Wassermann – Al Balda (das Hinterteil des Schützen)
Sad al Dhabhi – 4° bis 12° Wassermann – Dabih (das Auge des Steinbocks)
Sad Bula – 12° bis 23° Wassermann – Al Bali (die linke Hand des Wassermanns)
Sad al Suud – 23° Wassermann bis 4° Fische – Sadalsuud (die Schulter des Wassermanns)
Sad al-Akhbiya – 4° bis 23° Fische – Sadalmelek (die rechte Hand des Wassermanns)
Al Fargh al-Awwal – 23° Fische bis 9° Widder – Markab (auf dem Flügel des Pegasus)
Al Fargh al Thani – 9° Widder bis 0° Stier – Algenib / Alpheratz (auch auf dem Flügel des Pegasus / in Andromeda)
Batn al Hut – 0° bis 3° Stier – Mirach (der Gürtel der Andromeda)

In diesem System, das ist durchaus bemerkenswert, gibt es Mondhäuser von drei Grad und andere von 19 Grad Länge. Dies ist so, weil die Grenzen der Mondhäuser in der oben genannten Unterteilung einfach von einem hellem Stern zum nächsten hellen Stern genommen werden. Der herrschende Stern mit seiner Konstellation könnte ein Anfangspunkt für die Interpretation des Mondhauses sein, obwohl es nur sehr wenige Informationen darüber gibt.

Trotz der Unterschiede gibt es einige Punkte, die im vedischen System und in dem arabischen System sehr ähnlich sind, was auf einen gemeinsamen Ursprung hindeutet. Zwar sind die Anfangspunkte der beiden Systeme nicht genau dieselben, aber immerhin sind sie mehr oder weniger eng beieinander. In der arabischen Unterteilung kann man *Mesarthim*, einen herrschenden Stern des ersten Widderhauses auf dem Widderhorn als einen Anfangspunkt nehmen. Aber wenn die Konstellation des Widders projiziert wird, liegt er ein bisschen weiter zurück, etwa (wir können hier nicht ganz genau sein) am Ende des Widderzeichens (mehr oder weniger nahe 0° Widder siderisch).

Das arabische mit dem vedischen System zu vergleichen, ist jedoch ein bisschen ungeschickt, da die arabische Unterteilung so stark an den Konstellationen angelehnt ist und deshalb diese ungleichen Häuser hat. Das arabische System sieht wie eine stark beschädigte Version des ursprünglichen Systems aus, die vedischen Häuser scheinen vom Original mehr bewahrt zu haben.

In der arabischen Tradition gibt es ein weiteres System mit 28 Häusern von gleich großer Länge (zu jeweils 12.51 Graden), von dem gesagt wird, dass es auf 0° Widder tropisch beginnt! Dieses System sollte man jedoch mehr als einen theoretischen Entwurf des Zodiaks betrachten, denn aufgrund der Präzession kann man es nicht wirklich benutzen, jedenfalls nicht als ein Häusersystem mit 0° Widder als Anfangspunkt. Die Präzession, die den tropischen und den siderischen Zodiak immer weiter voneinander trennt, hat eine wichtige Bedeutung: dass es kein total geschlossenes System gibt, ist eines der traditionellen metaphysischen Prinzipien. Es gibt dementsprechend keine ewige Wiederkehr, nichts kann sich jemals auf dieselbe Art und Weise wiederholen. Dies wird auch teilweise durch die Präzession veranschaulicht, ohne sie würde sich am Ende alles wiederholen. Der Unterschied zwischen der Sphäre, die keine Sterne beinhaltet, dem Zodiak, und der Sphäre mit den Fixsternen ist eine sichtbare Auswirkung dieses metaphysischen Prinzips, auf dem die Schöpfung basiert.

Es ist interessant, weiter mit dem arabischen System zu experimentieren. Wer dies machen möchte, für den wäre es sicherlich die beste Wahl, auf 3.11 Stier tropisch, welches die Position von *Mesarthim* ist, zu beginnen und jedem Haus die gleiche Länge von 12.51 Graden zu geben. Auf diese Weise berücksichtigt man die Präzession und hält die traditionelle Hausunterteilung aufrecht. Die Grenzen dieses Systems gleicher Länge sind wie folgt:

Al Sharatain – 3.11 bis 16.02 Stier – Sharatan / Mesarthim, das Widderhorn
Al Butain – 16.02 bis 28.53 Stier – Botein, der Schwanz des Widders
Al Thuraiya – 28.53 Stier – 11.45 Zwillinge – die Plejaden
Al Dabaran – 11.45 bis 24.36 Zwillinge – Aldebaran (das Auge des Stiers)

Al Haqa – 24.36 Zwillinge bis 7.29 Krebs – Meissa (im Kopf Orions
Al Hana – 7.28 bis 20.19 Krebs – Alhena (die Füße der Zwillinge)
Al Dhira – 20.19 Krebs bis 3.11 Löwe – Castor
Al Natrah – 3.11 bis 15.59 Löwe – Praesepe
Al Tarf – 15.50 bis 28.53 Löwe – Al Tarf (im Löwen)
Al Jabbah – 28.53 Löwe bis 11.45 Jungfrau – Regulus / Al Jabbah / Adhafera
Al Zubrah – 11.45 bis 24.38 Jungfrau – Zosma / Coxa (der Rücken des Löwen)
Al Sarfah – 24.36 bis 7.28 Waage – Denebola (der Schwanz des Löwen)
Al Awwa – 7.28 bis 20.19 Waage – Zavijava (die Brust und die Flügel der Jungfrau)
Al Simak – 20.19 Waage bis 3.11 Skorpion – Spica
Al Ghafr – 3.11 bis 16.02 Skorpion – Syrma (in der Jungfrau: Jota und Kappa)
Al Zubana – 16.02 bis 28.53 Skorpion – Schütze – die Waagschalen
Al Iklil – 28.53 Skorpion bis 11.45 Schütze – Acrab / Dschubba (der Kopf des Skorpions)
Al Qalb – 11.45 bis 24.36 Schütze – Antares (das Herz des Skorpions)
Al Shaulah – 24.36 Schütze bis 7.28 Steinbock – Shaula / Lesath (der Stachel des Skorpions)
Al Naaim – 7.28 bis 20.19 Steinbock – Nunki (Bogen, Pfeil und Vorderbein des Schützen)
Al Baldah – 20.19 Steinbock bis 3.11 Wassermann – Al Balda – (das Hinterteil des Schützen)
Sa‘d al Dhabhi – 3.11 bis 16.02 Wassermann – Dabih (das Auge des Steinbocks)
Sa‘d Bula – 16.02 bis 28.53 Wassermann – Al Bali (die linke Hand des Wassermanns)
Sa‘d al Suud – 28.53 Wassermann bis 11.45 Fische – Sadalsuud (die Schulter des Wassermanns)
Sa‘d al Akhbiya – 11.45 bis 24.36 Fische – Sadalmelek (die rechte Hand des Wassermanns)
Al Fargh al Awwal – 24.36 Fische bis 7.28 Widder – Markab (auf dem Flügel des Pegasus)
Al Fargh al Thani – 7.28 bis 20.19 Widder – Algenib / Alpheratz (ebenfalls auf dem Flügel Pegasus / in Andromeda)

Batn al Hut – 10.29 Widder bis 3.11 Stier – Mirach (Andromedas Gürtel)

Alle diese verschiedenen Systeme drücken etwas aus über die Beziehung zwischen der solaren Sphäre der »Türme des Zodiaks«, den Zeichen, einerseits und der lunaren Ebene der Mondhäuser andererseits. Jedes System betont einen anderen Aspekt dieser Beziehung, irgendwo zwischen den Konstellationen und den Zeichen. Das System der ungleichen Häuser bewertet mehr als alles andere die sichtbaren Sterne an den Grenzen eines jeden Mondhauses. Das 28-Häuser-System, welches auf 0° Widder beginnt, ist bestrebt, eine starre theoretische Struktur zu erhalten. Die Aufteilung in 28 gleiche Häuser, mit dem Stern *Mesarthim* beginnend, dem Widderhorn auf 3.11 Stier, ist in der Mitte und scheint die ausgewogenste Wahl zu sein. Es bleibt systematisch und ignoriert die Präzession nicht.

Bibliografie

Al Biruni, *Elements of the Art of Astrology* (1029), Ascella, London, Facsimile aus dem Jahr 1934.
Titus Burckhardt, *Mystical astrology according to Ibn 'Arabi,* Louisville, 2001.
Titus Burckhardt, *Sacred art in East and West,* Louisville, 2001.
John Frawley, *Die wahre Astrologie*, Bad Kreuznach 2008.
John Frawley, *Die wahre Stundenastrologie*, Stromberg 2009.
John Frawley, *Die wahre Astrologie angewandt*, Düsseldorf 2011.
René Guénon, *Symbols of Sacred Science,* Hillsdale, 2004.
René Guénon, *Traditional Forms and Cosmic Cycles,* Hillsdale, 2001.
René Guénon, *Symbolik des Kreuzes,* Freiburg, 1981.
René Guénon, *The Reign of Quantity and the Signs of the Times,* Hillsdale, 2001.
René Guénon, *Spiritual Authority & Temporal Power*, Hillsdale, Vereinigte Staaten, 2001.
René Guénon, *The King of the World,* Hillsdale, Vereinigte Staaten, 2001.
René Guénon, *The Esoterism of Dante,* Hillsdale, Vereinigte Staaten, 2001.
René Guénon, *The Great Triad,* Hillsdale, Vereinigte Staaten, 2001.
Wiliam Lilly, *Christliche Astrologie Buch 3,* Tübingen, 2001
Marcus Manilius, *Astronomicon Libri V / Astrologie,* Stuttgart 2008.
Claudius Ptolemaeus, *Tetrabiblos,* Tübingen, 2012.
Vivian Robson, *Fixsterne*, München, 1990.
Frithjof Schuon, *Von der inneren Einheit der Religion*, Freiburg, 1993.

Über den Autor

Oscar Hofman (1962) lebt in Gorinchem, Niederlande. Er praktiziert alle Zweige der traditionellen Astrologie: Medizinische, Geburts-, Elektions-, Stunden- und Mundanstrologie. Er ist Gründer der internationalen Fernschule der klassischen Astrologie, die ein vollständiges Trainingsprogramm aller Bereiche der Tradition anbietet. Es ist auf Englisch, Deutsch, Französisch, Russisch und Holländisch erhältlich und wird von Studenten in mehr als 25 Ländern befolgt. Oscar Hofman hat Klienten in vielen Ländern der Welt und reist viel, um zu lehren. Er war lange Zeit Herausgeber der niederländischen Fachzeitschrift *Anima Astrologiae*, die der Tradition gewidmet ist, und schreibt regelmäßig für verschiedene astrologische Zeitschriften. Im Jahr 2010 erschien sein Buch *Klassische medizinische Astrologie*.

Man kann Oscar Hofman erreichen unter:
oshofman@xs4all.nl
Seine Website mit internationalem Programm:
www.pegasus-advies.com
oder per Telefon: 00-31-183-649405

Standardwerke der Astrologie

OSCAR HOFMAN

Klassische medizinische Astrologie

Heilen mit Elementen

232 Seiten, Hardcover, 16 Abbildungen
ISBN 978-3-89997-192-7

In diesem Buch stellt Oscar Hofman eine praktische Diagnose mit Astrologie und die Behandlung von Krankheiten mit Hilfe des Horoskops vor. Dabei spielen vor allem die Elemente eine wichtige Rolle. Astrologisch lässt sich nach der Diagnose auch eine Prognose über den Verlauf der Krankheit erstellen. Je nachdem, welches Element aus dem Gleichgewicht ist, sind andere Behandlungsmethoden angezeigt. Außerdem gibt das Buch einen Einblick in die Planetensymbolik von Edelsteinen und die Seelentherapie nach Hildegard von Bingen. Ebenso kommt die Terminwahl für Operationen zur Sprache.

»Wir haben hier vor allem ein Einsteigerbuch, das mit differenzierten Kenntnissen und Konzepten auf Basis der klassischen Astrologie überzeugt. Dafür lohnt sich die Anschaffung wirklich.«

Astrologie Heute Nr. 149